JM006518

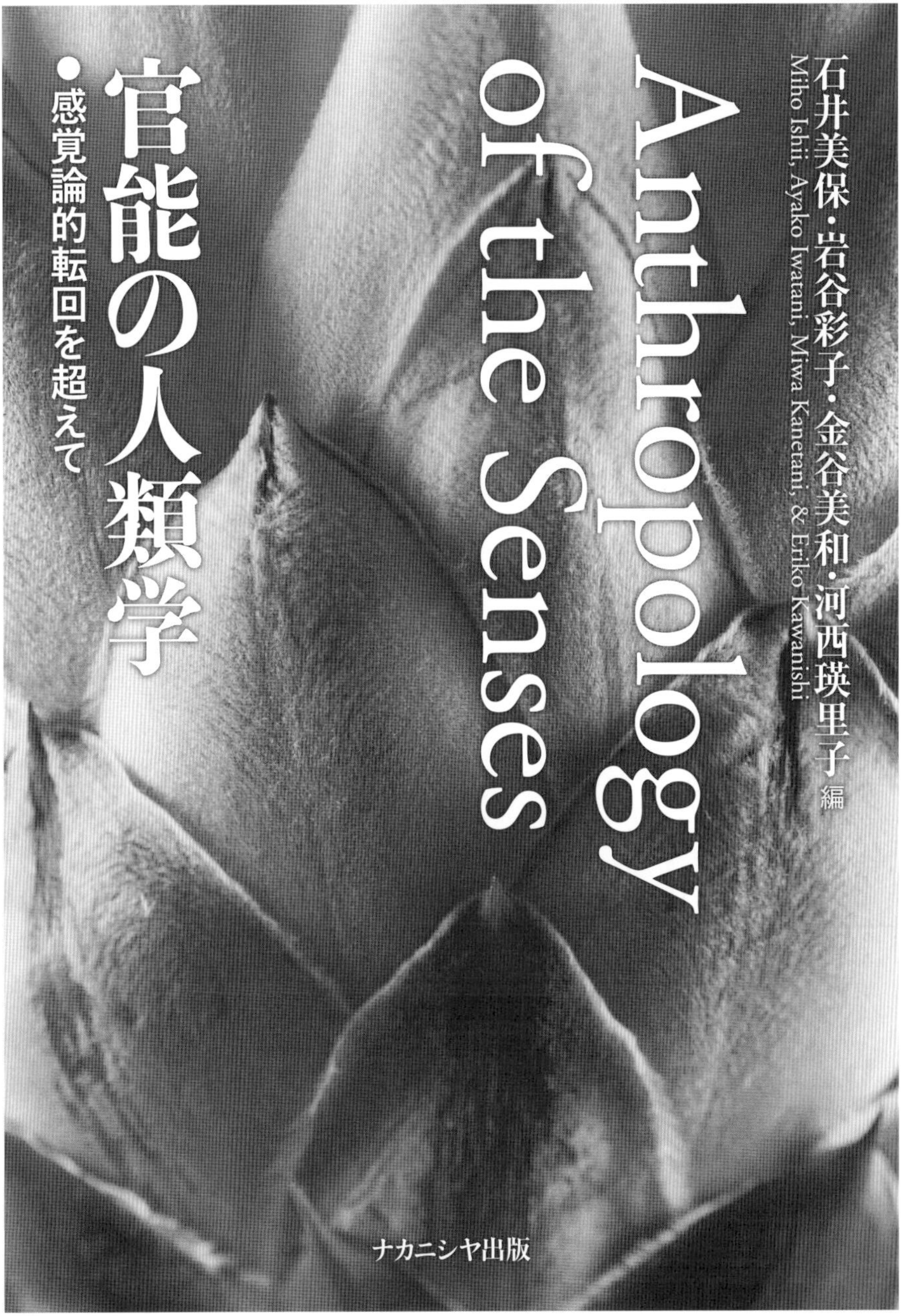

官能の人類学

●感覚論的転回を超えて

Anthropology of the Senses

石井美保・岩谷彩子・金谷美和・河西瑛里子 編
Miho Ishii, Ayako Iwatani, Miwa Kanetani, & Eriko Kawanishi

ナカニシヤ出版

目次

第二章　私は女神だ！

第五章　旋回と官能

北西インド、カールベーリヤーの踊りにおける回転する身体

第Ⅱ部　性愛と官能

序章

第一節　官能＝感応の人類学へ

第七官といふのは、二つ以上の感覚がかさなつてよびおこすこの哀感ではないか。そして私は哀愁をこめた詩をかいたのである。（尾崎　一九九八：二九三）

冒頭の文章は、一九三一年に刊行された『第七官界彷徨』の一場面である。主人公である小野町子は、従兄が鳴らす調子はずれのピアノの音を聞き、「恋をしている」コケに兄が施す肥やしの匂いを嗅ぎながら、第六官（感）ならぬ第七官にひびく哀感のこもった詩を書こうとしている。第七官界とは、別の兄が研究する分裂心理のように、心のなかで二つの思いがぶつかり合うような状態でもあるという。従兄への淡い思いを胸にしつつ町子が住まう「第七官界」は、異なる感覚、異なる種、自己と他者、そして複数の自己が融け合い、自らの意識が遠のくなかで醸成される官能の世界でもある。

本書が取り上げるのは、まさにこうした第七官界をひらく鍵となる官能の世界である。本書でいう官能とは、一般に受けとられているような、性愛をめぐる経験だけに留まるものではない。それは『第七官界彷徨』で描写されているような、五感のみならず直感も含めた六感、ことによるとさらに、時空を超えて働くとされる七感を通して生み出される感覚世界である。その基盤となるのは私たちの身体であるが、それは一つの個体だけで完結するものではない。周囲の環境や他者たちと応答し合い、溶け合いながら自他を変容させていく、感応＝官能する器官としての身体なのである。

　人類学的なフィールドワークにおいて、調査者はそれまでなじみのなかった土地に赴き、そこに暮らす人びとと長期にわたって衣食住をともにする。その際に、人類学者自身の官能＝感応は、環境の変化を受けとめ、人びとの生活世界を感受するうえで決定的な役割を果たす。たとえば、日々口にする食事に使われている香辛料の味、儀礼の場で供犠される動物の血の匂い、耳を聾する太鼓の音、身につける衣服の肌触りやきぬずれの音――人類学者にとって、フィールドワークとはそうした多彩な官能の世界に入り込み、そのあらゆる要素に感応しながら、自らの感覚の閾値を高めていく「変身」の過程なのである。その過程で、調査地の人びとの生活の論理や情動についての気づきが生まれる。そして人類学者のみならず、調査地の人びともまた、周囲の他者や物質との交感を通して日々変身する過程を生きており、民族誌はそうした過程をすくい取る営みであった。それにもかかわらず、こうした感覚を通した世界の把握や身体変容の過程は、移ろいやすく頼りにならないものとして民族誌から切り捨てられてきたのだ。

　この点について指摘してきたのが、「感覚人類学（anthropology of the senses/ sensory anthropology）」と称される人類学の潮流である。この潮流に与する一連の研究は、一九八〇年代以降、身体に対する関心の高まりとともに、心身二元論や言語中心主義的な社会分析が批判されるなかで提出されたものであった。これらの研究に共通しているのは、デイヴィッド・ハウズが「感覚論的転回（sensual turn/ sensorial turn）」（Howes 2003）と呼んだ身体感覚への着目である。こうした初期の感覚人類学的研究の主な論点として、次の三つを挙げることができる。

一、感覚を、個人的かつ個々に独立した身体的な反応として探究してきた従来の感覚研究の再考（Classen 1993; Rodaway 1994; Howes 2003）。

二、文化によって異なる感覚経験の意味づけについての検討（Feld 1982; Howes 1988, 2003）。

三、調査者自身の感覚変容を含めた感覚経験の記述方法の模索（Stoller 1989）。

とりわけ二つ目の論点からは、身体の外部に存在する客体として世界をまなざしてきた、西洋近代の視覚中心主義が批判されることになった。[1] 視覚中心主義における身体は、外部からもたらされる刺激を処理し、加工する入れ物にすぎない。また、そのような身体は、既存の文化や社会の構造が書き込まれる器ともみなされる。感覚人類学が批判したのは、視覚や嗅覚、触覚といった異なる感覚のあいだに優劣を設けてきた西洋近代の視線が、同じ原理を用いて非西洋社会を観察や分析の対象とし、一方的に意味を与えることで支配の対象としてきたことであった。その批判から、初期の感覚人類学では、西洋社会において視覚や文字の文化に付与されてきた絶対的な優位性を、視覚以外の感覚を重視する非西洋社会の事例を通して相対化し、再考することが試みられた。

しかし、西洋近代の視覚中心主義を批判するためとはいえ、感覚経験の多様性を「文化による違い」に還元してしまうことは、結局のところ、文化によって意味づけられる対象として身体を客体化することにつながる。感覚とは、個人の身体に還元されるものでも、文化や社会によって意味づけられることでようやく実在可能となるものでもない。[2]

---

［1］文化によって異なるとされる身体感覚に関する研究は、コンクリン（Conklin 1955）やバーリン＆ケイ（Berlin & Kay 1969）らの認識人類学の視点に通じるものがある。

［2］インゴルドは邪術における「視線」を例にとり、「見ること」は単に対象から距離をとることに留まらないと指摘する。また、西洋社会においても多感覚的な経験が儀礼のなかで重視されてきたと述べ、感覚に対する意味づけの違いは文化の違いではなく、認識の様式の違いであると指摘している（Ingold 2000: 252, 282）。

ティム・インゴルドがいうように、「〔感覚で〕わかるということ（making sense）」は、人間の性質を社会的な条件づけに従わせるところにはなく、進行している社会生活の過程で、すべての人びとが相互に、また環境にも関わりあうところに存在するのである」（Ingold 2000: 285）。ここで示されているのは、自他や身体の内外が関わり合う過程そのものに感覚のありかを見出す視点である。

サラ・ピンクもまた、感覚人類学の主要な課題として、感覚と文化の関係、ならびに視覚とその他の感覚の関係を再検討するという点に加えて、次の点を挙げている。「〔それは〕文化がどのように「書かれる」のかという問いを越えて、知るという身体化された行為が行われる場所を検証することであり、一種の再帰性を要求する」（Pink 2009: 15）。

このピンクの指摘は、インゴルドの議論をさらに発展させて、自分自身の感覚経験を問うことを調査者に要請するものである。先に挙げた三つ目の論点にあるように、調査者の感覚経験をも含めて民族誌を記述することは、調査地において彼／彼女の身体感覚がどのように変容し、方向づけられていくのかを再帰的に考察することを意味する。同様に、その場その場での関わりを通して生起する調査者と被調査者の身体感覚を記述することを通して、調査地の社会のあり方も再帰的に見直される。こうした記述は、それぞれの身体が関わりをもつ物質的な環境に加えて、調査者を含めた人びとを取り巻く歴史的・社会的背景を、感覚する諸身体を通して問い直すことを促す[3]。

このように近年の感覚人類学では、文化に規定されたものとして感覚を捉える見方を超えて、身体と外界とが交渉したり入れ替わったりする動態的な過程における感覚経験を探究する議論が主流となってきている。しかしながら、今なお十分に検討されていないのが、複合的な感覚として体験される官能＝感応の次元である[4]。

先にみた一つ目の論点で指摘されたように、私たちの身体に生じる感覚はそれぞれに独立した身体的反応ではなく、複合的なものである。そのもっとも身近な経験の一つは性愛に伴う感覚経験であるといえるが、性愛に関する文化人類学的研究は長いあいだ、性愛の表現や性差についての文化的な差異を指摘するに留まってきた。そうした研究は、西洋社会において主流とされてきた性愛経験を相対化することに大いに貢献したが、性愛の場において生起する複合的な感覚経験としての官能のあり方を問うものではなかった。一方、ジェンダーやセクシュアリティの問題を行為遂行性（パフォーマティヴィティ）という観点から捉え直したジェンダー／セクシュアリティ研究（e.g. バトラー一九九九）においても、官能の経験そのものが十分に検討されてきたとは言いがたい[5]。

感覚について理論的に語ることが難しいのと同様に、複数の存在同士の感覚の絡まり合いによる官能なるものを理論化することが困難であることは言うまでもない。とはいえ、感覚や性愛をテーマとする研究者の多くが自他の官能の経験を等閑視してきたことは、学問的な記述はあくまで「客観的」であるべきとするアプローチが今なお健在であることの証のようにみえる。それはまた、官能について語ることで自己の脆弱さを曝け出し、他者と不用意につながってしまう危険を避けることで、既存の社会規範に守られた安全圏に留まろうとする研究者の姿勢を表しているようにもみえる。

第二節　官能＝感応の共同体

そこで、本書があらためて焦点を当てようとするのは、感じる身体がひらく感応＝官能の可能性である。本書の各

［3］セレメタキスは、感覚において内部と外部は常に入れ替わり、個人を超えた意味をもちえること、またその経験は身体やものを介して感覚的な記憶として伝達されると述べ、その創造的側面を「感覚の自己再帰性」（Seremetakis 1996: 7）と呼んでいる。

［4］感覚人類学で用いられる「感覚的な」を表す形容詞として、sensual は sensory と互換的に用いられており、性愛も含む官能的な体験には十分な注意が払われてこなかった。

［5］本書の執筆者でもある田中雅一が提唱する「誘惑」は、官能的な次元を中心とする概念枠組みとして参考になる（田中二〇一八）。誘惑に伴う主客の逆転や、誘惑がもつ身体性と偶発性は、官能について考察するうえでも重要な論点であり、本書でも第四章、第六章、第七章、第八章で考察されている。

章では、他者やものとの触れ合いや結びつき、愛着や相互侵犯によって、日常的な感覚が異化されたり、規範から解放されたりする事例が検討されている。主に第一部で検討される、個々人の官能的な身体経験に基づくアクチュアリティは、標準化ないし規範化された感覚の閾をもつ社会的なリアリティとは必ずしも一致しない。だが、なかば他律的な身体の動きに没頭し、他者の身体との触れ合いや共振に身を任せることを通して、日常的なリアリティの領域とは異なる官能的世界が現れることがありうる。セクシュアルな官能の経験の場合に顕著にみられるように、それはときに、通常は禁じられた領域に属する隠れた欲望を呼び覚ます。人はそうした官能によって喚起されるアクチュアリティに忠実であることによって、日常的な規範に支えられた共同体から排除されるかもしれない。その一方で、普段の身体感覚とは異なる官能の覚醒と共有を通して、それまでとは違う自分や世界のあり方を見出すことができるかもしれないのだ。

　そこに立ち現れるのは、いわば感応＝官能の共同体と呼びうるものである。それはたとえば、互いの身体に優しく触れ合う女性たちの親密でエロティックな儀式や、生活の機微と不可分に結びついた衣装をめぐる女性たちの繊細な皮膚感覚、あるいは男性のまなざしによって周辺化されながらも、模倣を通して他者になりかわり、彼我の境界を超えていく踊り手の実践などによって創り出される、密やかで力強い共同体だ。第Ⅰ部の各章が鮮やかに描き出すのは、感応し合う身体の交錯が生み出す、危険でありながら魅惑的な官能の共同体の諸相である。

　一章の石井論文は、ガーナ南部において神霊に仕える女性司祭と、「妖術者」と呼ばれる女性たちに焦点を当て、彼女たちの語りに現れる非日常的な官能の力を明らかにする。石井が調査地で得た妖術者の「告白記録」からは、現地社会の親族規範やモラルから逸脱するような妖術者の特異なセクシュアリティが読みとられる。そんな彼女たちは一面において、その告発や処罰を通して共同体の規範を強化するスケープゴートとしての役割を負わされている。だが同時に、彼女たちの存在は規範化された親族関係やセクシュアリティの外部を指し示し、禁じられた欲望や官能の力を喚起するものでもある。妖術者と同様に、神霊に仕える女性司祭の召命譚もまた、非日常的な官能的経験や夢幻的な出来事に満ちている。石井の分析が明らかにするのは、妖術者と神霊の司祭はともに非日常的な官能性やセクシュアリティの発露という共通の経験を経て、日常的な社会規範や「人」のカテゴリーを超えた存在になりかわっているということだ。彼女たちの語りが指し示しているのは、地域社会の内部にありながら、御しがたい衝動や欲望を抱え、それぞれの自己‐身体の奥底にあるゾーエーの領域を喚起する女性たちの姿である。

かわって二章の河西論文は、イギリス南西部サマーセット州のグラストンベリーを舞台に、女神運動の中心をなす女性たちの官能的な関係性を描く。ここで河西が着眼するのは、プリーステスと呼ばれる女性たちが自らの身体に女神を降臨させて託宣を行うという儀式と、女神に帰依する女性たちによる踊りの実践である。女神降臨の儀式を通して、プリーステスは自らの身体の内に女神の存在を感じる。また、儀式の参与者たちはプリーステスとの触れ合いと託宣を通して女神の臨在を感じとる。他方で、それぞれの身体をなめらかに動かし、互いの身体に触れ合う踊りの実践を通して、参加者は自他の身体が溶け合っていくかのような恍惚を覚える。複数の身体の共振を通して生起する、このようなコミュニタス的官能の経験こそが、人が「女神になる」という感覚のリアリティを支えていると河西は論じる。

三章の金谷論文は、インド西部のグジャラート州における衣装の肌触りに着眼し、女性たちと彼女たちのまとう衣装との官能的な関係を描くことを試みる。衣装の人類学的研究はこれまで、デザインや色彩をはじめとする視覚的な情報を重視してきた。これに対して金谷が提起するのは、視覚以外の感覚——とくに触覚——に焦点を当てることで、女性の装いの変化についてどのような新しい見方ができるのか、という問いである。布の肌触りや軽やかさといった触覚的要素に焦点を当てて衣装とそれをまとう人との関係を考えるとき、それは周囲の環境と絡まり合い、それぞれの感覚や嗜好や生理的欲求をもつ、生きている身体のありようと不可分な官能的経験として捉え直されるのである。

女性の身体と官能的経験を扱ったこれまでの章に対して、四章の山本論文は、チベット難民でありながらネパールで歌手として活躍する二人の男性を取り上げている。この論考において山本は、それぞれの歌手の半生をたどることを通して、彼らの活動における情動や誘惑のモメントを描き出すとともに、偶然性に満ちた彼らの来歴が、彼ら自身の語りにおいてチベット仏教的な必然の論理に落とし込まれているさまを明らかにする。山本が活写するように、相互に模倣や誘惑をくりかえす歌手たちの活動は安定したものではなく、常に偶然性や不確定性にひらかれている。そうした不確定性に基づいて生み出される作品は、その新しさにおいて難民社会における「発明」とみなされ、他の歌手や聴衆を模倣の連鎖に巻き込んでいく。だが、当人たちは歌手としてのキャリアを積みながらも、そうした生のあり方を「業」として語ることで、自分は他者との縁や縁起のなかで生かされているという受動性の感覚を保ちつづけている。「業」という大きな論理のなかに自らの生を位置づけ、完全な自律性を求めることなく他者とともに作品を生み出しつづける彼らの活動には、個人による利潤や名声の追求という近代のエートスを超えた、エロス的な共同性が見出される。

　五章の岩谷論文は、日常的な身体感覚の変容がもたらす官能／感応的な次元について、北西インドに暮らす遊芸民カールベーリヤーの女性たちによる踊りを事例として論じる。女性たちのカルベリア・ダンスは、伝統的な民俗舞踊ではなく、外部との交渉や市場の要請のなかで生み出されてきた新しい踊りである。カルベリア・ダンスはヘビ遣いであったカールベーリヤーの生業を想起させるヘビの視覚的なイメージを取り入れるとともに、優雅でありながら激しい旋回運動をその特徴としている。めくるめく旋回運動は、踊り手のみならず、ときにそれを見つめる人たちの平衡感覚をも揺るがせる。こうした旋回運動のもたらすめまいは、安定的な規範や文化的拘束からの一時的な離脱を可能にすると岩谷は述べる。だが、そうした規範からの離脱の経験は、他者の視線によって「異端」や「倒錯」としてスティグマ化される危険を伴っている。岩谷論文はこのように、旋回運動に伴う踊り手の身体感覚の変容とそれへの感応を通して、複数の身体がともに変容を遂げていくことの愉悦と危うさを指し示している。

第三節　セクシュアリティとセンシュアリティ

第Ⅱ部では、エロスとも言い換えられるような、性愛をめぐる官能的な経験を正面から扱っている。外界に応答する身体感覚に気づかされるのは、自らの身体の延長上に他者を感じるときであろう。端的にいえば、性愛的（sexual）な体験を通して、私たちは皮膚という薄膜で区切られていた〈わたし〉の世界を超出し、〈わたし〉が〈あなた〉でもあり、〈あなた〉が〈わたし〉でもあるような自他の境界なき世界に連れ出される。この体験こそ、私たちが自らを官能的（sensual）な存在として感じるところのものである。ただし、性愛的な官能に伴う快楽（エロス）は、感覚器官が快を感知する際に得られるものに留まらない。ときには、日常的な意識状態では不快に感じられる痛みや苦しみの経験さえ、快として感じられることさえある。官能的な体験は、他者や外界との関係性のなかで引かれている自己の境界線の向こう側を目指すものであるが、そのような志向はときに自己を否定し、死を渇望するタナトスとも重なるものであるからだ。ともすればそれは、他者（自己）のまなざしに拘束され、自ら（他者）を封殺してしまう「反エロス」（田中 二〇一〇）的な体験にもなりかねない[6]。

このように、人間の官能的な次元は、自らの感覚を統御したり、放棄したり、あるいは他者の感覚と共振させたりすることによって生じる。そこでは、さまざまな社会関係や社会規範が色濃く影を落とすなかで、自己と他者、生と死とが再定義される。第Ⅱ部では、そのような官能的な経験が立ち現れるさまざまな場に降り立ち、自他の境界を揺

[6]「反エロス」を、田中は以下のように定義する。「身体が当人にとって監獄と感じられるような、意識が身体の虜《とりこ》と感じられるような状況を指します。そこでは私を保護し快適にしてくれるはずの衣服や家具、家屋が、自分を抹殺するための道具と化します。それだけではありません。自分の身体すら、痛みの源に変わるのです」（田中 二〇一〇：一六）。田中は、性の人類学やセクシュアリティを問う人類学が批判の対象としている自文化や異性愛体制や男性中心主義とは異なり、このような「反エロス」こそがエロスの人類学の批判対象であるとする（田中 二〇一〇：二三〇）。

るがす複合的な感覚世界がいかに可能になっているのかを考察している。

　六章のコーカー論文で取り上げられるのは、ポールダンスが踊られる空間である。ポールダンスとは、二〇世紀後半に北アメリカのストリップ・クラブで発祥したパフォーマンスで、身体を露出させた女性が音楽に合わせて、ポールを用いたアクロバティックな動きを観客に披露する踊りである。ダンサーはほぼ全員が女性であり、その成立事情や動きからして、数多あるダンスのなかでもとくに官能性を売りにするダンスの一つといえよう。女性ダンサーは観客の好奇の視線にさらされ、性的欲望の対象となりうることを承知で踊る。本章でコーカーが追究するのは、そのようなダンスがなぜダンサーたちにとっての快楽を生むのか、という問いである。ダンサーたちは、ショーパブという空間やそこで働く人びととの協働を通して、観客の「反エロス」的なまなざしを、言葉や身ぶり、笑いによって巧みに誘導し、「エロス」的な空間に変えていくという。それは、日常生活のなかで固定的な役割や意味に拘束されているダンサーたちが、自らの身体を通して他者と偶発的に結びつく新たな自己となる体験である。これこそが「ダンシング・カンノウ」なのである。

　コーカーの事例と共通する部分もありながら、女性の性的なサービスがより一層期待される場である性風俗店における官能について検討しているのが、七章の熊田論文である。熊田はＳＭプレイを看板の一つとする東京の性風俗店で働く「おんなのこ」が、客のニーズを「感じる能力」を「感能」と呼ぶ。「おんなのこ」たちは、客と自分の境界が消失していくような感覚を共同で創出するべく「感能」を駆使する。同時に、自らの身体に過度な負担をかけうる行為に対しては、相手の要求をやんわりとかわしたり、許容範囲を控えめに告げる。相手によっては、「おんなのこ」がその希望をうまく感じ取れないこともある。常識的な意味の世界では理解されないような孤独な欲望さえ、否定するのではなくそのまま受けとめようとして（みせて）くれるところにこそ、「おんなのこ」の「感能」の実践はあり、「性の空間の官能を実現させる」ものであると熊田は結論づける。

　八章の川村論文は、六章（コーカー論文）と七章（熊田論文）にも登場する、男性が女性をまなざす視点について、日常生活やフィールドで耳にした性に関する語りや噂話から考察している。川村が取り上げるような、真偽さえ定かではない性にまつわる語りを、私たちは日常的に耳にしながらセクシュアリティを構築しつづけているにもかかわらず、そのような性の語りはしばしば些末なものとされ、学問的な検討の対象とされてはこなかった。こうした領域を「反エロス」の観点から検討してきた田中（二〇一〇）の理論や会話分析の手法に依拠しながら、川村は男性同士の猥談の分析を試みる。猥談的な会話において開陳されているのは、男性中心主義的で異性愛主義的ともいえる一方向的なまなざしであり、既存の男らしさやジェンダーのイメージを再生産する、いわば「正当化できない」セクシュアリティの語りであった。ただし、彼らの語りは大上段に振りかざされるものというより、些末で「くだらないもの」として公の場では封印されるものだ。そして、むしろそれゆえに、私たちのセクシュアリティを根強く規定してきたものなのである。男同士のセクシュアルな語りの空間では、熊田論文のなかで描かれる客の欲望のように、普段は共感されがたい孤独な欲望を表出することも許される。ある種の「情けなさ」や可笑しみをもって曝け出される他者の欲望と自らのそれとの距離を推し量るなかで、私たちのセクシュアリティは方向づけられていく。「性癖」や「好み」として成型される手前の、このセクシュアリティの発現の場に降り立つとき、男性中心主義的にみえるセクシュアリティの向かう先が意外にも多様でありうることに気づかされるのである。

この多様性の発現の一つのかたちとして、九章で砂川が論じているのが性的マイノリティ（sexual and gender minorities）のセクシュアリティである。砂川は日本におけるＬＧＢＴＱ（レズビアン、ゲイ、バイセクシュアル、トランスジェンダー、クィア／クェスチョニング）に対する認知の高まりと政治的な動向について、自身の当事者としての立場にも触れながら紹介し、そうした動きがヘテロジェンダーの常識を再考する可能性をもつことを指摘する。そのうえで、性的マイノリティの経験を特別なものとして位置づけるのではなく、むしろ言語化することが困難な性的指向や性自認の揺らぎとして捉えることの重要性を、ドラマ『おっさんずラブ』の分析を通して提起している。このドラマの主人公は、一見マジョリティに属するヘテロジェンダーの男性であるが、同性愛者である同僚との関わりを通して、自らの性の別の可能性に気づいていく。支配的なジェンダーやセクシュアリティの枠組みは、日々の実践のなかで常に構築され、変化していくものである。この点は川村の事例にも通じるものでもあり、生殖行為という目的に還元されないセクシュアリティの多様な可能性は、同性愛／異性愛といったカテゴリーを超えて、人びとを結びつける。

　この人びとのつながりに焦点を当てた論文が、ポリアモリーについて論じた一〇章の深海論文である。ポリアモリーとは、複数の人たちが互いの合意に基づいて性愛関係を築く実践である。アメリカ合衆国におけるポリアモリーの事例は、二者の合意を前提とした近代的な恋愛観、性愛観の前提を突き崩す挑戦的な試みを示している。ポリアモリーの実践においては、パートナーが自分以外の人間と恋愛関係をもつことを受け入れなければならない。それは、自らの行為の選択権を他者に部分的にゆだねることを意味する。そのような他者に対する受動性と可傷性《ヴァルネラビリティ》を抱えながら人びとが結ぶポリアモラスな関係に、深海は官能の深い次元を探ろうと試みる。深海が提示する官能の次元は、快楽のみならず、それぞれの傷や嫉妬や悲しみといった否定的な感情さえも共有することで、自他の境界を乗り越えることを可能にするものだ。自らの感情を正直に相手に告げたとしても、それが受けとめられるかどうかはわからず、関係が悪化する可能性もある。それでも自己を相手にひらこうとするとき、規範的な性愛のかたちを超越する関係性が生まれるのである。

　そして、性的な規範に対してラディカルな批判的検討を行っているのが、ＢＤＳＭを取り上げた一一章の田中論文である。ＢＤＳＭとは、Bondage（拘束）、Discipline（調教）／Dominance（支配）、Submission（従属）／Sadism（サディズム）、Masochism（マゾヒズム）の略で、従来「サドマゾヒズム」と呼ばれていた性的行為やその実践者を指す。熊田論文でも描かれていたＳＭプレイ、砂川が触れたクィアもこの範疇に入るが、ＢＤＳＭは性暴力の一つとして批判の対象にされてきた。一方で、当事者の同意のもとで行われていればＢＤＳＭは性暴力ではない、という主張がある。通常の性行為においても、具体的な行為に対する同意がなければそれは「レイプ」になりえ、「どのレベルでの同意なのか」が問題となる。熊田論文でも描かれていたように、具体的な行為についての同意が問われるＢＤＳＭは、当事者同士の深い次元での交渉を促す行為であるともいえる。さらに、田中はＢＤＳＭにおける痛みの経験に着目する。性的快楽が、自己の日常的な身体性からの脱却を可能とするとともに、他者が自己の身体の一部と化すような経験であるとすれば、性行為に伴う痛みは、他者によって自分の身体が乗っ取られることで生じるものだといえる。性暴力の場合、加害者に乗っ取られた身体は自己疎外をもたらすものに他ならないが、両者の同意に基づくＢＤＳＭの場合、暴力を伴う性行為は「身体全体で他者を感じ、受け入れる」という自他を超える官能的な体験となりうる。エロスと反エロスは単純な二分法によって線引きされるものではなく、それらは性行為における同意のあり方、性交渉の場を取り巻く人間関係や性的規範、身体が物理的に置かれた状況などに大きく左右されるのである。田中が指摘するように、ＢＤＳＭ的な営みがいくつかの社会でスピリチュアルな実践と結びついてきたことを考えるなら、暴力は規範的な身体に拘束された自己を一時的に解放し、世界と直接つながることを可能にする、危うくも魅惑的な官能の一体験でもありえるのである。

第四節　多様な官能の入り口から

ここまで紹介してきた論文に加えて、本書には、官能を多角的な視座から捉えた五本のコラムが掲載されている。

神本は皮膚にタトゥーを刻印するという経験のもつ官能性に着眼している。神本が取り上げるのは、「縄文タトゥー」と呼ばれる刺青に関わる人びとの感覚とその感覚を介して結ばれる他者との関係性である。縄文タトゥーによって呼び覚まされるのは、通過儀礼などの集合的実践とは異なる「個人的な官能」であるが、それでもなおタトゥーを施す人びとの実践のなかには、ある種の共同性が生成していることを神本は明らかにしている。

神本と同様に中屋敷も、他者との身体的つながりを通して生まれる官能の経験について、自然環境との関係から論じている。中屋敷が調査を行ったチベットの高山地帯に暮らすスピティの人びとは、日常的な農作業のなかで、ときにそれぞれの身体が互いにつながっているような感覚を覚えるという。それはまた、山や空といった自然が自らの身体の延長上にあるかのような感覚でもある。他者との親密な関係性のなかで形作られながら、圧倒的な自然のなかでかろうじて維持されている頼りない「自己」の感覚。それは、「自他の融合が生じる浸透可能空間」（田中 二〇一〇：一八）に生起する、恐怖と隣り合わせの官能であるといえるだろう。

山田が論じるのは、人類学における王道的なテーマの一つである「性文化」である。食と性は動物と人間に共通する欲求であるが、ヒトのみがこの欲求にタブーを設けることで、動物とは異なる「ヒト」としての特殊性を担保しようとしてきた。ヒトにとって性行為は、生殖という目的に留まるものではなく、快楽という要素が重要な意味をもつ。婚姻規制の多様性から性文化の多様性を探ろうとしていた山田は、本書を編集中の二〇二〇年夏に急逝した。人類文化における多様な婚姻制度の検討から、どのような官能の可能性が描かれることになったのだろうか。本書のなかでその一端が示された性文化の探究が完遂されなかったことが惜しまれる。

一方、馬場が注目するのは、身体性を捨象された快楽である。ヴァーチャル・リアリティ（ＶＲ）装置を導入した男性の自慰は、リアルな疑似体験をもたらす。しかしそれは、性器のみを男性の身体における官能的な部位とみなすことで、本来ならば身体の内外に無数に存在し、そこを結節点として他者との身体的なつながりを拓いていったであろうエロスの可能性を閉ざしてしまっている。この意味においてＶＲによる性愛は、性器中心主義を強化しているといえる。だが、さらなる科学技術の発展は、身体感覚のヴァーチャルな再現を一層精緻化することで、他者の身体とのエロス的関係さえも可能にするのかもしれない。

ヒトと動物の性愛の違いを強調する山田の論考に対して、ヒトと異種の動物との性愛を論じているのが濱野のコラムである。濱野が描き出すのは、「ズー」と呼ばれる動物性愛者の官能である。性愛は人と人のあいだでのみ営まれるのではない。種を超えて人と動物――この場合は犬――とのあいだにも、セクシュアルな関係性は生起する。その核心にあるのは誘惑である。ズーにとって犬との性愛は、パートナーと紡ぎ出す日々のなかで、互いに対等な関係を築くための大切な行為の一つである。ズーたちは動物からの訴えかけに対して敏感であり、彼らと犬は互いに誘い、誘われながら生きている。それに対して、異種間の愛を異端視するような常識に縛られた私たちは、異なる種からの誘惑に鈍感になっているのではないだろうか。濱野の論考が提起するのは、官能と性愛をめぐる人間中心主義への懐疑である。

本書では、それぞれの章において一見ばらばらな感応＝官能経験が示されているようにみえる。だが、本書全体を通して描き出されるのは、個々の身体の物理的な境界を超え、世界と感応し合い、共振し合う圧倒的に豊かな身体経験の世界である。それは、遠い異世界のエピソードではなく、読者が秘めやかに抱いてきた官能経験とどこかで通じ合うものであることを、私たちは願っている。なぜなら、本書の各章が試みているのは、特定の身体の色やかたち、音や匂いの描写に留まらない、未知のあなたとわたしが感応＝官能を通して交わる場、第七官界への誘《いざな》いであるからだ。

編者一同

◉引用・参考文献

尾崎　翠（一九九八）「第七官界彷徨」稲垣眞美［編］『定本 尾崎翠全集 上巻』筑摩書房、二七七‐三六五頁

田中雅一（二〇一〇）『癒しとイヤラシ――エロスの文化人類学』筑摩書房

田中雅一（二〇一八）『誘惑する文化人類学――コンタクト・ゾーンの世界へ』世界思想社

バトラー、J／竹村和子［訳］（一九九九）『ジェンダー・トラブル――フェミニズムとアイデンティティの攪乱』青土社

Berlin, B., & Kay, P. (1969). *Basic color terms: Their universality and evolution*. Berkley and Los Angels, CA: University of California Press.

Classen, C. (1993). *Worlds of sense: Exploring the senses in history and across cultures*. London and New York: Routledge.

Conklin, H. C. (1955). Hanunóo color categories. *Southwestern Journal of Anthropology*. *11*(4): 339-344.

Feld, S. (1982). *Sound and sentiment: Birds, weeping, poetics and song in Kaluli expression*. Philadelphia, PA: University of Pennsylvania Press.

Howes, D. (1988). On the odour of the soul: Spatial representation and olfactory classification in Eastern Indonesia and Western Melanesia. *Bijdragen tot de Taal-, Land- en Volkenkunde. 144*: 84–113.

Howes, D. (2003). *Sensual relations: Engaging the senses in culture & social theory*. Ann Arbor, MI: University of Michigan Press.

Ingold, T. (2000). *The perception of the environment: Essays on livelihood, dwelling and skill*. London: Routledge.

Pink, S. (2009). *Doing sensory ethnography*. London: Sage Publications Ltd.

Rodaway, P. (1994). *Sensuous geographies: Body, sense and place*. London: Routledge.

Seremetakis, C. N. (1996). *The senses still: Perception and memory as material culture in modernity*. Chicago, IL: University of Chicago Press.

Stoller, P. (1989). *The taste of ethnographic things: The senses in anthropology*. Philadelphia, PA: University of Pennsylvania Press.

第Ⅰ部　身体と官能

第一章　ゾーエーの海に身を浸す

妖術者と女性司祭のセクシュアリティと官能性

石井美保

第一節　呪術・宗教実践と官能性

呪術・宗教実践を扱った人類学的研究は、セクシュアリティや官能性というテーマと深く関わってきた。制度化された宗教の多くが禁欲を規範とする一方で、トランスや憑依、供犠や舞踊などを伴う儀礼の場においては、それらに参与する人びとの感覚の変容や恍惚、霊的存在との合一といった官能的な経験が生じうることが指摘されている。ただし、呪術・宗教現象を機能主義的に分析した研究の多くは、宗教実践に伴うエロティシズムや官能性への関心が希薄であり、そうした側面は分析から捨象されがちであった[1]。他方で、呪術・宗教実践に付随する官能性に着眼した一部の先行研究は、そうした官能的経験に関する語りが当事者の内面を象徴的に表現しているという想定の下に、それ

［1］宗教現象にみられる官能的側面を検討した古典的著作としてルイス（一九八五）参照。呪術・宗教現象をテーマとする研究のなかでも憑依研究では女性のジェンダーやセクシュアリティに焦点を当てた研究が少なくないが、官能性そのものが主題化されてきたとはいえない（e.g. Lewis 1966; Boddy 1989; Rosenthal 1998）。また以下にみるように、妖術に関する研究の多くは対象を機能主義的な視座から分析してきた（e.g. Debrunner 1959; Field 1960）。

らの語りをしばしば心理学的、ないし精神分析的な視座から分析しようとした。たとえば、『精霊と結婚した男――モロッコ人トゥハーミの肖像』においてヴィンセント・クラパンザーノは、女精霊に魅入られた瓦職人トゥハーミの語りを、貧しく孤独な独身男性による隠喩的な自己実現の一端として分析している[2]。

先行研究による機能主義的な分析や個人主義的な解釈に対して、本章ではガーナ南部における妖術者（*obayifo*）と、神霊（*obosom*）に仕える女性司祭を事例として、日常的な現実世界とその「外部」という観点から新たな視座を提起したい[3]。本章でみていくように、妖術者とされた女性や女性司祭の語りにはしばしば、日常的な社会規範にはおさまりきらない非日常的な官能的経験が登場する。そうした経験が当人や近親者たちにとってもつ意味を理解するためには、「社会規範からの逸脱と再統合」といった機能主義的な分析に終始するのではなく、彼女たちの経験そのものに目を向ける必要がある。また、そうした非日常的な経験の語りは、語り手個人の性癖や幻想的な自己表現としてのみ解釈されるべきものではない。それらは確かに語り手の個人的な経験でありながら、普段は禁じられた領域である規範の「外部」にあるものを体現し、そうした領域における／への感覚や情動を喚起することで、共同体の日常的リアリティを強力に異化し、揺さぶる力となりえている。

妖術者や女性司祭の語りにみられる非日常的な官能性や霊的存在とのエロティックな関係性は、シャマニズムやアニミズムを主題とする先行研究において描かれてきたような人間と動物、あるいは霊的存在との親密な関係性と共通性をもつ[4]。なかでも、シベリアの狩猟民であるユカギールを対象に、夢のなかで精霊と性的関係を結ぶことで獲物をしとめる力を得る狩人の経験を描いたレーン・ウィラースレフの民族誌（二〇一八）は、夢幻的で官能的な経験を通して通常の「人」ならざるものに変身していく妖術者や女性司祭の経験を考えるうえで示唆に富む。ただし、ウィラースレフの研究が、男性である狩人にとっての自己意識の維持や共同体への復帰という側面に主眼をおくのに対して、本章では、共同体の規範にはおさまりきらない経験を経た女性たちが、その内部において独自性をもった異形の者であり続けることの意味を考察したい[5]。

本章ではまず、先行研究の多くにおいて機能主義的に説明されてきたガーナ南部・アカン社会の妖術について、妖術者のセクシュアリティや官能性に焦点を当て、その意味を捉え直すことを試みる。以下にみていくように、規範的な親族関係からの逸脱やセクシュアリティの倒錯ともみられるような妖術者の行状を人びとが告発し、処罰することは、一面において共同体の規範を強化し、逸脱を抑圧するという効果をもつ。だが、本章で検討する「告白記録」に記されたような妖術者の行為や経験を、共同体において禁じられていながらも各人の奥底に沈潜する欲望や衝動の発露としてみると、それとは異なる意味が浮かび上がってくる。本章では、アカン社会において妖術者が、その告発と処罰を通して共同体の規範を強化するスケープゴートとしての役割を負わされているというに留まらず、規範化された親族関係やセクシュアリティの外部を指し示し、禁じられた欲望や官能性を呼び覚ます存在としての両義的な意味をもつことを示す。

つづいて、ガーナ南部で「オボソン」と呼ばれる神霊に仕える女性司祭の経験に焦点を当てる。彼女たちの多くは、

［2］クラパンザーノは、彼のインフォーマントであるトゥハーミの語りに登場する精霊について次のように解説する。「これらの精霊は、モロッコ人が自分の世界を明確に言語表現する際に用いられる慣用表現の構成要素となっているのである」（クラパンザーノ 一九九一：三九）。彼はまた、次のように述べる。「彼（筆者注：トゥハーミ）が欲していたのは、自分が苦しんでいる空虚さや欠如の感覚［……］を、想像のなかで解消することだったのではないか、と私は考えるようになってきた。［……］トゥハーミは、隠喩の本質的に非現実的な特質を否定しないまま、隠喩による自己実現を望んだのだ。隠喩よりも具体的なものは何であれ、危険なほどに現実的なものだったのである」（クラパンザーノ 一九九一：二三九-二四〇）。

［3］以下にみていくように、ここで便宜的に日常世界の「外部」と呼ぶ領域は、実は共同体の内部に潜在するものの領域でもある。

［4］たとえば Bird-David（1999）、Viveiros de Castro（2004）参照。

［5］ただし、ウィラースレフの民族誌において狩人と比較検討されるシャマンは、イニシエーションを経たのちに異なる存在になりかわり、「以前の状態には決して戻ることができない」（ウィラースレフ 二〇一八：二二二）とされている点で、本章で検討する神霊の司祭と共通性をもつ。

一〇代半ばから二〇代の頃に神霊による召命を受け、司祭の道に足を踏み入れることになった。神霊からの誘惑、家族や伴侶との別離、神霊との「結婚」と司祭共同体への参入という過程をたどる女性司祭の召命譚は、妖術者の告白記録と同様に、非日常的な官能的経験や夢幻的な出来事に満ちている。本章では、日常的な社会関係から離脱し、その「外部」に取り込まれていく女性司祭の経験においても、セクシュアリティや官能性の変容が鍵となっていることを指摘する。

以上の検討を経て本章は、妖術者と神霊の司祭という、ガーナ南部において一般に対立関係にあるとみなされている者同士が、ともに非日常的な官能性やセクシュアリティの発露という共通の経験を経て、日常的な社会規範や「人」のカテゴリーを超えた存在になりかわっていることを明らかにする。本章でみていくように、彼女たちの語りは、社会的に許容された「人」の範疇を超え出る独自性をもった個人の経験を表しているといえるが、それらは個人の妄想や象徴的表現に還元されうるものではない。また、彼女たちの経験とその語りは、「普通の人」からの一時的な逸脱から社会的人格の再生を経て社会復帰へ、というプロセスに収斂するものでもない[6]。彼女たちの語りが指し示しているのは、地域社会の内部にありながら、御しがたい衝動や欲望といったパッションを抱え、それぞれの自己‐身体の奥底にあるはかりしれないもの——非人称的で無意識的なゾーエーの領域[7]——を喚起する「異形の者」であり続ける女性たちの姿である。

第二節　精霊による妖術者の「逮捕」

私クァベナ・オウスはここに、自分が妖術者であることを告白します。私は母の財産と名誉を破壊し、その血を吸いました。私は姉アコスアにできものを与え、同時に彼女は霊界で私の恋人でした。私は彼女の子宮の中に

> ヘビを飼わせ、また彼女の頭の中にも何かを入れ込みました。私は三人の人間を殺しました。〔……〕彼らを殺した後、私の分け前は腕の部分でした。私はこの妖力を一二年間もっています。彼らは私を使いに出すとき、私をフクロウに変えました。私たちは飛びたつために、ヤシの木の上に立っていました。〔……〕私が姉の腹の中に入れたヘビは、双頭のヘビでした。（一九九六年八月一二日付、精霊ティガレの社に保管されていた妖術者の告白記録より）

一九九九年から二〇〇一年にかけて、私はガーナ南部の農村で長期調査を行っていた。私が住み込んでいたのは、現地語でスマン（*suman*）と呼ばれる精霊に仕える男性司祭、ナナ・サチの家である。村はずれにある彼の家の一角には、精霊の依り代である多種多様な呪物を祀った社があった。ナナ・サチはこの社で呪物に神酒を注ぎながら祈祷を唱え、ときにニワトリやヤギなどの供犠を捧げる。昼でも薄暗い社の中には、神酒として用いられるオランダ・ジンと供犠獣の血、憑依儀礼で用いられる白粉の混じりあった独特の匂いが充満していた。ガーナ北部のサバンナ地域に起源をもつとされる精霊たちは、南部において多くの信奉者を集めており、儀礼を通した祈願成就や薬草を用いた病気治療といったさまざまな役割を担っていたが、なかでも重視されていたのが「妖術者を捕える」という役割である。

---

〔6〕ここでのパッションの概念は、ディンカ社会における「力」の概念を説明するにあたって、「行為（actions）」の対としてラテン語の *passiones* という語を用いたLienhardt（1961）に依拠している。憑依をはじめとする宗教実践におけるパッションの概念についてはKramer（1993: 58–64）、Lambek（1993: 312; 2010）も参照。パッションについて中動態という視点から捉え直した論考としてIshii（forthcoming）参照。

〔7〕一般に、個体の有限な生命や生の様式を意味するビオスと対置されるゾーエーは、あらゆる生きものに共通していながらそれらの個別性を超えた「生そのもの」を指す。論者によってその用法は異なるが（廣野（二〇一六）参照）、本章におけるゾーエーの概念は、基本的に木村敏の用法（二〇〇五）に依拠している。この点については本章の最後に立ち戻りたい。

ナナ・サチの説明によれば、精霊の社における妖術者の逮捕と処置は、次のような手順で行われる。妖術者の逮捕の発端となるのは、多くの場合、近親者による告発と容疑者本人の自白である。社を訪れた依頼者は、親族に相つぐ災難の内容を司祭に説明し、災厄をもたらしている妖術者を探し出して逮捕するよう依頼する。依頼に応じて司祭が適切な儀礼を行うと、精霊が霊界で妖術者を探し始める。その結果、精霊による霊的な攻撃を受けた妖術者は重篤な病に陥り、社に出頭して罪を自白しない限りは死に至るのだという。妖術者による自白の内容は社の書記によって記録されるほか、女性が腰のまわりに巻くビーズや腰帯は精霊による逮捕の「証拠」として社の壁に吊り下げられる。逮捕された妖術者は頭髪を剃り、数か月から数年にわたって社に留置され、妖力を取り去る（*twa ne ntaban*：翼を切りとる）ための儀礼を施される。その後、彼女は親族の元に戻ることを許されるが、その際に妖術者の親族は、社に対して儀礼に応じた謝礼を支払わなくてはならない（石井 二〇〇七：一三七-一三八）。

ナナ・サチの社には、彼の祭祀する精霊であるティガレによって捕えられた妖術者の告白記録が保管されていた。冒頭の文章は、この告白記録の一部を引用したものである。調査を進めるうちに、私は他のいくつかの社に保管されていた妖術者の告白記録を目にすることになった。いずれも小学校で子どもたちが使うような粗悪な紙質のノートが使用されており、おそらくは社の書記の手になるものだろう、ボールペンでびっしりと妖術者の「自白」内容が書きつけてあった。薄黒く変色し、ジンや血の入り混じった臭気を発するノートは、その内容とあいまって不気味なオーラを放っているように思われた。妖術者とされる告白の主体は多くの場合、彼らを「捕えた」精霊の社からさほど遠くない地域に住むアカン民族の女性であった。

ガーナ南部において、前世紀の初頭から現在に到るまで人びとの畏怖と好奇の対象であり続けている妖術（*bayie*）とは、いったいどのようなものなのだろうか。先行研究において、アカン社会の妖術は次のような特徴をもつとされてきた。すなわち、母系制をとるアカン民族のあいだで、妖術は母系親族集団の内部でのみ効力をもつ破壊的な力である。妖術者の多くは女性であり、その力はしばしば親族内で継承される。妖術者は真夜中に空を飛び、動物に変身して親族の殺害や姦通を行い、近親者の血肉を共食する。また、妖術者は母系親族のあいだに伝染病や不妊、子の死亡などの災厄をもたらすとされる。なかでも二〇世紀初頭のガーナ南部における妖術への恐れの高まりと精霊の社による妖術者の「摘発」について、先行研究は、貨幣経済と換金作物生産の発展という新たな社会経済状況がもたらした伝統社会の危機と、それに伴う社会不安の増大が妖術への疑惑と恐れを生み出したという機能主義的な分析を行っている（e.g. Debrunner 1959; Field 1960）。私自身は、「妖術告発の増加は近代化への反応である」といった先行研究の定型的な分析を批判しつつ、ガーナ南部における妖術の勃興とそれに対抗する精霊の社の発展を考えるにあたって、アカン社会における女性の性と再生産という観点から、次のような説明を行ってきた。

> アカン社会において妖術の嫌疑をかけられるのは多くの場合女性であるが、ここで注意すべきことは、妖術の特徴それ自体もまた、女性の性と再生産の問題に深く関わっているという点である。［……］妖術者の告白や妖術告発の中でもっとも頻繁に登場する主題のひとつは、妖術者による子殺しや姦通、近親者の受胎や授精力の阻害をはじめ、再生産の妨害と性規範の攪乱である。いいかえれば、もっとも一般的で恐るべき妖術は、親族集団の繁栄と存続を支える性規範の侵害として発現する。したがって、アカン社会における妖術は、原則として地域共同体を基盤とする親族規範の逆転図をあらわしているといえるだろう。［……］近親女性の性と再生産の異常性を何よりも問題化する妖術告発は、母系リネージによる親族規範の発現であるとともに、その再強化をはかる試みとしての意味をもっている。［……］つまり、アカン社会において妖術の存在は、母系リネージにおける親族規範の存在を裏書きするものであり、妖術者の摘発は親族規範の要請にしたがって先鋭化すると考えられる。さらに、妖術者の逮捕と更生は、親族規範の実効力を証明するものであるといえる（石井 二〇〇七：一三八―一三九）。

以上のような説明は、妖術と呼ばれる現象の社会的な意味や機能を説明することで、妖術現象とそれをめぐる人びとの実践の論理性を提示することにひとまずは成功しているといえるだろう。ただし、この記述からは、異臭を放つ染みだらけの告白記録に目を通し、あるいは精霊の社に掲げられた「妖術者たち」のモノクロ写真を目にしたときに私の感じた、いわく言いがたい不穏な感じ、あるいは生理的な気味の悪さといった感覚は完全に捨象されている。同様に、精霊によって捕えられた妖術者の行状について語る司祭の話に聞き入る人たちの、畏怖と好奇心の入り混じったまなざしや驚きの叫び、熱心な相槌といった反応もまた、考察の対象とはされていない。

だが、妖術者の存在が人びとに現実的な恐怖を与え、なおかつ彼らの好奇心を惹きつけてやまない理由は、妖術者の仕業が単に常軌を逸しているというばかりではなく、それがある種の生理的感覚や情動を呼び覚ますような生々しさに満ちているからではないかと思われる。そうした感覚は、妖術者について司祭たちが語り出す場である精霊の社の、過去に捕えられた妖術者の腰帯やビーズがずらりと並んだ壁や、供犠獣の血糊で黒く染まった台座、臭気を発する「告白記録」、さらにまた、社をとりまく森の中にそびえる「妖術者の木」の黒々したシルエットといった、五感に訴えかけるモノや環境との関係性のなかでこそ生じてくるものでもある。本章では言語的表現に依るしかないという限界はあるが、妖術現象の喚起する生理的・官能的なリアリティを伝えるために、次節では妖術者とされた女性たちの告白記録をやや詳しく紹介したい。

第三節　妖術者の告白記録

はじめに紹介するのは、私が調査をしていた村の隣村にある精霊の社に保管されていた妖術者の告白記録である。告白の主体はアマ・アシアという名の女性で、この社からほど近い地域の出身であった。以下の記述は、社の司祭と書記が断続的に聞き取って書き留めたと思われる、彼女の告白記録の一部である。

一九九七年一月九日

オヘネバと呼ばれる精霊が私を捕えました。私は妖術者です。私は自分の娘、エフィア・オポンワーに病気を与えました。私は自分が妖術者であることを認めます。〔……〕私の母が私にこの妖力を与えたのです。〔……〕私と母はいつも夜中に〔妖術者の〕集会に出かけていました。もし私が赤ちゃんを産むと、翌週母は私のためにニワトリを殺してくれました。そのニワトリは私の赤ん坊で、母はそれを料理してくれました。ですから私が赤ちゃんを産むと、きまってその子は死にました。〔……〕私は鳥に変身し、夜中に飛びまわりました。私の妖力はオウムです。

一九九七年一月一六日

　私は、兄ダークワが交通事故で死んだことを覚えています。私と、妹アベナ・フィオが彼を殺したのです。〔……〕私はアゴナ・クラン（この場合は妖術者のクランを指す）の王母でした。私の母、エフィア・ドゥアが私を即位させたのです。私たちが夜中に集会へ行くとき、私たちは野生のヤギの皮の上を歩きました。夜になると、私の髪は蚕と炎に包まれました。彼らが妖力を私の頭の中に入れたので、いつも頭痛がするのです。王母であるお蔭で、もしも誰かを殺すと、私にはいつも腕の部分が与えられました。〔……〕私たちは広場で集会し、大いに楽しみました。そこで会うときには眩しい光を使いました。〔……〕私たちが集会へ行くとき、私はアンテロープの上にまたがりました。私は誰を殺すべきか指示を与えていました。

一九九七年一月一八日

　私は出産するとき、自分でそのチャンスを駄目にしていました。さもなければ彼らは私を病院に連れていき、手術を受けさせたでしょう。〔……〕私のかかとは、赤い頭をもつトカゲのそれで、私はその脚で森の中を走り抜けました。私の乳房は蜂で、もしもそれに刺されると病気になるのです。私の髪は唐辛子です。私とクァシ・ブロニは、誰かが病気になろうものなら、その病人が死ぬまで引っ掻きました。私とクァシ・ブロニはこの二年のあいだに村に病気をもたらし、そのために多くの人びとが死にました。

一九九七年一月二〇日

クァベナ・アンポサーを殺したのは私ではありません。けれど私はその肉を楽しみました。〔……〕アタおばさんはアクア・クマの子宮を取り去り、妖術者の集会で食べました。夜になると私の目は光り、私はクァベナ・オウスをアンテロープに変えてその上にまたがりました。

つづいて、ナナ・サチの社と同じく精霊ティガレを祀った別の社に保管されていた妖術者の告白記録を紹介したい。告白の主体はアジョア・セワーという名の女性で、当該の社から遠からぬ地域に居住していた。この告白が記録された年月日は不明である。

一、私、アジョア・セワーは妖術者たちのための肉処理人である。
二、私は自分の子どもたちを五人殺した。
三、私たちはオドゥマスアの農地で集会をし、そこで料理もする。
四、息子の嫁が妊娠すると、私は霊界で彼女を浣腸し、流産させた。
五、私は息子のペニスを隠しもっている。
六、私は目の中にヘビをいれて、子どもたちを怖がらせた。
七、私は飛び立つ前に歌を歌い、そのアンレワ鳥の歌は私をはるか遠くまで飛んでいかせた。
八、私は夫を心がわりさせ、草むらで性交した。
九、オディイフォ・ンカンサの牧師は私のために祈り、その後で私と性交した。
一〇、私の魔力は私を犬に変えることができたので、私が赤ん坊を産むとそれ（犬）は私の子を食い、赤ん坊は死んでしまった。

一一、私は娘であるヤー・アドゥアコの首を切り、調理して食べるためにプラ川の岸辺へ持っていった。

一二、私は、娘アマ・デンターに噛みつくためにヘビに変身した。

一三、肉を得られないときには、私はハゲワシに変身してごみ捨て場で餌をあさった。

一四、私が結婚していたとき、私はこの妖力をつかって売春を行っていた。

これらの告白記録では、妖術者が関与したとされるさまざまな出来事や行為が語られているが、反復されるテーマは、①近親者の殺害や性的能力の阻害、②通常の規範から逸脱した性行為、③動物への変身の三つである。ガーナ南部における妖術者の一般的な特徴の一つとして、日常的な規範からみた場合の逸脱的な性行動が挙げられるが（Debrunner（1959）参照）、私が目にした告白記録のなかにも姦通や近親相姦、売春、聖職者との性行為といった、通常の規範からみて逸脱的なセクシュアリティについての記述が多くみられた。性的な逸脱や子殺しは、婚姻と再生産による子孫繁栄と財の継承という通常の親族規範を脅かすものであるが、妖術者自身による詳細な告白記録はこうした規範のほころびを白日の下にさらけ出し、近隣で起こりうるかもしれない生々しい出来事として、人びとの恐れと想像をかきたてる。同時にまた注目すべきは、妖術者の告白記録のなかに、「動物への変身」というテーマがくりかえし登場することである。ここで妖術者は、社会的な関係性や規範によって形作られた「人」ではない異形の者として、自明にみえる「人」というカテゴリー自体を脅かし、不安定化する存在として立ち現れている。

妖術者の告白記録から読み取られるこうした特徴は、「正しい」親族関係や生殖のあり方を前提とした親族規範の反転図を示しているといえる。ただし妖術者は、その糾弾と処罰を通して既存の社会規範を強化するというスケープゴート的な役割を負っているというに留まらない。彼女たちの存在はむしろ、どんな規範にも完全には制御できない側面があり、したがって規範はたやすく攪乱されうること、自分もいつ妖術の犠牲者に——あるいはその行使者に

――なりうるかもしれないという可能性への現実的な恐怖を、身体感覚として人びとの内に呼び覚ますものだったのではないだろうか。

妖術者たちが人びとによって恐れられ、糾弾の対象となることの裏側には、彼女たちが近親者への殺意や制御不可能な性的欲望といった、社会において表向きは禁じられていながらも完全に消え去ることのない、死と性にまつわる根源的な感情や衝動を突きつける存在であることがあったと思われる。こうした危険な感情や欲動は、個人の妄想や異常性として封印されるのではなく、妖術として意味づけられることで共同体や「人」の境界、あるいは臨界をその外側から照らし出す。と同時に、妖術者の存在は日常的な社会性の外部に放逐されたはずの欲望や感覚を体現し、喚起することで、共同体の規範や「人」の境界の脆弱さを知らしめるとともに、異界への感受性を活性化する。近しい隣人や親族の一員が妖術者として捕えられることによって、人びとは共同体の内に、「人」の境界を揺るがす異界性が潜んでいたことを知る。さらにまた、妖術者の「翼を切りとる」儀礼ののちに彼女を迎え入れる親族や共同体は、両義的な危険性を帯びた異形の者を、その内部に再び抱え込むことになるのである。

次節では、やはり日常的規範や共同性の「外部」を体現する女性司祭たちの召命譚を取り上げたい。

第四節　神霊に仕える女性司祭たち

ガーナ南部では、北部地域に由来する精霊と、南部地域に由来する神霊がそれぞれの司祭によって祭祀されている。先にみたように、妖術者を捕えて儀礼を施す役割を果たすのは精霊であり、二〇世紀以降のガーナ南部では、伝統的な神霊の社が果たしえない新たな役割を担うことによって精霊の社が多くの信奉者を獲得したことが指摘されてきた。北部地域から南部地域への移動にみられるように、持ち運び可能な呪物を依り代とする精霊がきわめて動態的な特徴をもつのに対して、神霊は地域の川や岩といった自然物と強く結びついており、どちらかといえば静態的な特徴をもつ。また興味深いことに、私が調査中に出会った司祭たちのなかで、精霊に仕える司祭の多くは男性であり、神霊に仕える司祭の多くは女性であった。ガーナ南部において現在、精霊に仕える司祭と神霊に仕える司祭は、自らの仕える精霊または神霊のための祭り（*afahye*）に互いを招待し合い、ともに儀礼を行うといった協力的な関係にある。[8]

本節では、ガーナ南部に位置するラテという町に起源をもつ女神アコノディに仕える女性司祭たちの経験をみていきたい。先にみた妖術者の告白記録にも似て、女性司祭たちの召命譚には、非日常的な官能的経験や神霊との親密な関係性が表現されている。[9]

はじめに紹介するのは、ヤー・コナドゥという名の一九五九年生まれの女性司祭の語りである。彼女はもともとメソジスト教会の信者であったが、一八歳であった一九七七年に神霊による最初の憑依を受けた。一九七九年から一九八二年にかけて、彼女はラテにある神霊の司祭の共同体で修行を行い、その後二年間、ナナ・オパレビアと呼ばれる老司祭に師事したのち、自らの社を建立して独立した。

> 憑きもの（*akom*）が私を捕まえたとき、私はブロン・アハフォ州のベレクムにある高校に通っていました。それは土曜日で、私たちは食堂で昼食をとった後、運動場で遊んでいました。私が映画館の裏に立っていると、ブリーフ・ケースを抱えた、色黒でハンサムな男が私のところにやって来ていいました。「お嬢さん、僕はきみと結婚しよう」。私はこう答えました。「駄目よ、学校へ行っているんですから結婚なんてできません」「僕と結婚すればたくさんお金をあげるよ」「駄目です、まず学校を終えないと」。

[8] 祭りや儀礼の場において、司祭たちは自らが仕える精霊または神霊によって憑依される。

[9] 本節で紹介する女性司祭たちの語りは、一九九九年から二〇〇〇年にかけてガーナ東部州で開催された神霊または精霊の祭りの空き時間に、祭りの参加者である女性司祭を対象に行ったインタビューに基づいている。

すると男は、「また来るよ」といいました。その後突然めまいを感じて、あたりがぐるぐる回り出しました。私は高熱を出して病院へ行き、注射を受けましたが病気は一向に治らず、まるで憑きもののようでした。［……］それからその男は、自分はラテから来たので私もラテへ行かねばならない、といいました。私の家族はたった二週間のあいだに私を学校から連れ出して、ラテへ連れていきました。彼らが私をその家（ナナ・オパレビアの社）へ連れていくと、神霊たちは二人ともそこにいました。［……］彼（アスオ・ジェビと呼ばれる水神。別の司祭に憑依していたと思われる）はナナ・オパレビアにこういいました。「私は妻を学校から連れてきた」。ナナ・オパレビアは私に、「おまえはここで一〇年間過ごすことになる」といいました。

この語りにみられるように、神霊による召命は多くの場合、男神とされる水神による「めとり」というかたちをとる。女神アコノディと近しい関係にある男神に見初められた女性は心身の不調や病に悩まされた挙句、神霊の告げるとおりにラテにおもむき、そこで司祭となるための修行の道に入ることになる。その過程で、彼女は自分がそれまでに属していた共同体から離れて女性司祭たちの共同体のなかに取り込まれていく。女性司祭たちの語りは、愛する家族との別離や、慣れ親しんだ共同体からの疎外に伴う苦悩と悲しみに彩られたライフ・ストーリーとしての共通性をもつ。同時にまた、彼女たちの召命譚のなかではしばしば、夢幻的とも思われるような経験や出来事が語られる。そうした召命譚の例として、以下に二つの事例をみていきたい。はじめに紹介するのは、アベナ・アチャーという名の女性司祭（生年は不明）の語りである。

それで彼（水神）はいいました。「おまえは私と結婚するのだ」。「私には夫がいます」と私はいいました。そこには首を縛られた一頭のヤギがいて、そばに鏡が立ててありました。彼はその鏡を覗き込み、私にも覗くようにといいました。そこで私は鏡を覗き込みました、すると首を縛られたそのヤギは、私の顔をしていたのです。

「見たか？」と彼はいいました。「ええ」「ならば、そのヤギの縄を外せ」。私はヤギの縄を外しました。すると彼はいいました、「おまえは夢のなかで殺されようとしている」と。

それから彼は、私を町に連れていきました。それから彼は何か、まるで蚊のようなものの上に座り、私もその上に座ると、それは飛行機が飛ぶように飛び、気がつくと〔神霊の〕社の前に来ていました。そこには大きな女がいて、「おまえはこれからこの男に仕えるのだ」といいました。

アベナ・アチャーの語りにある「おまえは夢のなかで殺されようとしている」という神霊の言葉は、彼女が我知らず妖術者の脅威に曝されていたことを意味している。このように、神霊はときに妖術者によって危害を加えられようとしている者を「救う」ために彼女をめとり、司祭共同体のなかに取り込むとされる。このことは、神霊による召命が当事者にとって、それまで属していた親密な共同体からの疎外であると同時に、その「外部」への脱出でもありうることを示している。この語りはまた、神霊や精霊に仕える司祭たちと妖術者たちは互いに異なる霊的世界を体現しているわけではなく、日常世界の外に広がる、常人には感知しえない霊的世界において拮抗しつつ共存し、互いに関わり合っていることを示唆している。

つづいて、ナナ・アンサーという名の一九六二年生まれの女性司祭の語りをみていきたい。彼女はもともとキリスト教徒であったが、水神による召命を受けてその「花嫁」となり、女神アコノディに仕える身となった。彼女はある日、幻視のような経験をしたのち、「気がつくとラテに来ていた」という。その後の経験を、彼女は次のように語っている。

私は床几に腰掛け、煙草を吸い、トニックを飲んでいました。煙草は一箱、トニックは一ケース全部も飲んだものです。降っても照っても、そうして私は外に座り続けました。その頃月経になると、それはひと月以上も続きました。誰かと一緒に寝ると、私はその男を抱きしめ、夜が明けるまで彼を吸い続けました。そうして私はどんどん痩せていきました。その頃、ベアという名前の司祭がナナ・オパレビア（女性司祭の長老）にこういいました。「神霊がこの娘をこんなふうにさせているのです。もしもあなたが娘を連れていかなければ、神霊は彼女を森の中へ連れ去ってしまうでしょうよ」。そこでナナ・オパレビアは私にこういいました。「おまえを取った神霊は、女は取らないはずだ。だからおまえは、毎年ここに来て彼に仕えなさい」。そこで彼らは私を憑依の道（*akom*）に入れ、やがてアスオ・ジェビ（水神）が現れました。

この語りが示しているように、女性司祭たちの召命譚には、夢幻的と思われるような出来事や、非日常的な身体経験についての語りが多くみられる。先述したように、神霊の司祭は妖術者を捕える役割をもつ精霊の司祭と協力関係にあり、その意味で妖術者とは対立する関係にある。それにもかかわらず、女性司祭の召命譚と妖術者の告白記録は、霊的な存在を含む他者とのエロティックな関係性や過剰なセクシュアリティといった共通する特徴をもつことに気がつく。

女性司祭たちは、神霊による誘惑をきっかけとして、自らの抑制の効かない衝動や病に取り憑かれ、それまで身をおいていた共同体から離脱し、司祭の共同体に参入していく。やがて修行を終えた彼女たちは、司祭という霊的な力を身に帯びた者として地域社会に戻ってくる。妖術者とされた女性たちもまた、共同体において禁じられた欲望や情動を体現する者としていったんその内部から放逐されたのちに、潜在的な危険性をはらんだ存在として共同体に戻ってくる。いずれの場合も、女性たちが社会的に許容された「普通の人」の枠組みから離れて霊的な世界に参入する際に、官能性は重要な鍵となっている。この点について最後に、妖術者と女性司祭による「ゾーエーの体現」という観点から考察したい。

第五節　ゾーエーの海に身を浸す

本章でみてきたように、妖術者とされた女性や女性司祭たちはいずれも、自分の意志では制御しがたい欲望や衝動といったパッションに駆られて従来の社会的人格を手放し、常人を超えた存在になりかわっている。彼女たちの語る非日常的な官能的経験は、クラパンザーノによって描かれた、女精霊に魅入られた瓦職人トゥハーミの語り（一九九一）を彷彿とさせる。ただし、こうした妖術者や女性司祭たちの語りを、孤独な逸脱者の妄想や象徴的な自己実現の一端として解釈するだけでは十分ではない。あるいはまた、彼女たちの語る経験は、ウィラースレフがその民族誌（二〇一八）で描いたような、精霊との性的交渉を通して獲物をしとめる力を得る狩人の経験と共通性をもつ。ただし、ウィラースレフの民族誌が、男性である狩人の自己意識の維持と共同体への復帰に主眼をおいているのに対して、本章でみた女性たちの経験とその語りは、共同体から逸脱したのちに本来の社会的人格を取り戻し、異界からの誘惑をふりきって元の共同体に復帰するというストーリーに収斂するものでは必ずしもない。

本章でみた妖術者や女性司祭たちの語りは、共同体の規範におさまりきらない彼女たちの生の特異性を指し示している。彼女たちの存在は、「妖術者」または「神霊の司祭」と名指され、意味づけられることによって一定の形式性を与えられつつも、社会的に許容された「人」という範疇に完全には包摂されることのない、異質な生の領域を体現している。社会的な「人」の境界や共同体の外縁をその外側から照らし出す、独特なパッションに満ちた彼女たちの生のありようは、特異な「個」としての存在が、その根底において「人」というカテゴリーを超えた生そのものであるゾーエーの領域につながっていることを思い起こさせる。個別的な生のありさまを意味するビオスと、個別性を超えた生そのものを指すゾーエーとの関係について、精神医学者の木村敏は次のように述べている。

> 個体のそれぞれがいとなんでいる個性的な生活／生存、つまりアポロン的ビオスは、生物を生物たらしめてい

る生それ自身、つまりディオニューソス的ゾーエーが、そのつどの身体を通じて、自らを限定し個別化したものである。〔……〕意識的自我が、対象を知覚し判断しながら言表可能なかたちで思考する〔……〕営みは、その根を、自己／身体による媒介を隔ててディオニューソス的ゾーエーに張っている。動物的本能に、といってもよいだろう。人間以外の生きものは、〔……〕ゾーエー的な集合的・集団的生命の圧倒的な優位のもとに生きている。（木村二〇〇五：九）

本章でみてきた妖術者や女性司祭たちのように、日常的なリアリティや社会的な「人」のカテゴリーに完全には包摂されない独自性をもった「個」としてあることと、人間以外の生きものにも共通する非人称的で原初的なゾーエーの領域に身を浸していることとは、矛盾するものではない。自分自身にも制御できず、社会的規範と折り合いをつけることのできないパッションを抱え、日常的なリアリティを超える存在に感応する感受性をもっていること。それが彼女たちの苦悩の源泉であり、慣れ親しんだ共同体から自らを離脱させる契機となるとともに、通常の「人」を超えた異形の者として生きていくための原動力となりえていた。同時にまた、衝動と葛藤に満ちた彼女たちの生のありようを目の当たりにし、その身体を媒体としてあふれ出すゾーエーの力に曝されるとき、日常的なリアリティを生きる「普通の人」もまた、はかりしれないゾーエーの領域がすぐそこに、あるいは自分自身の奥底に潜んでいることに気づかざるをえない。

妖術者や女性司祭たちの語りは、したがって、揺るぎなく安定した「地」としての日常的な現実世界が、そこに現れた不気味な「図」としての異形の存在を抑圧し、あるいは馴化しつつ包摂することでみずからを強化していくというプロセスを裏書きするだけのものではない。そうではなく、彼女たちの存在は、境界づけられた「図」としての日常の外側に、生々しい官能性を伴って感受される「地」としてのゾーエーの領域が果てしなく広がっていることを示唆している。妖術者とされた女性と女性司祭たちは、異形の者としての孤独をそれぞれに抱えつつも官能性という回路を通してつながり合い、ともにゾーエーの海に半身を浸しながら、「人」の境界を脅かし、揺さぶり、日常を異化し続けているのである。

◉引用・参考文献

石井美保（二〇〇七）『精霊たちのフロンティア――ガーナ南部の開拓移民社会における〈超常現象〉の民族誌』世界思想社

ウィラースレフ、R／奥野克巳・近藤祉秋・古川不可知［訳］（二〇一八）『ソウル・ハンターズ――シベリア・ユカギールのアニミズムの人類学』亜紀書房

木村　敏（二〇〇五）『関係としての自己』みすず書房

クラパンザーノ、V／大塚和夫・渡部重行［訳］（一九九一）『精霊と結婚した男――モロッコ人トゥハーミの肖像』紀伊國屋書店

廣野喜幸（二〇一六）「古代ギリシャにおける二つの生命概念、ゾーエーおよびビオスの分析」『ギリシャ哲学セミナー論集』一三：一四―三二

ルイス、I・M／平沼孝之［訳］（一九八五）『エクスタシーの人類学――憑依とシャーマニズム』法政大学出版局

Bird-David, N.(1999). "Animism" revisited: Personhood, environment, and relational epistemology. *Current Anthropology*. *40*(S1): S67–91.

Boddy, J.(1989). *Wombs and alien spirits: Women, men, and the Zār cult in northern Sudan*. Madison, WI: University of Wisconsin Press.

Debrunner, H.(1959). *Witchcraft in Ghana: A study on the belief in destructive witches and its effect on the Akan tribes*. Kumasi: Presbyterian Book Depot.

Field, M. J.(1960). *Search for security: An ethno-psychiatric study of rural Ghana*. London: Faber.

Ishii, M.(forthcoming). Waiting for deities: Spirit possession in the middle voice. In D. Espirito Santo, & M. Shapiro(eds.) *Conceiving the cosmos: Warping a novel anthropology of spirit possession*. London: Bloomsbury.

Kramer, F./Green, M. R.(trans.)(1993). *The red fez: Art and spirit possession in Africa*. London: Verso.

Lambek, M.(1993). *Knowledge and practice in Mayotte: Local discourses of Islam, sorcery, and spirit possession*. Toronto: University of Toronto Press.

Lambek, M.(2010). How to make up one's mind: Reason, passion, and ethics in spirit possession. *University of Toronto Quarterly*. *79*(2): 720–741.

Lewis, I. M.(1966). Spirit possession and deprivation cults. *Man*. *1*(3): 307–329.

Lienhardt, G.(1961). *Divinity and experience: The religion of the Dinka*. Oxford: Oxford University Press.

Rosenthal, J.(1998). *Possession, ecstasy, and law in Ewe voodoo*. Charlottesville, VA: University Press of Virginia.

Viveiros de Castro, E.(2004). Exchanging perspectives: The transformation of objects into subjects in Amerindian ontologies. *Common Knowledge*. *10*(3): 463–484.

第二章　私は女神だ！

欧米の女神運動における女性と身体

河西瑛里子

第一節　女神運動の「女神」[1]とは

「その、女神さんっていうのは何ですかなぁ？　マリアさんとは違うんですかなぁ……」

若い頃、キリスト教に改宗した祖父は、女神運動や女神神殿のことを話し続ける私に、時々こんな質問を投げかけた。そのたびにうまく説明できなかったことは悔やまれるのだが、「マリアさん」とは違うような気がしたし、キリスト教の「神様」の女性版とも思えなかった。

実践者も研究者も女神の捉え方を、言葉を尽くして丁寧に説明していたが、私はもっと感覚的に理解するものではないかと感じていた。そこで本章では、先行研究の議論をまとめたうえで、女神運動の儀式やイベントのなかでよく語られる「私は女神だ（I am（a）Goddess）」という言葉を手がかりに、人びと（とくに女性）の身体を女神とみなす

[1] 女性神を指す言葉としては、Goddess 以外に、Lady や Mother もよく使われる。Lady はキリスト教の聖母マリアを指す Our Lady、Mother はキリスト教の Father に対する言葉として、採用されたと思われる。

ような事例を私の経験に基づいて取り上げる。そして、身体を女神と人が重なり合う領域とみなし、そこから生まれる非日常的な感覚を官能として考察する。

女神運動とは社会運動であるフェミニズムに宗教的実践である魔女術などが加わって生まれた宗教社会的な現象である（河西二〇一五：一六〇-一六七）。第二波フェミニズム隆盛期の一九七〇年代の北米では、キャロル・クライストなど一部のフェミニスト神学者が、北米で主流の宗教であるユダヤ教やキリスト教の神学を男性中心的で女性蔑視とみなした。そして、女性には女性にとっての精神的支柱が必要と考え、イギリスから入ってきたウイッカ[2]の「女神」の概念を取り入れて、「女神学（theology）」を創った[3]。この女神学を思想とし、魔女術の季節の祝祭といった儀式を実践として取り入れたのがフェミニスト魔女術である。ユダヤ教やキリスト教を離れて女神を求める試みは、考古学、ユング心理学、環境保護運動、反核運動などとも絡まり合いながら発展し、「女神運動」と呼ばれるようになる[4]。

女神運動における「女神」の解釈は、女神運動に携わる人びとも研究者も、個々人によって異なる。たとえば、宗教とジェンダーの研究者であるメリッサ・ラファエルは「女神の概念は一人ひとり異なり、女性たちが女神学化された時間は短いが、少しずつ変転していった」（Raphael 1999: 53）と述べている。女神運動においては、英語などの言語ではユダヤ教やキリスト教の神を男性形で表すため神は男性を象徴している、女性の身体は男性を誘惑する穢れたものでセクシュアリティは恥ずべきものとされている、と解釈されており、女神に関する議論も、そのアンチテーゼとして展開されていく。主な女神の解釈は以下の三つである。

一つ目は、女神は隠喩か、実体かという議論である。当初、女神は概念化されていなかったが、次第に実体のある存在として認識されるようになっていった。一九七五年にロンドンで母権制研究グループを結成したアスフォデル・ロングは、「女神」を定義する動きは初期にはなく、自らが創刊した冊子や雑誌の編集者や読者も、神（divinity）が女性という可能性はあるし、女性も神を象徴しうるという程度の感覚で女神を理解していたとしている（Long 1994: 14）。また、女神という概念を女性に示すことの効果が強調され、女神が何者かは問題ではなかったが、徐々に女性たちは「外部の」女神たち

（goddesses 'out there'）だけではなく、自らの「内部の女神（'the Goddess within'）」の概念も重要と感じるようになったと述べている（Long 1994: 17）。女神を実体的な存在として捉えるか、女性を鼓舞するための隠喩としてみるかについて、環境保護と絡めた女神運動を牽引してきたスターホークは次のように述べている。

> 私は心理学的象徴としての女神とも、現実の顕現の女神とも話をしてきました。彼女は両方なのです。彼女は存在し、私たちが彼女を創り出すのです。（Starhawk 1979: 81）

二つ目の女神の概念に関する議論は、一神教か、多神教か、つまり女神の身体は一つか複数かという点であり、両者は同時に成り立っていると理解されている。宗教学者のシンシア・エラーによれば、女神はいろいろな側面を崇拝され、いろいろな名前で召喚されるが、実践者の意識のうえでは一つである（Eller 1995（1993）: 133）。唯一女神（the Goddess/the goddess）かつ女神たち（Goddesses/goddesses）といった、一元論と多神論が連結されるパターンは、仏教やヒンドゥーにもみられ、アメリカのオルタナティヴ宗教の典型である（Eller 1995（1993）: 134–135）。

この点に関し、三つ目の女神の概念に関する議論として、女神の内在性と超越性をみておく。スターホークが創設したリクレイミング（Reclaiming）を調査したヨネ・サロモンセンは、内在性は「女神の第一の重要な特徴であり、超越的で父権的な男性の神（god）の真逆として定義づけられる。つまり女神は新しい文化の象徴であり、儀式や正

[2] 魔女術とも呼ばれる田舎の伝統的習俗に儀式魔術を取り入れて、あるイギリス人男性が創り出し、一九五〇年代に広まった信仰で、女神と男神の崇拝を特徴とする。

[3] フェミニスト神学者のローズマリー・リューサーによれば、大半のフェミニスト神学者はクライストに追随しなかった（Ruether 2005: 287）。

[4] 「女神運動」は、女神崇拝／信仰（Goddess Worship）、女神のスピリチュアリティ、霊性フェミニズムなどとも呼ばれている。

しい生き方を通して彼女を崇めることは、文化や人格の変容の媒介となりうる」（Salomonsen 2002: 86）と述べている。女神運動はユダヤ教やキリスト教を男性中心的と批判するところから生まれたため、両宗教の神概念は好まれない傾向にある。女神の超越性より内在性が強調されるのは、超越性は従来の神の概念に類似している一方で、内在性は新しい概念だと実践者がみなしたからという可能性もある。

　このようなかたちで理解されている女神と実践者はいかに交流しているのだろうか。具体的な事例を示す前に、女性の身体と女神の身体化の議論を確認しておきたい。

第二節　女性の身体と女神の身体化

身体化（embodiment）は文化人類学も含めた諸領域で活発に論じられてきた。その一人であるトーマシュ・ショルダッシュは「生物学的で、物質的な実体」である身体と並べて、身体化を「知覚的な経験と世界のなかの現前と関わりの様式によって定義される不確定な方法論的領域」としている（Csordas 1994: 12）。

女神運動で言及されている身体化は、ショルダッシュのように他者の身体との関係性を想定しているというより、単に女神という抽象的な概念が具体化されたもの、実体をもったものとして取り扱われてきた。たとえば先述のラファエルは、ユダヤ教やキリスト教とは異なり、女神学は女性のありのままの身体を聖とみなし、このことが女性をエンパワーしていると論じる。

　女神のスピリチュアリティがもたらしたもっともポジティヴな結果の一つは、若者から性的な成熟を経て、年を重ねていくにつれて、自分の身体に女性の喜びを覚醒させたことである。処女、母、老女という女神のイメージを想像することは、神の経綸（the divine economy）のなかで、姿形変化という女性の身体的変容と満ち欠けの

エネルギーを再統合する。（Raphael 1996: 75）

彼女は女性の身体化の聖性を否定しているとしてユダヤ教やキリスト教を批判し、「女神学は［……］自然な（つまり制御されていない）女性の身体を俗とみなす残存の宗教的世界観への反応」（Raphael 1996: 78）とし、女性の美が男性を中心として規定されてきたこと、それゆえに若く、既婚で、妊娠中の女性の身体は理想化され、高齢女性の身体の価値が認められてこなかったことも指摘する（Raphael 1996: 82）。逆に女神運動は、女性の身体の変容を、処女、母、老女という三女神として称賛する（Raphael 1999: 67–74）。醜く邪な老女（hag, crone）、悪魔のしもべである魔女など否定的に捉えられてきた高齢女性を、女神のサイクルに位置づけて祝するのである。

ここまでみてきた女神は、女性の身体を聖とみなすイメージを描くための道具として解釈されている。こうした解釈において女神は、女性を鼓舞し、あるいは癒し、変容させていく象徴として利用されている。[5]

しかしながら、女神はフェミニズムを精神的に推進していくための象徴としてのみ理解されるものではなく、当事者に何らかの聖なる経験をもたらしているはずである。この点について、ショルダッシュの現象学やジュディス・バトラーのパフォーマティヴィティ論を引用しながら、巡礼を通した聖性の経験を分析した論考を紹介したい。

ニュージーランドのフェミニスト魔女を調査し、その後もマルタなどで積極的に調査を続けている、文化人類学者のキャサリン・ラウンツリーによれば、マルタ島などにある古代ギリシャの女神神殿を女神の聖地とみて巡礼を行う女性たちは、このような神殿跡を訪れて、自分の体型に類似した太った女性像（女神像）と自分を重ね合わせたり、自らをそこに祀られていた神（divine）と感じたりする（Rountree 2006: 105–107）。また、神殿跡で儀式という身体的パフォーマンスを行うことで、過去とつながるヴィジョンを見て、一体となるつながりを感じている（Rountree

［5］Griffin（1995）にも同様の分析がある。

2006: 107–108）。かつて女神が祀られ、女性の地位が高かったとされる場所に赴くことで、当時の時代状況に思いを馳せ、自らを女神とみなし、身体的な経験をする。それにより、既存の価値観から解放され、自らの身体を聖なるものと見直しうる癒しと変容が生じると述べている。

このように女神運動において身体的な経験とそこから生まれる感覚に着眼すること、つまり、当事者が女神と一体化する経験、もしくは自らの身体の特別性を感じていく経験と、そこから生まれる感覚をみていくことは、女神運動における女神の意味を問い直すことになる。

本章では、女神運動に携わる人びとの実践について、女神に「扮する」人びと、その女神に出会う人びと、そして女神という存在との身体を通した交流に焦点を当てて検討していく。以下では、女神との出会いを目的とする儀式と、踊りのワークショップを取り上げ、女神と人が交流する領域としての身体に注目し、そこにみられる非日常的な感覚という官能について考えたい。

第三節　グラストンベリーの女神運動とウーマン・フェスト

ここでは、イギリス南西部サマーセット州のグラストンベリーとその近郊で行われた儀式やワークショップを分析の対象とする。私は二〇〇五年からグラストンベリーで調査を続けており、本章に関わる調査は、二〇一九年八月に重点的に行った。

グラストンベリーで始まった女神運動（以下、グラストンベリー女神運動）を始めたキャシー・ジョーンズ（Kathy Jones、一九四七年〜）は、元ヒッピーでフェミニストである。世界各地の神話や伝承に登場する女神にまつわる劇の執筆・上演を経て、女神カンファレンスという祭典（一九九五年）、プリーステス・トレーニングという講座（一九九八年）、女神神殿という祈りと瞑想の場の開館（二〇〇二年）など、女神に関する活動を拡大していった。[6] 二〇一九年の女神カンファレンスでは、七月末から八月初めの六日間、町内の複数の会場で講演、ワークショップ、儀式などが行われ、二〇〇人ほどが参加した。

ウーマン・フェスト[7]（Woman Fest）は、二〇一八年に当時三〇歳のティアナ・ジャコート（Tiana Jacout）がサマーセット州フロムの近郊で始めたもので、二〇一九年にはグラストンベリー近郊のアシュコットで開催された。私はこのフェストに二〇一九年に初めて参加した。彼女の母親は、ジョーンズも参加していた、一九八〇年代のグリーナム・コモン反核運動に加わっていて（Moorhead 2018）、ジャコート自身も現在「絶滅への反逆（Extinction Rebellion）」などの環境保護運動に従事している。ウーマン・フェストのウェブサイトによれば、初潮を迎えた年齢以降の女性のみが参加でき、四日間の開催期間中、参加者はテントを持参して寝食をともにする。会場の農場には複数の大型テントが設置され、講演やワークショップ、儀式はテント内や屋外で行われる。私が参加した二〇一九年八月九日は、時間帯にもよるが、二〇〇人ほどは敷地内にいたように思う。

両者を開催する団体は異なるが、ウーマン・フェストは女神カンファレンスの翌週に行われたため、両方に参加する女性もいた。ウーマン・フェストの参加者がやや多く、年齢層が低かったのは、チケット代と宿泊費が安いこと、テント生活が基本であることが理由と思われる[8]。

なお、以下で記す個人名はジョーンズを除き、すべて仮名である。

［6］詳細は河西（二〇一五）参照。

［7］ウーマン・フェストの概要はMoorhead（2018）とウーマン・フェストのウェブサイトを参考にした。

［8］女神カンファレンスの場合、六日間のチケットは三三〇～四一〇ポンド、一日チケットは七五～九〇ポンドであり、加えて宿泊費がかかる。それに対して、ウーマン・フェストは、四日間のチケットが一六〇～二二五ポンド、一日チケットは四〇～六〇ポンドであり、持参したテントに泊まれば、他に駐車料金が一〇ポンドかかるだけである。一ポンドは約一三〇円（二〇一九年八月一日）。

図 2-1　2017 年女神カンファレンスにおける主祭壇。
女性の身体があらわになった絵や像が見られる。
（筆者撮影，2017 年 8 月 4 日）

図 2-2　2018 年女神カンファレンスの
会場に飾られた妊娠している女神の絵
（筆者撮影，2018 年 8 月 4 日）

第四節　グラストンベリー女神運動における女神の身体化の儀式

グラストンベリー女神運動では、しばしば「女神の身体化」が行われる。[9] ジョーンズが始めた女神の講座を修了した「プリーステス」と呼ばれる人びとが、[10] その身体に女神を降ろし、女神は彼女らの身体を借りて神託を授ける（oracle）とされている。[11] 女神の身体化は、年八回の季節の祝祭の際だけでなく、一般の人びとが参加できるかたちで定期的に行われていて、女神カンファレンスのハイライトの一つである。ここでは、二〇一七年八月四日の夜に参与観察した儀式を取り上げる。

午後七時頃、タウン・ホールの扉が開き、人びとが入場する。今までのにぎやかなおしゃべりを止め、荘厳な面もちで入っていったのは、会場の中から弦楽器のゆっくりとした低いメロディー、打楽器の重々しい響きや共鳴音が聞こえてきたせいかもしれない。一二〇人ほどの参加者の多くは女性だが、男性もちらほら見かけた。会場には靴を脱いで入るように指示される。

会場の片隅には若い女性と男性がいて、音を創り出していた。歌手活動もしている女性は時折、低く唸るような声を出す。録音された音源も使われていた。暗いわけではないが、明るくもなく、楽しくもならず、少し緊張するような音楽だった。

室内の中央に設えられた円い祭壇には、色の異なる四種類のハーブが互い違いに置かれ、その周りの床には祭壇を縁取るように、女神カンファレンス中に参加者がつくったパンが並べてあった。会場内のところどころには、マスクやベールで顔を隠した二〇人ほどの女性たちが中央を向いて椅子に座っていた。顔がはっきり見えなくても、マスクの下の口元やベールの奥に透けて見える顔のパーツ、体型や髪型から知り合いは見分けられる。彼女たちに女神が降りてくるのだろう。椅子の前にはイギリスでよく見かける羊皮の敷物が敷きつめられていた。少し緊張した面もちの参加者は床に座る。足の悪い者は壁際に並んだ椅子に座る。

司会の女性は、この年のテーマである「世界の女神」について少し語り、各自、女神に会いに行くように告げる。マスクやベールで顔を隠した女性たちに、女神が降りてきているので、彼女たちを通して神託を受け取るのである。唐突に思えるが、実は同日の午後、夜に備えたウォーミングアップのような儀式が開かれており、参加者はすでに心の準備ができているようだった。

椅子に座っている女性たちの元へ赴く。二〇人ほどしかいない彼女たちの前にはたちまち列ができる。私は九人試

[9] 名称は異なるが、このような実践は他でも行われており、スターホークが創設したリクレイミングでは外観化（aspecting）、ウイッカでは月の引き落とし（Drawing Down the Moon）と呼ばれる（後者は日本語ではしばしば「月神降臨」と訳されている）。リクレイミングの外観化についてはMeredith（2018）、ウイッカの月の引き落としについてはアドラー（二〇〇三）参照。

[10] 二〇一九年の女神カンファレンスでは、男性のプリーストが女神を身体化した。それまでも、講座の中で男性が女神を身体化することはあったが、公の場で行われたのは初めてだった。なお、私は二〇一四年頃、あるプリーストから「僕たちは女神を身体化できない、だって男だから」と説明されたことがあり、男性と女神の身体化について変化が生じていることが確認できた。

[11] 二〇〇六-二〇一一年は満月の夜、二〇一四-二〇一七年六月までは不定期、二〇一七年七月以降は、年八回の季節の祝祭の数日前に行われている（二〇一二-二〇一三年は未調査のため不明）。

してみた。皆、初めはこちらを見て、古代ギリシャ彫刻のアルカイック・スマイルのような微笑みを浮かべ、神託を授ける。言葉だけでなく、手の平で顔を撫でたり、全身を抱きしめたり。

神託の言葉はその女神が降りている女性が私を知っているか否かで、微妙に異なっている気がした。この年、私は博士課程での長期調査以来七年ぶりに女神カンファレンスに参加していたのだが、当時からの知り合いに降りている女神からは、「おかえり。ずいぶん長いあいだ、会わなかったわね。来てくれてありがとう。でも私はいつもあなたの中にいる」「久しぶりに来たわね。いつもあなたの側にいることを忘れないで。輝く岩、輝く水の中に、私を見つけなさい。そこだと私を見つけやすい」「私のことを知らせてくれて、書いてくれてありがとう[12]」など、私を個人的に知っているかのような神託を受けた。知り合いでない女性に降りた女神からは、「水があなたを浄めてくれる」「何か質問はある？」など一般的な内容であった。しかし知り合いに降りた女神であっても、「質問はある？　次の六年間には何が起こる？　サークルをつくりなさい」「レッド・スプリング[13]の水が、あなたの助けになる」など、誰にでも当てはまる内容の場合もあった。

参加者への態度は、女性（女神）たちによっても異なっていた。霊媒としても知られる七〇代のメアリーと、女神カンファレンスの運営者の一人である五〇代のリアノンは、参加者の多くに名を知られているだけでなく、一人ひとりにかける時間が長く、行列ができていた。リアノンはそのことに気づき、途中から一人にかける時間を短くしていたが、メアリーは表情が普段とは一変していて、状況がまったく目に入っていない様子だった。運営側は列に並んでいる人を時間を理由に諦めさせることはしなかったが、メアリーのところだけ、一〇時を過ぎても並んでいる人がいたため、儀式を手伝うボランティアがメアリーに声をかけ、最後の二人には短めに対応していた。

リアノンは私が前回参加した二〇一〇年の女神カンファレンスで出会った女神を降ろしていた女性だった（河西〔二〇一九〕参照）。空いてきたので並んだ。彼女とは、この日の二か月ほど前に再会していたのだが、彼女に降りてきているとされる女神は、自分のことを覚えているだろうかと思い、順番が来たとき「七年前にお会いしたことを覚えていますか?・」と尋ねてみた。彼女はもちろんとでもいうように口を大きく開けてにやりと笑ったが、表情がとても疲れていて、声を立ててヒステリックに笑ったり、抱きしめたりするだけで、なかなか神託を授けてもらえなかった。最後に「柔らかな悲しみ（soft sadness）が辛い悲しみ（hard sadness）の助けになる」とだけ言われた。

優しく抱きしめられたり、撫でられたりする感覚は、母親のような人に甘えたり、慰められたりしている感情を想起する。グラストンベリーに暮らす、ある女性セラピストの言葉だが、パートナー同士でのマッサージは、互いに与え合う交換であり、互いの感情に左右される可能性がある。一方で母親やセラピストからのマッサージは同じ行為だが、ただひたすら与えられ続ける。多くの人びとは、大人になるにつれて後者の機会が減っていく。このセラピストは、だから人はセラピストによるマッサージを必要とすると言ったのだが、女神の身体化の儀式が与えてくれる優しい身体接触も同様にひたすらに受け取るだけであり、いつまでもこのままでいたいような、周囲にそのまま溶けていくような感覚を私に与えてくれた。

一〇時を過ぎた頃から、風がそよぐような、少しアップテンポの音楽に変わる。女神からの優しい贈り物のおかげで眠たくなり、床に寝転がっていたが、目が覚めていくような感覚を覚える。そよ風のように軽やかに体を動かし始めた人たちにつられて私も立ち上がり、身体を揺らしていく。こうして踊っているうちに、儀式は唐突に終わった。

女神が降りてきている女性との接触を通して、この晩の私はなんとなく幸せな気分になったが、あるドイツ人の女性（五〇代）は、後に自らの経験を次のように語った。

> 特別なことを聞いたわけではなかったけれど、返ってきた言葉にとても心を動かされ、心に触れる体験をした。

---

[12] 私はこの女神運動を博士論文の主なテーマとして取り上げ、単著として出版した。そのことは、この女神運動で知り合った多くの人びとが知っている。

[13] グラストンベリーの有名な泉で、水には癒しの効果があるとされる。別名チャリス・ウェル。

> 涙が出てきた。（二〇一九年八月四日）[14]

女神と対峙するとき、深い体験をする人もいるし、とても感情的になる人もいるという説明は、繰り返し耳にした。私自身、これまでに参与観察した複数の異なる女神の身体化の儀式の場で、女神から声をかけられて、しゃくりあげたり、泣いたりしている人を見かけている。ドイツ人の彼女は「返ってきた言葉」がどのようなものだったかは話さなかったし、それ以上聞いてほしくないという表情をしていたので、あえて尋ねなかったが、涙が出てきたという発言から、そのとき何らかの辛い状況にあり、女神からの言葉に心が慰められたと推測される。

それでは女神が降りてきた女性たちは、そのときどのような経験をしているのだろうか。グラストンベリー女神運動を始めたキャシー・ジョーンズに、身体化するとき、女神を感じているのか尋ねてみたところ、次のような返事が返ってきた。

> 開く。彼女に開くの。彼女は私の身体の中にいるけれど、別の次元にいる。〔私：同調？〕同調ではなくて開放。〔私：女神は外から来るの？〕女神はいつも私の中にいる。どこかから来るわけではないよ。自分の中の女神に開く。普段は買い物のこととか考えているから、開いて彼女の声を聴くんだよ。（二〇一九年八月六日）

ジョーンズが女神は自分の中にいつもいると言う一方で、他の多くの女性たちは、女神を外から来るイメージで捉えている。たとえば、ジョーンズとともにプリーステス・トレーニングを教えていたレイチェル（七〇代）に同じ質問をしたところ、「感じるよ。私の身体にやってくる」と答えた。私が「どこから？」と尋ねると、「どの方向からでも」と言って、手を頭上に上げて、続いてお腹を指すジェスチャーをした。そして、ヒューという声を出して、何かが頭から入る仕草もした。まるで女神が頭から入ってきて、お腹の中にいるといった感じだった。しかし私が「頭から入るの？」と尋ねたら、手を横に広げて円を描いた。あらゆるところにいるということらしい。「外から来るの？」と訊いたら、「そう」と言う。

彼女はエネルギーなの。彼女はスピリットなの。彼女には身体が必要なの、癒すため、見るために。私の目を通して物を見る。私は彼女の入れ物、乗り物になる。〔私：憑依とは違うの？〕違う。憑依は〔ヒュッと自分をつかむようなしぐさをする〕。身体化では招く。彼女に来てほしいと頼むの。（二〇一九年八月七日）

先述のリアノンからも、レイチェルに似た答えが返ってきた。

彼女は私たちの身体の他の部位を使っている。〔女神は〕中に入ってくるが、〔私は〕外に出ていくわけではないので、話している相手が誰なのかはわかる。ただ、たくさんの人と話すのでぼやけてしまう。何を言っているかまでは覚えていない。（二〇一九年八月九日）

六〇代の別のプリーステスは次のように答えた。

身体化には技術がいる。女神は私の身体を使って、しゃべったり、踊ったりする。〔私：そのあいだは、どんな感じなの？〕彼女は私の身体を使う。そのあいだ、私の魂はどこかに行ってしまい、身体は入れ物、乗り物になっ

［14］この女性とは二〇〇六年に知り合った。二〇一七年は私の女神カンファレンスの参加期間が短く、互いに気づかなかったが、二〇一九年に再会したとき、彼女は二〇一七年の経験について語ってくれた。

ているの。何を話したかは少し覚えているけれど、身体化の最中のことは、あまり覚えていない。だから、危険なことがないよう、また戻ってこられるよう、守ってくれる人が必要。〔私：憑依みたいなもの？〕私の理解では憑依は自分の意志ではない。でも身体化は女神の同意を得ている。（二〇一九年八月二日）

身体化の際の経験の語りは、人によってさまざまであり、互いに矛盾していることもある。二人のプリーステスとは異なり、「身体化をしているときでも、自分が何をしているのかはわかるよ。車の後部席に座っているけど運転はしない。そんな感じ」（二〇一四年一一月四日）と語るプリーステス（五〇代）や、「私の身体化の経験では、女神はいろいろな名前をもっている。どんな発言になるかは、自分の前にいる人によって変わる」（二〇一七年八月四日）と語るプリーステス（四〇代）もいた。身体化の最中の経験が異なる理由としては、次のリアノンの語りが参考になるかもしれない。

身体化は踊りや歌と同じように技能なんだよ。才能がいる。誰でも上手にできるわけではない。（二〇一九年八月九日）

ジョーンズは、自著のなかで身体化や神託をしているときは「変性意識状態[15]に入っているので、望まない侵入を防ぐため、保護されている必要がある」（Jones 2006: 414）と述べている。周囲の様子にまったく気づかなかった霊媒のメアリーは、体質から考えて、他の人より変性意識状態に深く入り込みやすいのかもしれない。

私自身は女神の身体化の儀式で対峙している女性に「女神が降りてきている」と感じた経験はほとんどない。経験不足からかもしれないが、対峙している相手から人の気配がして、その身体に「女神がいる」とは思いづらかった。しかし本章を執筆している最中の二〇二〇年二月八日の夜、女神神殿で行われた身体化の儀式の際には、強く感じた。

その夜も扉をくぐると、インセンスの煙を羽で全身にかける浄化を受け、この場に自らを落ち着かせるような瞑想的な語りを聞いた後、「女神」に出会う順番を待った。八人の希望者が待機するスペースと神託を受けるスペースは薄紫色のカーテンで区切られている。担当のプリーステスは三番目に私の手を取って、カーテンの向こうへ連れていく。椅子に腰かけている「女神が降りている」女性は真っ白な服を着て、真っ白なベールを着けていた。ベールの後ろには黒い仮面が見えた。プリーステスから、彼女の前にひざまづくように促される。女性は鈴が鈴なりに付いた薄紫色の小杖を膝に載せていた。

彼女は私の方に両手をゆっくりと差し出すと、「白鳥のエネルギーをもっている」という言葉を発する。純粋、清浄の二語を独り言のように繰り返した後、鈴のついた小杖を私の頭上にかざし、左から右にしゃらしゃらと鳴らす。そうすることで、感じとった私のオーラを元に言葉を発しているように思えた。

続いて、「少女だけど、祖先の知恵をもつ」と絞り出すように発する。そしてまた、私の頭上で小杖を左から右に振り、鈴がしゃらしゃらと鳴る。彼女の目に私は映っていないような気がした。彼女はこれまで出会った「女神を降ろしている」女性たちとは雰囲気がまったく異なっていた。人のはずなのだが、人という感じが薄れていた。

その後「しかし、そういったシステムから離れなくてはならない」「私と踊ろう。自由に」といった言葉を発し、私の頭上で小杖の鈴をしゃらしゃらと鳴らす。そして「身体を大地に根差しなさい」の言葉を最後に黙ってしまった。担当者が迎えに来て、私の番が終わったと知る。

これまでに出会った「女神を降ろしている」女性たちは他者に神託の内容が聞こえないほどのささやき声だったが、彼女は待機スペースにまで内容が聞こえてくるほどの大きな声だった。また、他の女性たちのように私の身体に触れることはなかった。

---

［15］瞑想、単調な音楽や踊り、臨死体験、薬物などにより生じる、通常とは異なる意識状態。トランスはその代表である。

私の次の人に対しては、初めはずっと透き通るような声でハミングをしていた。その後に「降伏しなさい、そうすれば私がもってきてあげる」「あるゆる可能性は拡張していく」などの言葉を伝えていた。その次の人には、「クンダリーニ」「あなたはとても美しい」などと発し、だいぶ長いあいだウーーーと唸っていた。

全員が神託を受けたところで、プリーステスが「女神の言葉に感謝しましょう。彼女の愛と調和の感謝を感じましょう」と言って終わる。そのあいだ、カーテンの向こうの女性は立ち上がり、ゆっくりと歩きまわりながら美しい音色で歌っていた。少しずつ静かになっていったのは、人びとが帰り支度をする頃だった。帰り際に外から窓を覗くと、座った彼女はひざまづいたプリーステスから水の入ったグラスを受け取り、飲んでいた。そして二人は目を合わせて手をつないだ。

女神を降ろしている女性がかける言葉は、自分の状況に合わせて解釈する必要があり、おみくじに似ている。人のはずだけれど人ではないような存在と対峙し、そういった言葉を一方的にかけられていくことで、身体が言葉に包まれ、その言葉が心に響き、身体が弛緩していくような感覚が沸き起こった。ここまでの変化を経験したのは初めてで、それは彼女に本当に女神が降りていたからなのかもしれないと思った。

身体化の際の女神の感じ方は、降ろす女性の才能やその場の状況によって異なるが、いずれの彼女たちも自らの身体を通して、女神と接触している。また女神を降ろすとされている女性たちの身体を通して、この儀式の参加者も女神と接している。女性たちの身体は、目には見えない女神と人間が、感覚的に接する領域となっているといえよう。

第五節　ウーマン・フェストにおける踊りのワークショップ

次に、女神と人の交流から生まれる官能について、別の側面から考察したい。具体的には、リズムに合わせて体を動かす、つまり踊ることについて論じる。ユダヤ教やキリスト教が認めてこなかったとされる女性の身体の聖化の試みの一つに、リズムに合わせて身体を自由に動かす実践がある。グラストンベリー女神運動でもさまざまな場面でみられるのだが、本章ではウーマン・フェストという、別の団体が主催する女性の聖性を鼓舞するイベントで観察した二つの踊りのワークショップを取り上げたい。

まずみていくのは、先述のリアノンが開いた「柔らかい力、完全な力（Soft Power, Full Desire）」というワークショップである。午後八時から二時間ほど、屋外の大型テントの中で行われた。参加人数は途中からの参加者も含めて合計一七人、それにスタッフ三人が加わっていた。

図2-3　2019年のウーマン・フェストにおける踊りのワークショップの会場の大型テント内部の様子。壁際には女性を表す絵画が飾られている。（筆者撮影，2019年8月9日）

リアノンは自己紹介の後、自分を捧げているウェールズの女神や、それに対応するローマの女神について話をする。「女神は私たちが暮らす大地に顕現しています」「エレメントとつながりなさい。聖なるセクシュアリティの女神とつながりなさい」「官能を目覚めさせなさい」などと話す。そして、男が欲しい、スリムになりたい、お金がないといった欲望はエネルギーに挑むので、内部が空っぽになってしまうが、生き方である柔らかい力と結びつく完全な欲望は、とても恍惚的であると説明する。

私たちはリアノンが用意してきた音楽に合わせて、身体を揺らし、滑らかに動かし始める。そのあいだ、彼女からどのように身体を動かすか、どのような意識で身体を動かすかという指示が出る。ややゆっくりめの音楽がかかっていた初めは、「大地に落ち着けるように」と言われる。参加者はあまり大きな動作はせず、その場で軽く身体を揺らしていた。続いて、「ペアになって目を合わせなさい」と指示される。近くにいた人と目配せでペアをつくり、相手の目をじっと見ながら、音楽に合わせて体を左右に動かす。私が手を上げたら、相手も上げて、相手が腕を広げたら、私も広げて、握った両手をぶんぶん左右に動かしてみたりする。鏡を見ているように、相手と体の動きが左右対称に同調していく。ほとんどのペアの動きも同調していて、または抱き合って揺れていた。しばらくすると緊張が解けて、各自の動きに戻っていく。そこに再びリアノンから、「ペアで目を合わせなさい」と指示され、同様のことを繰り返す。この目を見ながら、身体を同調させる動きを数回繰り返す。そのあいだ、何度も「女神を感じるように」「あなたは彼女です。あなたの身体が彼女の神殿なのです」と言われる。そのうち、音楽のテンポが少しずつ上がっていき、それに従って、私たちの動きも少しずつ早くなっていく。足を小刻みに動かしたり、腰を小刻みに振ったり、全身を震わせながら腕を頭上に上げていったり。一人の女性はいつの間にかトップレスになっていた。

　やがて一人に戻るように指示される。その後はわりとゆったりとした音楽になり、動きもスローになる。テントの中を滑るように動いたり、荘厳に歩いたりと、場所も移動しながら、腕をゆっくり大きく振りつつ踊っている。次第に疲れたのか、地面に敷かれたヨガマットに座って、上半身を揺らすだけの人も出てきた。

　そのうち、三人組になるようにとの指示がある。三人で手をつなぎ、少し身体を動かしたところで、それらの組を合わせたグループをつくるように言われる。結局、一つの輪になって、しかし各自思いのままに身体を揺らすことになる。この輪の中に女神が入ってくる、とリアノンから言われる。女神が入ってきたのかどうかはわからなかったが、九時半頃に踊りは終わった。

　その後ペアで感想を言い合う。私とペアになったサマーセット州に暮らす女性は、「わくわくした。途中から来たけれど、自由に踊れた」と満足そうだった。最後に、一三世紀に生きたペルシャ語文学史でもっとも有名な詩人、ルーミーの言葉が載ったオラクルカードをリアノンが一枚ずつ配り、希望した六人が声に出して読み、共有した。

　次に取り上げるのは、同じウーマン・フェストにおいて、四〇代の女性クリスタルが開いた「野生の女の目覚め（Wild Women Awaking）」というワークショップである。午後五時から二時間ほど、先述のワークショップと同じ大型テントで行われた。参加人数は最終的には三六人だった。なお、クリスタルは、グラストンベリー女神運動と関係はしていない。

　野生の女に関するクリスタルの理解の共有から始まる。「野生の女とは何を意味しているのでしょう。野生は傷や傷つきやすさと深く関係しています」。クリスタルは一〇代の頃から旅に出て、女性であることの意味について自問してきた。フェミニズムに関心をもつものの、男性的すぎると思い、深く関わらなかった。彼女は熱を帯びた短い言葉を、メッセージのように投げかけていく。「女性であることは、とくに西洋では自由であることです」「子宮はミクロコスモスです」「野生とは降伏の状態。服従は自由な状態ではないですが、降伏は自由な状態ですから、服従と降伏は異なるものです」。

　そして次のように語った。「今からシャクティ・ダンス（性的な力の踊り）をします。私たちはどのようにしたら入れ物になれるのでしょう。自由な踊り、恍惚の踊り、もちろんセクシュアリティ。私たちは相当、性的な生き物です[16]。あらゆる性的なエネルギー。私たちの自然やエコシステムの基本です。シャクティ・ダンスは根づいています。彼女とつながりなさい。女性たちの無条件の愛です。聖なる女性性（sacred feminine）に不可欠のエネルギーです。シャクティ・ダンスは内部からの感覚です」。

「シャクティ・ダンス」に明確な定義はないようだが、音楽に合わせて、瞑想状態のなかで、ゆっくりと滑らかに身体を動かし、身体内部に何らかの感覚を得ていく踊りと理解されているようである。ヨガの動きを取り入れる場合もあるようだ。

　音楽に合わせて、ゆっくりと身体を動かし始める。まず、大地に落ち着くように指示され、その場で軽く身体を揺らす。徐々に音楽が早くなる。それにつれて、身体の動きもアップテンポになっていく。目が合った相手とペアに

［16］ここでいう「彼女」は、おそらく女神の同義として使われることもある聖なる女性性のこと。

なって、互いの目を見ながら身体を揺らす。近くの人とペアをつくり、相手の目をじっと見ながら身体を揺らす。しばらくすると、ペアを変えるように指示され、別の人と目を合わせて身体を動かす。続いて、「イエス！」と互いに言うように指示される。「イエス！」「イエス！」と声を出しているうちに、次第に声が大きくなり、ついには「イエス！」と叫び始める。また別の指示に従って、同じ相手と「私は力強い女だ（I'm a powerful woman）」、「私は力強くて、セクシーな女だ（I'm a powerful sexy woman）」と言い合う。お腹に力を込めて、その力を吐き出すように何度も叫び合っていた。

一人で体を揺らす動きに戻った後、三人で手をつなぐようにとの指示が出る。同じ組になった北アフリカ系の若い女性は、トップレスだった。その姿を見たもう一人の女性もトップスを脱ぎすて、上半身がブラジャーのみの姿で踊り始めた（この時点で、トップレスの女性とブラジャーのみの女性はテント内に各三人ずついた）。三人で手をつなぎ、円になって、腰を軸にして身体を揺らす。身体が勝手に動いていく感覚に陥る。また一人に戻るよう指示され、一人に戻る。

落ち着いた頃、今度は四人組をつくるよう指示される。先ほどのトップレスの女性の他、ラテン系の母親のような雰囲気の女性、ふっくらしたかわいらしい顔立ちのアングロ・サクソン系の女性と組になった。クリスタルから、四人のうちの一人は思いっきりくねくねと上半身を揺らし、後の三人が後ろと左右に立って、その人の身体を支えながら動かすように指示される。トップレスの女性、私、母親のような雰囲気の女性、ふっくらとした女性の順で揺らされたのだが、恍惚の表情を浮かべて、上半身のみが揺れている光景、とくにトップレスの女性があらわにした乳房を振るわせながら揺れている様子は、異様というほどに艶めかしかった。私も経験したが、見知らぬ他人に自分の身を預けて、上半身をゆらりゆらりと揺らすというのは、思いの外心地よかった。その次に一人を三人で撫で合うように指示される。まず母親のような雰囲気の女性が胡坐をかいて座り、そこにトップレスの女性が頭を預け、横たわると、もう一人の女性と私はその脇に座る。胡坐をかいている女性は左右の私たちも一緒に両手で抱きしめてくれる。左右にいる私たちは横たわる女性の腕や足を、指先や手の平を使って、繰り返し優しく撫でていく。最後にクリスタルからの指示に従って、雨粒が落ちるように、彼女の頭から腕や足にかけて、とんとんと指でたたいていく。その次は私だった。三人の女性たちにずっと身体を柔らかく触ってもらうことは、時間の感覚を忘れるほどに気持ちがよかった。今でも、その感覚ははっきりと思い出せる。続いて私たちを抱いてくれた女性を、今度は私たちが抱きしめる。「みんなで抱きしめて」と言うので、彼女を中心に三人で包み込む。何度もぎゅっ、ぎゅっと力を込めると、彼女はすごく幸せそうな表情を浮かべた。最後の女性は、少し言いにくそうに横たわる方がいいと言うので、初めの私たちのように寝転がり、その身体を三人で撫でまわした。

最後に全員で感想を述べる。初めの女性は「抵抗があった、というのも〔プログラムの変更を知らず、〕ヨガと思って来たから。でもよかった」と言う。私と同じ組だったトップレスの女性は、「踊りのときは最高！と思っていたけど、抱きしめ合うことで自分に戻れた」と話し、ふっくらとした女性は「滋養をもらい（nurtured）、落ち着いた」と発言していた（その後、個人的に話をしたときにも、彼女は「滋養をもらった」と感想を述べていた）。ワークショップの終了後、誰もが満ち足りたような顔をしているように見えた。

第一の事例では、踊りの最中に繰り返し、女神を感じるようにといった指示があったが、第二の事例では、事前説明のときに少し触れられただけで、踊りの最中に女神が言及されることはなかった。この日参加したウーマン・フェストのほとんどのワークショップで、女神が強調されることはなかったが、体を動かしているときには、いずれの場合も「解放しなさい」「自由に」「しなやかに」などの言葉をかけられた。普段はしない動きから、規律化された身体からの脱却という言葉が頭に浮かんだ。その一方で、一連のワークショップには、説明の後、音楽に合わせて、ゆっくりと踊り始め、次第にテンポが速くなり、他者との接触があり、接触する他者の人数が増えていき、最後は座って感想を言い合うという、一定のパターンも認められた。これはトランス状態に入った後、元の状態に戻るための手順を踏んでいると思われる。

どちらの事例でも、服を脱ぎすてて、乳房を揺らしながら、身体を動かしている者がいた。裸になる行為には連鎖性があり、それは他のワークショップでもみられた。また、身体を動かすだけではなく、他の参加者と身体を接触させ、時に密に触れ合わせる行為が求められ、そのことで、少なくとも私には、身体の内部から自分を溶かしていくような、奇妙に幸せな感覚が湧きでてきた。参加者のすべてが「女神」を意識していたとはいわないが、ワークショップ後の表情や感想から他の女性たちも身体の内部に非日常的な感覚を得ていたと思われる。踊ることは一人でもできるが、集団になることで、一人では得られないような感覚を得ていたのではないだろうか。

第六節　感覚としての女神

本章では、女神と人が重なり合うとされる領域として身体に焦点を当て、そこから生まれる非日常的な感覚を官能とみなし、この感覚について明らかにすることを目的とした。そして、女神を女性の身体に降ろすという儀式と、身体の内部に非日常的な感覚が湧き上がるような踊りを事例として取り上げてきた。

第四節でみた女神を降ろす実践は、自己を他者に乗っ取られるような憑依でも、自己が他者を演じるパフォーマンスでもなく、自己の意識もありながら、トランス状態のなかで、他者である女神に入れ物や乗り物として身体を貸す実践、憑依とパフォーマンスのあいだとでもいうべき実践として理解される。彼女たちは女神に自らの身体を明け渡していると理解しているが、同時に自らの身体の内部で女神を感じ、またその場にやってきた人たちは彼女たちの身体を通した発言と身体接触によって女神を感じている。この場は、三者の共同作業で創り出された、身体感覚を核とする非日常的な感覚の空間だといえる。

第五節でみた踊りについては、集団で身体を動かし、接触し合い、同時に叫ぶことを通して、参加者は自己の身体が聖化された（あるいは女神になった）と感じ、また他者の身体と一体化していくことで間身体的な感覚を得ていたと思われる。このような場も、普段は得られない身体感覚で満ちあふれた空間であったといえよう。

それでは本章で論じてきた非日常的な感覚としての官能は、セクシュアリティと関係しているのだろうか。感じ方は人それぞれなので、断定はできないが、自らの体験と観察した限りにおいて、セクシュアルな感覚というより、複数の見知らぬ人びととともに、その空間、その時間から精神も身体も解放されていく感覚、どちらかというとコミュニタスに近い感覚のように思う。[17]

宗教学者のダグラス・ディヴィスによれば、宗教的伝統は私たちの感情を形づくっている（Davies 2011）。変性意識状態や我を忘れるほどの踊りへの没入といった、自我を失う行為は、欧米の価値観を形づくってきたキリスト教においては、逸脱した現象として否定されてきた。それに対して、本章でみてきた事例では、言葉を用いて女性の身体を「女神」などとして認め、イメージとして聖化するだけではなく、自我を失うような行為から、肌と肌の触れ合いから生まれる身体感覚、身体の内部に穏やかに湧き上がる感覚を生み出し、こういった感覚を高く評価する。そのことが、非日常的な感覚の場、あるいは「官能の空間」を創り出し、「私は女神だ！」という感覚を想起させているのではないだろうか。

冒頭のエピソードに戻り、もし亡き祖父に同じことをもう一度訊かれたら、「女神さん」は頭で理解するのではなく、体で触れ合って、体の内部から経験するものなんじゃないかなぁと伝えたい。

[17] 二〇〇六年、ヒーラーの身体を通して、女神からのエネルギーを流すというヒーリングを調査していた。ある日、一人の男性が三人の女性ヒーラーによるヒーリングの後に自力では立ち上がれないほどの恍惚状態に陥り、三人に抱きかかえられながらカウチを降りる状況を目撃した。ヒーラーから伝わった女神のエネルギー、もしくはヒーラーの手の感触が、彼の身体にセクシュアルな反応を引き起こしたのかもしれない。

◉引用・参考文献

アドラー、M／江口之隆［訳］（二〇〇三）『月神降臨』国書刊行会

河西瑛里子（二〇一五）『グラストンベリーの女神たち――イギリスのオルタナティヴ・スピリチュアリティの民族誌』法藏館

河西瑛里子（二〇一九）「女性の身体の再聖化――「ヨニ」の称賛とフェミニズム」神本秀爾・岡本圭史［編］『ラウンド・アバウト――フィールドワークという交差点』集広舎、二三〇-二四〇頁

Csordas, T. J. (1994). Introduction: The body as representatiion and being-in-the-world. In T. J. Csordas（ed.）*Embodiment and experience: The existential ground of culture and self.* Cambridge: Cambridge University Press, pp.1-24.

Davies, D. J. (2011). *Emotion, identity, and religion: Hope, reciprocity, and otherness.* Oxford: Oxford University Press.

Eller, C. (1995(1993)). *Living in the lap of the Goddess: The feminist spirituality movement in America.* Boston, MA: Beacon Press.

Griffin, W. (1995). The embodied Goddess: Feminist witchcraft and female divinity. *Sociology of Religion. 56*(1): 35-48.

Jones, K. (2006). *Priestess of Avalon, Priestess of the Goddess: A renewed spiritual path for the 21st century.* Glastonbury: Ariadne Publications.

Long, A. (1994). The Goddess movement in Britain today. *Feminist Theology. 2*(5): 11-39.

Meredith, J. (2018). *Aspecting the Goddess: Drawing down the divine feminine.* Winchester and Washington: Moon Books.

Moorhead, J. (2018). Sisterhood, song and yoni steaming: Women set for UK's first man-free festival. *The Guardian.* 30 June, 2018. 〈https://www.theguardian.com/lifeandstyle/2018/jun/30/women-fest-first-man-free-festival-sisterhood-song（二〇一九年一〇月六日閲覧）〉

Raphael, M. (1996). *Thealogy and embodiment: The post-patriarchal reconstruction of female sacrality.* Sheffield: Sheffield Academic Press.

Raphael, M. (1999). *Introducing thealogy: Discourse on the Goddess.* Sheffield: Sheffield Academic Press.

Rountree, K. (2006). Performing the divine: Neo-Pagan pilgrimages and embodiment at sacred sites. *Body & Society. 12*(4): 95-115.

Ruether, R. R. (2005). *Goddesses and the divine feminine: A Western religious history.* Berkeley, CA: University of California Press.

Salomonsen, J. (2002). *Enchanted feminism: Ritual, gender and divinity among the Reclaiming Witches of San Francisco.* London and New York: Routledge.

Starhawk（1979）. *The spiral dance: A rebirth of the ancient religion of the great Goddess.* New York: Harper & Row.（＝スターホーク／鏡リュウジ・北川達夫［訳］（一九九四）『聖魔女術――スパイラルダンス』国書刊行会）

Woman Fest website 〈https://www.womanfest.co.uk/（二〇一九年一〇月六日閲覧）〉

1　わたしを明け渡し合う――縄文タトゥー実践者との対話の記録

神本秀爾

「やってみないとわかりませんよ」、あるいはもう少しやわらかく「やったらわかると思うんですけどね……」とは、二〇一九年に縄文タトゥー（後述）の調査を始めてから何人もの調査協力者から聞いた言葉である。このような言葉は、タトゥーを入れた動機やその後の変化といった定番の質問をしたあとに返ってくることが多かった。しかし、なぜこのような返答が多いのだろう。おそらく、現代日本ではタトゥーを彫ることの意味についてのコンセンサスが存在せず、自己責任で行うものとされていることが関係している。通過儀礼や文化復興の一環としてタトゥーが行われている地域とは、ここが違う。官能という語を使うならば、現代日本でタトゥーは「日本人みんなの官能」ではなく、「経験者たちだけの官能」に大きく傾いている。この官能性について少しだけ考えてみたい。なお、タトゥー的実践にはさまざまな名称があるが、ここではすべてタトゥーの語で統一する。

最初に、日本におけるトライバルタトゥー、そして縄文の位置づけを確認する。トライバル（tribal）とは「民族の」「民族的な」という意味で、特定の民族集団に由来するとされるタトゥーのことを指す。明治以降の日本は、いわゆる「近代化」を進める過程でアイヌや琉球、帝国として拡大する過程では台湾のタトゥー習俗を否定し衰退・喪失させてきた。そのような日本でどのようにして縄文タトゥーが注目されるようになったのだろうか。

実は、この縄文という言葉はマジョリティを含むこの列島で暮らす人びとの集合的な過去として、さまざまな知識人や研究者などが理想的に描いてきたこともあって、一九七〇年代以降、多くの人を魅了し続けてきている。たとえば、二〇一八年の東京国立博物館での特別展「縄文――1万年の美の鼓動」展には二か月で三五万人もが訪れている。この列島において縄文は、マイノリティによるアイデンティティの政治に関わるキーワードとしてではなく、列島の文化の源流に位置づけられるものとして肯定的に受け入れられているといえる。

縄文時代のタトゥーについては、魏志倭人伝に記述がある。しかし、当時の皮膚や彫るための道具は発見されておらず、縄文時代にタトゥーが存在した考古学的な証拠はない。とはいえ、世界各地でタトゥーが実践されてきた事実や、縄文土器のデザイン性や顔に線刻された埴輪の存在から、そのような実践の存在を想定することは可能である。このような観点から、身体改造ジャーナリストのケロッピー前田とトライバルタトゥー・アーティストの大島托が中心となって二〇一六年から始めたプロジェクトが、「縄文族（Jomon Tribe）」である。

このプロジェクトの核には、アメリ

カ人ファキール・ムサファーのモダン・プリミティブという、グローバルな身体加工文化とも連続的なコンセプトが存在する。ムサファーは「部族社会に属することなく、原初の衝動に応えて肉体に何か手を加える人」（ムサファー一九九二：一九二）をモダン・プリミティブと呼び、世界各地の民族の身体加工や儀式を次々と再現し実践していった。ケロッピー前田は「縄文族」プロジェクトについて、「縄文の文様を抽出し現代的なタトゥーデザインとして身体に刻む。それが人類の原始的な精神に通じ、二一世紀を生き抜くためのアイデンティティとなり得ることをこのプロジェクトは目指している。これは日本における「モダン・プリミティブズ（現代の原始人）」の実践なのだ」（ケロッピー前田二〇一六：一八六）と説明している。

縄文タトゥーは全身を覆う大柄のものが多く、背中を丸めてしゃがんだ姿は縄文土器を想起させる。ただし、その図柄は大島がオセアニアや東南アジアのトライバルタトゥーの模様を参照して創出（ケロッピーの言葉では抽出）したものである。「縄文族」は既存の素材をサンプリングして、あらたな名前の下で編集し直したリミックスの産物なのである。この編集は成功し、実践者に縄文タトゥーを彫った理由を聞くと、日本生まれの自分にフィットするものでなおかつ好みのトライバルタトゥーだったからと説明する人が多かった。施術開始のタイミングとしては、転職や自身、あるいは家族の一大事といった、人生の位相が変わるときが多く、一様に彫るときの痛みには苦しめられていた。一方で、ト

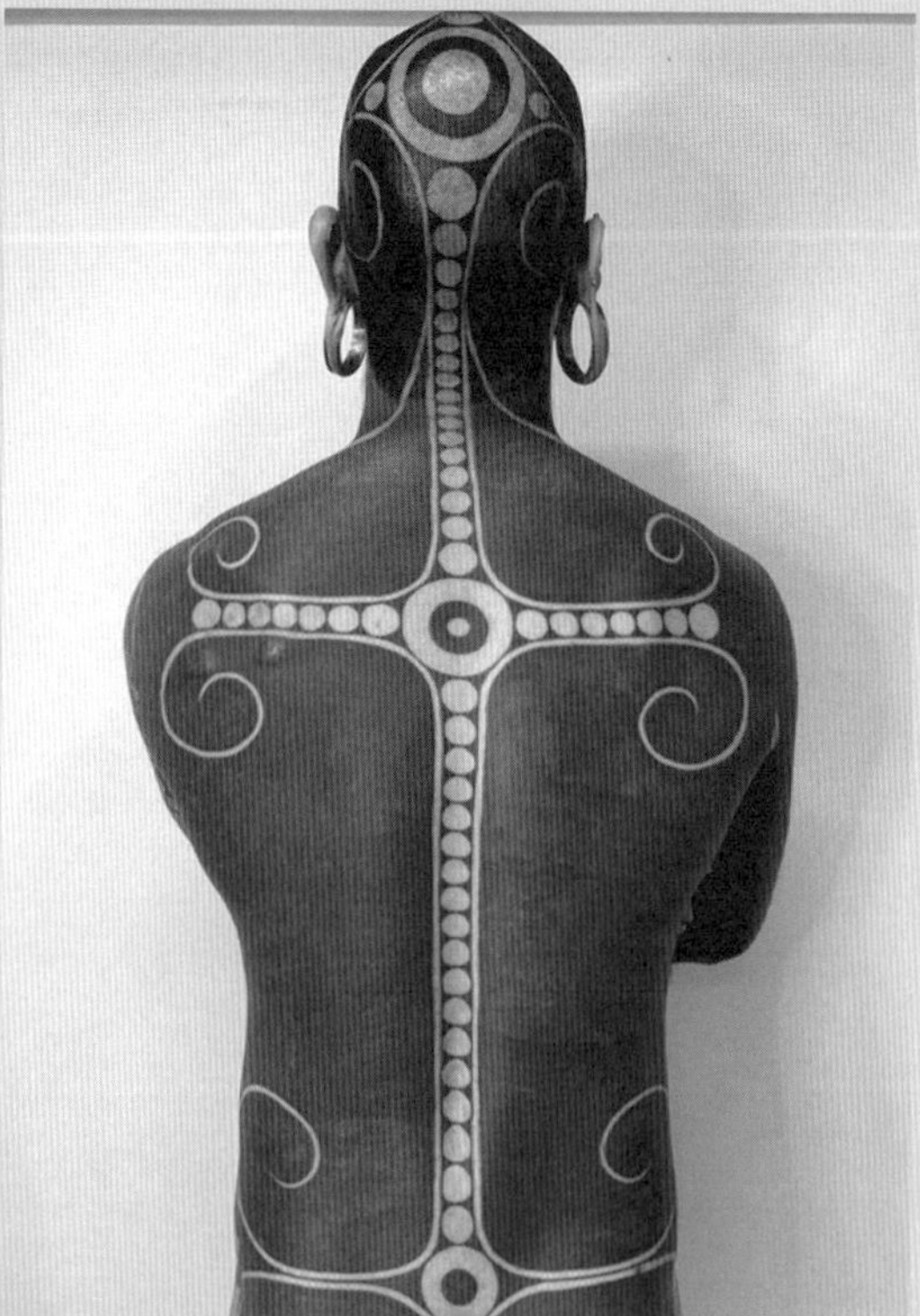

図　大部分を黒く塗りつぶしたデザイン
（大島托撮影，2020年2月10日，被写体：亜鶴）

ライバルタトゥーそのものに関心をもった経緯は多様だった。一九八〇～九〇年代の、トライバルタトゥーをしているアニメや映画の登場人物に憧れていたという不動産業の女性や、過激なピアッシングやスプリットタンなどの身体加工の関心の延長線上でたどり着いたという画家の男性などがいたが、エスニックなバックグラウンドとして縄文性を追求するといったこだわりを聞くことはなかった。その手前の段階、既存の人種や国籍などの強固なカテゴリーを相対化する枠組みとしては肯定的に用いられる傾向があった。

　このような実践にどのような官能性が存在するのだろうか。実践者たちはタトゥーを入れたことで、「やっと自分の体を手に入れた」「しっくりきた」などと表現していたが、この表現は視覚的に理想の身体に近づいたことへの満足感だけでなく、自分で選んだ通過儀礼的行為を経験し、新たな自分に移行した満足感も反映しているように思える。官能性という点で重要なのは、複数回の施術過程で大島に裸体だけでなく内面をさらすことで得られた、個人的なつながりの感覚について頻繁に語られたことである。実践者の一人の雑誌編集者は「僕は大島さんのことを族長って呼ぶんですよ」と語っていたが、それは他者に自分を少し明け渡すことでつながり合うことが可能になるような人間関係にも官能性がそなわっていることを意味している。

　冒頭の「やってみないとわからない」という言葉は、タトゥー実践を理解しようとする際に、わたしたちが個人的な動機や感覚の追求に留まりがちで、積極的に受け身になることで開かれる官能性の世界からは距離を取ろうとするという事実を暗に示しているようにも思える。

◉引用・参考文献

ケロッピー前田（二〇一六）『クレイジートリップ――今を生き抜くための〝最果て〟世界の旅』三才ブックス

ムサファー、F／V・ヴェイル&A・ジュノ／森本正史・山形浩生［訳］（一九九二）「モダンプリミティブズ」『夜想特集ディシプリン』二九：一八三－二二三

第三章　肌触りから装いを考える

インド服飾の素材と選択

金谷美和

第一節　素材と着心地

るつちゃんはしじゅう着物のことで、文句をいったり叱られたりしているね。るつちゃんのよくない時も確かにあると思う。でもるつちゃんのいうことも、おばあさんはよくわかる気がすることあるよ。おまえさんよく、気持ちが悪いから嫌だ、というねえ。あれはこうなんだろ？　ごわごわしたのが嫌いだね。重いのも好きじゃない。しなしなするのも、新しく突張ってるのも嫌がる。厚く重なっているのもよくないだろ。軽くて、短くて、すべっと薄くて、からだが自由に動かせるようなのが気に入るんだろ？　どう、当たってないかい？（幸田　一九九六：一五–一六）

幸田文の小説『きもの』からの一文である。この小説は、大正時代の東京下町を舞台に都市新中間層[1]に属するるつ

[1] ここでは、ホワイトカラー業に従事する社会階層をさしている。

こという主人公の、幼少期から結婚式までを教養小説風につづったものである。るつこのような階層の女性にとって、配偶者選びが人生の幸福と充実を決める重大事であり、るつこの二人の姉たちは適齢期になると、娘盛りを引き立ててくれる見栄えのよい着物を着て見合いに精を出し、嫁いでいった。るつこは姉たちの着物の着方を批判的に観察し、自分の着物に対する執着が、姉たちとは異なることを自覚していくことになる。それが着心地であった。着心地は、五感のなかでも触覚に関係するもので、他人に説明することや、共感してもらうことが難しい身体感覚である。るつこのこだわりは、強情な自我と受け取られがちであった。家族のなかでおばあさんだけが理解を示すものの、そのこだわりがるつこの人生を苦しいものにするであろうことを予感し、その予感があたりそうなことを予期させて小説は終わっている。

　衣装の文化人類学的研究において、着衣にまつわる感覚のうち、触覚に関する事柄は、ほとんど研究の対象になってこなかった。それは、るつこの着心地のこだわりが他者と共有しづらい経験であったのと同様、着衣の現場において観察したとしても、個別の経験を客観的なデータに落とし込むことが困難であるということによる。

　これまで衣装の人類学的研究は、視覚から得られる情報を中心にして論じられてきた。インドにおける衣装の変化も、階層を視覚化する衣装の機能から主に理解されてきた（Tarlo 1996、小林 一九九九）。私もかつて、インド西部グジャラート州における衣装の外見上の変化を、異なる集団間の境界の操作として論じたことがある（金谷 二〇〇五）。

　本章で問いたいのは、視覚以外の感覚、とくに触覚に注目することで、装いの変化についてこれまで理解されてきたことはどのように読み替えられるかである。衣装の変化について、これまでは主に文化的に構築された意味をもとに理解されてきた。本章ではそれだけでなく、感覚的な選好によって衣装の変化が引き起こされたのではないかということを問いたい。この問いについて考える際、キーワードになるのは素材である。

　第二節では、これまでの文化人類学における衣装研究が視覚情報から得られる特徴を中心に衣装の意味や象徴、社会的機能を読み解いてきたことを述べる。第三節では、隣接学問における衣装研究で視覚以外の感覚に着目して衣装について論じたものを紹介し、とくに触覚に注目した衣装研究の可能性について指摘する。第四節では、インドにおける衣装の変化がこれまでどのように論じられてきたのかについて述べる。第五節では、インドにおける衣装変化のうち、新しい繊維素材である化繊布が導入されたことによって引き起こされた変化に注目する。第六節では、これまでの民族誌研究と私のフィールドにおける事例をもとに、化繊布がどのように選好されたのかについて論じる。終節では、衣装の着用実践に伴う感覚に注目することで、視覚情報に偏重しない衣装研究の可能性を明らかにする。

第二節　視覚中心だった装い研究

これまでの文化人類学における衣装研究は、形態、色や文様、意匠など視覚情報から得られる特徴に着目し、社会的帰属や社会的集団の境界を示すものとして衣装を論じてきた。また、衣装は単に社会的帰属の指標として機能するだけでなく、集団間の関係に応じて、集団のアイデンティティとして操作されるなど、動態を示すものとしても読み解かれてきた。ジェンダーの指標としての機能も重要な研究テーマであった。

衣装を社会的機能との関わりで論じた先駆的な研究としては、スロヴァキアの衣装を記号学的に分析したP・G・ボガトゥイリョフの『衣裳のフォークロア』（一九三七年）がある。文化人類学ではM・E・ローチとJ・B・アイヒャー編『衣装、装飾、社会秩序』（Roach & Eicher 1965）やJ・M・コードウェルとR・A・シュワルツ編『文化の織物――衣服と装飾の人類学』（Cordwell & Schwarz 1979）などがある。それらの先行研究においては、衣装を記号や象徴として読み解くことが主な関心であった。

ただし、これらの研究において身体が軽視されてきたわけではない。文化人類学の初期の衣装研究のなかで注目すべきは、ボディペインティングや化粧、髪型、入墨といった身体に直接付加したり加工をほどこしたりすること（ornament）を、布から製作した衣服（clothing）と同列に扱い、両方を衣装という共通の研究領域に含めていることである。衣装研究に身体装飾を含めるという研究視点は、のちにアイヒャーとM・E・ローチ＝ヒギンスによって、文化人類学における衣装の定義としてまとめられた。

> 衣装（dress）とは、身体に変形を加えること、および／または付加することの組み合わせ（assemblage of body modifications and /or supplements）である（Eicher & Roach-Higgins 1992: 18）。

この定義に沿って、二人は衣装には、布で作った衣服、帽子、はきものだけでなく、髪型、装飾品、化粧、香水、身体加工（入墨、ボディ・ピアス、整形）なども含まれると述べている。

この衣装の定義は、まさに文化人類学らしい定義であるといえる。なぜなら、衣装は人間を動物から分け隔てている特徴の一つであり、人間が自然の状態ではないことを示しているものだからである。文化人類学は、身体加工やボディペインティングまで含めた衣装の定義を行うことで、布で仕立てた衣服のみを扱ってきた家政学や染織学の服飾研究よりも、衣装の領域を広く扱うことになった。

このように、衣装の身体性を包含する視点を提示しているにもかかわらず、身体装飾の研究は、主に視覚から読み取られる情報に基づいて記号的、象徴的な分析を行ってきた。たとえば、旧石器時代から現代にいたる化粧とボディペインティングを論じたコードウェル（Cordwell 1979）や、ヨルバの髪型を視覚的コミュニケーションとして分析したM・H・フールベルク（Houlberg 1979）などである。身体性に注目したものとしては、衣装のたてる音に焦点をあてたH・M・コール（Cole 1979）がある。東アフリカ牧畜民の女性がまとうビーズの装飾品は、色やかたちでほかの民族集団との違いを示すだけではなく、踊りの際にたてる音が重要であることが示されている。しかし、このような研究は非常に少ない。

K・T・ハンセンは、二〇〇四年に文化人類学における衣装研究史と研究テーマのレビューを行っている。そこでも衣装は視覚的情報を介した伝達とコミュニケーションの媒体としての機能が主に注目されてきたことがわかる（Hansen 2004）。

田中雅一は、身体は学術的な言説で無視されてきた歴史をもつと述べている（田中 二〇一八：一〇八）。視覚もまた身体感覚ではあるが、視覚はほかの感覚とは異なり、精神や認識に直結した感覚であると捉えて区別したい。そのうえで、田中の言葉にならうと、もっとも身体に密着しているはずの衣装研究においても、身体は学術的言説において無視されてきたといえるのである。

近年の文化人類学における衣装研究において、身体に対する関心がまったくなかったわけではない。しかし、布から製作された衣服に関しては、視覚中心に分析されてきたということができる。日本における研究も、同様の傾向がみられる。

第三節　装いを触覚から考える

このように、人類学の衣装研究は、視覚中心にすすんできたが、隣接学問では視覚以外の感覚も注目されてきた。鷲田清一は、哲学の対象としてファッションと身体について論じてきた哲学者である。鷲田は、一九六〇年代から一九九〇年代のあいだに進行したシルエットからテクスチュアへのファッションの転換現象について、ファッションの「皮膚論的な転回」と呼んでいる。それをまた、視覚中心社会への反動という面があるのではないかと推測し、視覚から皮膚感覚への転換であるとも述べている。その例として、六〇年代なかばに登場したミニスカート、八〇年代のボディ・コンシャスやスキン・コンシャスのファッション、さらに、九〇年代には、服の選択基準がシルエットではなくて素材感や装着感を重視するようなものに流行は移り変わってきたという。生地のテクスチュアへの微細ともいえる関心は、最近の超極細のハイテク繊維の開発にもみられる。絹の一〇〇分の一の細さの超極細繊維をけばだててできたピーチスキン[2]など、それまでの人類が知らなかった未知の人工的なテクスチュアをたのしみつつあるとする（鷲田 二〇一二：一一八–一二三）。

繊維開発では、触覚は重要な要素であった。繊維科学では、衣服の着心地の要素の一つとして、「肌触り」が重視されている。「肌触り」は、風合いともいわれる手で触って判断される皮膚になじむ感じ（接触感）と、触ってすぐに感じる暖かい（または冷たい）感じ（接触温冷感）がある。衣服材料の開発研究では、風合いは基本的な力学特性によって数値化されており、よりよい風合いの追究が行われている（原田 一九九六：八九–一一三）。このような繊維研究は、アトピー性皮膚炎などの皮膚疾患の症状を緩和するために、低刺激で肌触りのよい繊維の開発に応用されている。

近年のマテリアルカルチャー研究のなかで、モノのマテリアリティが焦点になると、人類学の布や衣装研究でもそれらのマテリアリティを取り上げる研究があらわれている。たとえば、J・シュナイダーは、布や衣装のマテリアリティには、色、デザイン、形態に加えて、テクスチュア（触り心地）があると述べている（Schneider 2006: 203）。

デイヴィッド・ハウズらの感覚人類学的研究があらわれると、感覚に焦点をあてた民族誌的研究が蓄積されていった（序章参照）。しかし、それらのなかでも触覚に焦点をあてたものは少ない。衣装の感覚や情動に関する論集としては、D・C・ジョンソンとH・B・フォスターの『ドレス・センス――身体と衣服の情動と感覚経験』（Johnson & Foster 2007）がある。しかし、この論集のなかでも触覚に焦点をあてたのは、S・ゴットの「触ることの力――ガーナにおける女性の腰ビーズ」だけである（Gott 2007）。

マテリアリティを構成する要素として、衣装の匂いに焦点をあてたものに、K・ヨハンセンの研究（Johansen 2010）がある。布の製作過程で用いられる染料による独特の匂いが、その布が本物であることを証明する特徴であるとされたり（インドネシアのバティック）、儀礼のときに着用される衣装に特別な香料が染み込まされたり、また香水をまとうことが社会的階層や権威を示すものになるという事例が紹介されている。

衣装の着心地に言及した民俗学的研究に、柳田国男の『木綿以前の事』（一九二四年）がある。

単純なる昔の日本人は、木綿を用いぬとすれば麻布より他に、肌につけるものは持ち合わせていなかったのである。木綿の若い人たちに好ましかった点は、新たに流行して来たものというほかに、なお少なくとも二つはあった。第一には肌触り、野山に働く男女にとっては、絹は物遠く且つあまりにも滑らかでややつめたい。柔らかさと摩擦の快さは、むしろ木綿の方が優っていた。第二には色々の染めが容易なこと、是は今までは絹階級の特典かと思っていたのに、木綿の我々の好み次第に、どんな派手な色模様にでも染まった。（柳田 二〇〇九：一三）

この文章は、日本の一般民衆の衣装の素材が、各種の麻から木綿に変化した要因について述べられたものとして有名な一節である。柳田は、木綿が受け入れられた要因として、染色が容易なことと並んで、あるいはそれ以上に、柔らかさと摩擦の快さという触感の快感にあるとしている。衣装の進化と多様化への展開をうながしてきた要因の一つは、布の素材であり、特定の素材のもつ肌にあてたときの感触、心地よさであるというのである。

しかし、麻織物は固い布であったという柳田の認識の誤りは、染織の専門家から指摘されている[3]。江戸時代には、麻の衣装は晒して柔らかくして着用されていたことが明らかになっている。着心地をよくするために、衣服の手入れや補修といった着衣にまつわる実践が行われていた。このように、残された衣装資料だけでは、衣服にまつわる感覚について論じることは難しい。まさに、着衣の現場における観察が重要になってくるのである。

［2］ピーチスキンとは、極細繊維を起毛させた化繊布で、桃の皮のような柔らかくなめらかな肌さわりをもつ布のことである。

［3］近世麻布研究所所長である吉田真一郎氏の教授による。二〇一九年一一月一六日。

第四節　インドにおける装いの変化を再考する

インドは着衣の社会的規範が厳しく、地域、カースト、宗教、ジェンダーによって独自の衣装文化を展開させてきた地域である。そのようなインドにおいても、近代化とともに衣装は変化してきた。変化について、これまでの研究では、視覚中心の記号論的、あるいは表象論的な分析が行われてきた。衣装の変化は、形態の変化と素材の変化に大きく分けることができる。形態の変化とは、従来の衣装とはまったく異なる形態の衣装に変わってしまうことである。インドでは、洋服を着用するようになるという変化と、汎インド的な衣装を着用するようになるという変化の二通りがある。素材の変化とは、形態は従来通りの衣装であるものの素材が変化することである。

インドは木綿の原産地の一つであり、木綿布を中心に、羊毛、獣毛、絹（家蚕、野蚕）など多種多様な素材から布を織り、衣装を作ってきた。素材とその加工技術の卓越性から、一七～一九世紀には、チンツ、カシミアの二つの素材がヨーロッパで流行を引き起こしたほどであった。良質の天然繊維で世界の服飾流行をリードしてきたインドであるが、現代では天然素材の布が急速に合成繊維に置き換わっている。

ここでは、私の調査地であるインド西部グジャラート州カッチ地方における衣装の変化に関わる民族誌的事例を紹介したい。カッチ地方の男性の衣装は、上衣がクルターと呼ばれるシャツ、下衣がドーティーと呼ばれる一枚布の腰布である。それに代わって洋装（シャツとズボン）を着用する人が増えている。女性の衣装は、上衣がカーンチュリーなどの呼称があるブラウス、下衣はガーグラーと呼ばれる足首までの長いギャザースカート、オダニーと呼ばれる頭にかぶる一枚布である。女性の衣装は近年、サリーという一枚布か、シャルワール・カミーズと呼ばれる長めのブラウスにゆったりとしたズボン、一枚布の組み合わせの衣装に代わりつつある。また、従来のカーンチュリー、ガーグラー、オダニーは手織りの木綿布や羊毛布だったものが、工業製木綿布や化繊布に代替されるようになっている。

この地方は、集団ごとに特徴的な衣装があるといわれ衣装の製作に関わる織り、染め、刺繍などの手仕事が維持されており、衣装研究の対象としても有名な地域であった（金谷 二〇〇七）。そのような地域であっても、化繊布が席巻している。

化繊布の登場は、インドの装いを大きく変化させた。変化の特徴は、衣装の形態が変わらず素材だけが変わるという点である。化繊布は機械プリントによる染色に適しているために、従来の衣装の色柄を複写することが容易である。そのため形態のみならず色や柄といったデザイン的要素を含めた「外観」が維持される。

化繊とは、化学繊維のことである。化学繊維とは、人工的に作られた繊維の総称で、原料は石炭、石油、天然ガスなどである。化学繊維には、再生繊維、半合成繊維、合成繊維、無機繊維がある。[4] 合成繊維のなかで生産量の多いナイロン、ポリエステル、アクリルを三大合成繊維と呼ぶ。化繊布の特徴は、強度と伸度が高いこと、弾性に富むためにしわになりにくいこと、発色がよいこと、虫やカビに強いことなどである。もっとも早く開発されたナイロンは、一九三五年に発明された（閏間 二〇一四：四三-五〇）。

化繊布の価値の歴史的変遷について論じたのは、布の研究で有名な文化人類学者のシュナイダーである。シュナイダーによると、欧米では化繊布に対する文化的スティグマが存在するという。教育を受けた中間層のあいだではとくに、化繊布の衣服を選択することに対する心理的な抵抗感が強く存在する。その否定的なイメージは、いつどのように形成されたのか、イメージ形成のアクターたちは誰なのかということを明らかにしている。一九五六年にアメリカではじめて化繊布の衣服が登場したときには、主婦たちを洗濯やアイロンがけといった日常の重労働から解放したと

[4] 再生繊維とは、植物繊維の主成分であるセルロースを化学薬品で溶かして繊維として人工的に再生させたものである。レーヨンや、キュプラ、リヨセルがある。半合成繊維とは、植物繊維の主成分であるセルロースに化学薬品を反応させて作る繊維で、アセテート、トリアセテートがある。無機繊維とは、金属やガラスなど無機物から作られる人工的な繊維のこと。無機繊維には金や銀糸、ガラス繊維、アクリルやレーヨンを炭素化した炭素繊維などがある。とくに炭素繊維は強度に優れ、自動車や飛行機資材などに用途が広がっている（閏間 二〇一四：三〇六-三一六）。

肯定的に受け入れられた。洗ってすぐ着る（wash-and-wear）というのが化繊布の機能性を示す言葉としてつかわれた。しかし、一九七〇年代には、ヒッピー文化が登場して、アンチ・プラスチックや自然志向がうまれたことにより、化繊布は侮蔑の対象になった。さらに、一九八〇年代になるとモダニズムへの批判と結びつけられた。コンピューターをつかったマーケティングシステムが登場し、消費者を年齢、性別、年収などで四〇にも細分化したクラスター分けがなされ、特定のターゲットに向けて商品が開発されるようになった。そこではクラスターの最上位に位置する消費者の好みは天然繊維であり、下位のクラスターでは化繊が好まれると分析された。このマーケティングのなかで、階層と消費行動の結びつきが行われ、繊維製品の文化的価値が階層と結びつけられて固定化されていったのである（Schneider 1994）。

第五節　化繊布の導入によって引き起こされた装いの変化

インドでは、化繊布への転換はどのように理解されてきたのだろうか。インドにおける化繊布サリーの登場とその需要について、M・バネルジーとD・ミラーは『サリー』（Banerjee & Miller 2003）のなかで一章をさいて紹介している。インドで化繊布サリーが登場したのは、一九六〇年代である。インドの繊維工場は、日本から化繊糸を輸入して、化繊布サリーの生産をするようになった。この新しいタイプのサリーは、雑誌や新聞で積極的に広告され、都市中間層の関心をひいた。一九七〇年代には、一〇〇パーセントポリエステルの糸をつかった化繊布の商品が作られるようになった。それによって、より鮮明なプリントと色の浸透が可能になり、それまで伝統柄に限定されていたサリーにまったく新しいデザイン（new look）のものがうまれた。新しいポリエステル・シフォンやサテンは、メンテナンスが楽で、洗ってすぐ着られるだけでなく、絹のような洗練があり、カジュアルウェアにも、よりフォーマルな機会にも使える衣装として消費者に受け入れられた。一般の消費者が着用するサリーに流行が取り入れられるようになったのは、化繊布サリーがデザインの多様さを可能にしたからである。バネルジーとミラーはこのように、なぜ化繊布が選択されるようになったかを、主に衣装のデザイン、つまり視覚的な情報に焦点をあてて論じている。

このように、優れた衣装として化繊布サリーが受け入れられた一方で、一九八〇年代になると大量生産された化繊布に対するファッションの反動が生じた。この反動は、「エスニックスタイル」革命とよばれ、地域性のあるサリーや手織り職人の作ったサリーなどが評価された。この時期を境に、高等教育を受けた中間層は、化繊布を離れて木綿布や絹布にもどっていったとされる。この文化的な流行は、天然素材、地域固有のデザインを称揚した。また、貧しい職人の経済的支援を唱えた左派政治的主張や、インドの民族的多様性に価値を求めるような政治的思潮とも結びついていた。化繊布サリーから天然素材の地域固有のサリーへの転向は、現在でも都市在住のエリートや中間層のあいだで引き続きみられる。社会階層の上位集団のあいだで、ある年代以降においては、化繊布に否定的な見解をもち、天然繊維を選択するという傾向は、アメリカとインドでは共通してみられることがわかる。

染織研究の多くは、在来の技術に基づいて製作されたもの、在来の素材を用いたものに研究の焦点をあてており、技術や素材が変化したことを、「残念な現象」として捉えることが多かった。技法や素材の変化に伴う、着衣経験の変化について取り組んだ研究は多くはないが、着衣経験に関する良質な民族誌的研究が二つあり、それらが化繊布の着衣についても言及している。一つは、先述したバネルジーとミラーの『サリー』であり、もう一つは、E・タルロの『衣服という問題――インドにおける衣装とアイデンティティ』である。

バネルジーとミラーによる『サリー』は、着衣をめぐる刺戟的な民族誌である。インド女性の国民的衣装であるサリーをめぐる、異なる地域、階層、年齢の女性たちの多様な経験を積み上げることによって、サリーという同一のモノには包含することのできない、インド女性の装いの多様性を明らかにしている（Banerjee & Miller 2003）。

『サリー』では、都市在住中間層のある家庭の主婦と家政婦がそれぞれ化繊布サリーに対してもつ見解を対比的に示している。このことは社会階層によって異なる見解がみられることを示している。主婦にとっては、化繊布サリーは自分で着るものではなく、家政婦に贈与するものである。インドではしきたりとして、使用人に対して祭礼時に祝儀として現金や物品を贈る。化繊布サリーは安価であるというだけでなく、洗濯など手入れに時間をとられないために、自分の家事に時間をさくことのできない家政婦には適した贈り物であると考えられている。

一方で、家政婦にとっては、化繊布のサリーはジレンマをひきおこすような衣装である。地方出身の家政婦にとって、化繊布は都市文化の象徴であるので、出身地に着て帰ると、羨望のまなざしでみられるようなものである。また、洗濯が簡便で便利であるという利点がある。一方で、化繊布はすべりやすくて、既婚女性の衣装規範であるサリーの端を頭にのせるという行為がしづらいために、規範の順守を厳しく監視されるようなコミュニティのなかでは着衣が難しい衣装とされる[5]。したがって、化繊布サリーを好む家政婦がいるのは確かだが、木綿布サリーをもらうほうが嬉しいと考えている家政婦もいる（Banerjee & Miller 2003: 160–163）。

タルロによる『衣服という問題』から、もう一つの民族誌的事例をみたい。タルロは、一九九〇年代初頭のインドの農村部において、社会変化に伴う衣装の選択とそれが引き起こすジレンマに焦点をあてている。どのような衣装を選択するかは、カーストや社会階層によって異なる。化繊布の衣装は選択の一つであるが、それを選ぶ意味は、着用者の所属するカーストにより異なっている。インドの村落では、現在でもカーストによる社会階層が明確にあり、衣装がそのヒエラルキーを明示している。タルロの調査村では、衣装には素材によるヒエラルキーがあり、上位から絹、薄い木綿、厚い木綿、毛織布と位置づけられる。つまり、布は薄いほど上位に位置するという価値観がある。

上位カーストのあいだでは、絹はほとんど着用されず、その代わりに化繊布が着用されるようになっていた。さらに、二つの農民カーストは対照的な選択をそれぞれ行っていた。カンビーというカーストは、厚地の木綿布による伝統的な形態の衣装をやめて、化繊布のサリーを選択した。上位集団と同様に、薄い布である化繊布のほうが、厚地木綿布よりも上位であるという認識がある。彼らにとって、薄い布は都市的で洗練されたものであり、厚い布は田舎風でやぼったいと捉えられている。衣装という文脈において上位であるということは、従来の村落社会におけるカースト間関係にみられるヒエラルキーとは異なるようにみえる。

もう一つの農民カーストは、化繊布サリーを拒否して、厚手の木綿布で作られた伝統的な形態の衣装を着続けている。ここには、インド独立時の民族主義的なナショナリズムと結びついたカーストのアイデンティティが意味づけられている。下位集団に位置する牧畜カーストは、伝統的な衣装形態を維持している一方で、素材を羊毛布から化繊布に置き換えている。そこには、化繊布のほうが安価であるという経済的理由が大きい。ただし、この集団は、化繊布サリーを着ることは拒否している。彼らはカースト集団のアイデンティティを保持するため、衣装の従来の形態と色柄を維持することにしたのである。

この二つの民族誌的事例は、化繊布を着ることが、社会的意味や価値と結びついていることを示している。どちらの事例も、化繊布は階層や帰属集団の違いを示すものとして分析されている。つまり、素材の違いが視覚的情報の違いとして読み取られ、地方（田舎）においては都市文化の象徴であるが、都市においては下位階層と結びつけられている。

同じグジャラート州に位置する、カッチ地方の私のフィールドにおいても、化繊布に対する嗜好は社会階層によって異なるようであった。カッチの外からやってくるＮＧＯやデザイナー、研究者といった地元でエリートとみなされる人たちは、木綿や絹布のような天然繊維の衣装を着ていた。カッチの地元の人びとでエリートと付き合いのある人びとのなかには、そのような布地の選好を模倣する人びともいた。

私は調査中、調査対象である職能集団の女性と同じ衣装を着用していた。調査で滞在していた集団の宗教的規範とジェンダー規範にのっとった装いをすることを心がけていたためである。私は体を覆い、体の線をあらわにしないゆったりとした上下の衣装、必要に応じて頭にのせることのできる大きなスカーフ、きちんと結わえた髪型、そして既婚の女性として適切とされる装飾品をつけていた。私の服装が調査先の人びとに好感をもってもらえたことが、調

［5］しかし、私のフィールドでは化繊布でも頭にのせることは可能であり、衣装規範を守ることに支障はないとみなされている。

査地での順調な滞在を促したことはすでに別のところで書いた（金谷 二〇一〇）。

しかし、規範にのっとっているものの、私の衣装は、地元の女性たちとまったく同じ衣装というわけではなかった。私の衣服は木綿布で、地元の女性たちの衣服は化繊布が多かったのである。その違いを認識したのは、私自身が化繊布の衣服を着たときであった。あるとき、調査先で土砂降りの雨に降られて、ずぶぬれになってしまった私は、調査先の女性から服を借りて、着て帰った。そのときのなんともいえない居心地の悪さは今でも覚えている。その衣服は、厚手の化繊で装飾用の別布がたくさん縫いつけられていた。普段着ている木綿布とは異なる肌触りや身体にふれて布がたてる音に、落ち着かない気持ちにさせられた。道中で会った知人が、「今日は、美和らしくない服を着ているのね」と声をかけてきたことで、より一層居心地悪さが増した。宿についてすぐにその服を脱いでしまったほどであった。

このときの体験から、化繊布は肌触りが悪いものだという思い込みが生じ、さらに、このように着心地が悪いのになぜ人びとは化繊布を着るのだろうかという疑問が生じたのである。次の節では、化繊布を着る感覚について論じたい。

第六節　化繊布の肌触りとは

人びとが化繊布を選択する理由は、集団の帰属やアイデンティティ、あるいは経済的な理由だけなのだろうか。カッチの人びとも、上記の二つの民族誌事例で示したのと同様、階層によって化繊布の選択は異なるようであった。しかし同時に、化繊布は両義的な価値をもち、人びとは複雑な価値の付置のあいだを縫うようにして、文脈に応じて着用する布を選択しているようであった。その多様な価値のなかに、布の肌触りがあるということを示したい。

私は前述したような体験によって、化繊布は肌触りが悪いと感じた。それだけでなく、日中が四〇度以上になるようなこの暑い地で、化繊布の衣服は暑さに耐えられないのではないかと思っていた。その疑問を女性たちにぶつけたこともある。女性たちは、私の質問にとまどった様子を見せて、暑くはないし、肌触りが悪いこともない、と答えた。

むしろ化繊布のほうがよいと言う。私は、自分の疑問が解けないまま、その問いを放置していた。しかし、あるとき再び化繊布を着用する機会を得て、そのときの疑問が解けた気がした。

私は、伝統染織を現代ファッションに応用しているある有名なデザイナーの店で、化繊布に美しい木版捺染をほどこしたスカーフを手に入れた。天然繊維を用いた服飾が主たる商品展開の店で、化繊布をつかった商品をめずらしく感じたためである。そのスカーフを、カッチの暑い気候のなかで着用すると、予測に反して、着心地がよかった。そのスカーフは、薄く、しぼのある織り柄に特徴があった。しぼは、強く撚りをかけた糸を織ることでできる織り柄である。しぼのために、肌につかず、風通しがよく、さらに化繊布特有の速乾性がいかされ、汗をかいてもべたつかなかった。軽さ、薄さ、そして織りの特性が、化繊布の肌触りや着心地のよさを引き出していたのである。[6]

このように、化繊布にはさまざまな種類のものがあること、それによって肌触りや着心地が異なることがわかる。また、化繊布を何と比較して選択しているのか、ということも重要である。三つの事例を示したい。

まず、一つめは、上位カーストに位置する五〇代のブラーマン女性である。彼女は手工芸開発に関わるＮＧＯを主催しており、前述したように、カッチ外のエリートと接する機会が多いこともあって、天然素材で伝統染織品を用いた衣装を常に着用している。化繊布について聞くと、色柄が多様なので、昔はおしゃれのために着ていたが、今はまったく着なくなったと答えた。また、化繊布は、夏には暑く感じるので着ないと言う。化繊布が暑く感じるのは、自分の着ている衣装が、体に合わせて仕立てたもので、風通しの悪い形状をしているからだと分析した。牧畜民の衣装のように、背中があいていて風通しのよい形状だと化繊布でも暑く感じないと思うと述べた。

---

［6］同様の指摘は、行松啓子がタイ東北部の絹の野良着について指摘している。野良着につかわれる生地は、朱子織のため布の表面に凹凸ができ、肌につかないため、汗をかいてもさらっとしている。したがって、汗を大量にかく農作業時に着用すると快適で、野良着として適しているという（行松 二〇一一：一六六）。

ただし、木綿布だからよいというわけではないらしい。ＮＧＯが復元している手織り木綿布について、「この木綿布は厚くてサリーとしては着られません。ひだを折りたたむと、腰のあたりが厚ぼったくなってしまって、着心地が悪いのです」と言う。

彼女は、木綿布の着用を着心地の点から気に入っているものの、伝統的な厚手の木綿布については、着衣の「重さ」や「厚さ」が引き起こす着心地の悪さから、好ましくないと感じていた。

二つめの事例は、職人カーストのカトリー女性である。ある三〇代の女性によると、化繊布は、結婚式に参列するときや外出着として着用すると言う。化繊布は色柄の選択が広いのでデザインに気に入ったものがあるときは購入する。化繊布は、着用時にしわにならないために、人の家を訪問するときや、出かけるときなどに着用する。木綿布に比べると化繊布は、夏には暑く感じるし、冬には肌にはりついて着心地はよくない。普段着としては木綿布が好きだと語る。ただし、木綿布は半年くらいしかもたず、生地がくたびれてみえるようになってしまう。木綿布の服は、新しいうちは外出着としても着られるが、そのうちに日常着になってしまい、すぐに買い替えなければならない。化繊布はそれに比べると四年くらいは着ることができると説明してくれた。

カトリーは、社会的には中位集団に属するものの、経済的には成功した人が多い。カトリーのなかには、化繊布は耐久性があるので、結果的に値段が安くなるために貧者の衣装だと認識している人がいる。しかし、高価な化繊布も存在する。都市から新しい織り柄の化繊布が持ち帰られ、それが高価なものであるにもかかわらず、人びとのあいだで流行したことがあった。このように、化繊布は、新しさや流行、都市性と結びついた布であった。カトリーの場合、化繊布は木綿布と比べて選択されるものであった。着心地と新しく見えること、そしてデザインなどの要素を考慮して、着る機会によって選択されるものであった。

三つめの事例は、牧畜民のラバーリーである。ラバーリーの従来の衣装の素材は、羊毛であったが、それが化繊布に代わりつつある。ある四〇代の女性は、ブラウスとスカートが化繊布で、被り布が木綿布であった。化繊布の着心地を聞いてみると、「スカートは厚地なので暑いですが、ブラウスは薄地なので暑くありません」という。では、なぜ化繊布を選択するのかときくと、「長持ちするから。化繊布は二、三年もつが、木綿布だと半年くらいで着られなくなるのです」という。厚地の化繊布は、確かに「厚く」「暑い」のであるが、彼女が従来着用していた羊毛布に比べると「厚くないし」「暑くない」のである。

彼女の選択は、カトリーとは異なり、化繊布を木綿布との比較ではなく、羊毛布との比較で行っていると理解すべきである。ラバーリーは、自分たちが飼育している羊の毛を刈り取り、紡いで糸にしたものを織工に布に織らせ、衣装にしたてて着用していた。女性は黒色の羊毛の被り布とスカートを着用し、男性は白色や茶色の羊毛布を肩にかける。牧畜民は家畜を追って移動しており、幕営地では羊毛布は夜具として用いられた。沙漠の夜は夏でも気温が下がるため、厚地の羊毛布は身体を寒さから守るために必要とされていたのである。

ラバーリーの染織を研究してきた上羽陽子によると、厚手で重い衣装が、近年好まれなくなっているという。牧畜民の定住化がすすみ、夜具代わりになる羊毛布の必要性が減少し、工業製木綿布や化繊布に代わっている。ただし、既婚の女性が着用する羊毛の被り布は、婚資として贈られるものであり、嫁いだ後も儀礼時や外出時などは必ず着用しなければならない。一方でスカートやブラウスは、女性が自分で素材を選択することができるため、工業製木綿布や化繊布に代わっている。その変化を上羽は、「カッチ地方の灼熱の昼間には、工業製木綿や化繊の繊維素材のほうが快適にすごすことができる」と述べている。また、女性たちは嫁ぎ先にいるときは衣装の規範に従わなければならないために羊毛布を脱ぐことができないのだが、実家にもどると規範が緩み、羊毛布を脱いでくつろいでいるという様子を紹介している（上羽 二〇〇七：七七）。

つまりラバーリーは、生業による必要がなくなり、着衣規範が緩むことによって、より薄くて軽い布の着心地を求めて布を選択するようになっているのである。薄い化繊布は、家事による汚れや経血[7]がついたときにも、衣服を脱がずにそこだけさっと洗ってすぐに乾く、濡れた手をふいてもすぐに乾く、といった速乾性も着心地のよさにつながっている。化繊布の選択は、着心地の軽さ、快適さを求めて行われているということがうかがえるのである。

　これらの事例からわかることは、次の三つである。まず、化繊布の選択には階層性があるということである。エリート層のあいだでは、化繊より天然繊維がよいという価値観があること、また、化繊布の安価なものは着用者の経済的貧困と結びつけられていることを確認することができた。次に、化繊布は、都市部から流行とともにもたらされるために、デザイン性、ファッション性や都市文化と結びついた価値があり、それらに対するあこがれから選択されるということが明らかになった。晴れ着や外出着として着用する衣装として、他者と差異化したいときに、あえて化繊布を選択するのである。化繊布は着用時にしわになりにくく、新しい服のように見えるという特性も外出着として好まれる理由になっている。

　三つめとして、薄く、軽く、乾きやすいという化繊布の性質によって得られる着心地のよさを求めて化繊が選択されるということも明らかになった。着心地を求めて化繊布を選択するという事象は、化繊布か木綿布か、という二者択一的な質問では明らかにすることはできなかった。羊毛布や厚地木綿布など、着衣者が何と比較して化繊布を選択しているかに注目することが必要であった。また、同じ素材であっても織り方や加工方法によって布の機能や肌触りは異なり、化繊布のなかに多様な性質をもつ布が存在するために、着用者がどのような性質の化繊布を着用しているのかにも注目する必要があったのである。

第七節　触覚で判別される衣装

　従来の文化人類学における衣装研究は、身体性の軽視、視覚情報中心主義という偏向がみられることを指摘した。そのことが、近年の衣装文化の変化のなかでもっとも大きな、化学繊維の導入と天然繊維からの代替によって引き起こされた着衣経験の変化について、これまで文化人類学の衣装研究が一面からしか理解できていない要因になっているのではないかと考えた。

インドは、衣装の社会的規範が厳格である。カースト、ジェンダー、宗教などの集団や、年齢、既婚未婚などの人生カテゴリーによって着衣が異なるために、いわゆる伝統的な衣装が継続しているといわれる。確かに、従来の規範を遵守した衣装が継続しているようにみえるが、よく見ると、素材が従来のものとは異なることがわかる。衣装の形態、色や柄といった視覚的情報としてはいってくる衣装は、継続しているようにみえるが、触覚で判別される衣装はまったく異なる。天然繊維を手織りした布から化繊布への転換は、これまでの人類学的研究では、階層間や集団間の境界として理解されてきた。また、染織研究では、近代化に伴う在来技術の衰退や伝統の消失として理解されてきた。視覚から得られる情報のみに依拠して、着衣の変化について論じると見落としてしまうことがあると指摘したい。

衣装の着用実践に伴う感覚に注意を向けてみるとき、人びとの装いに対する感覚的な選好がみえてくるのではないだろうか。ただし、冒頭の幸田文の文章で示したように、着心地を言語化したり、他者と共有したりすることは容易ではない。着衣の現場に身をおいて、自らの着衣経験とすり合わせながら、着衣に伴う感覚や官能を共有するフィールド調査が不可欠であろう。

付記

本研究はＪＳＰＳ科研費 21H00649 の助成を受けたものです。

［7］経血についてのエピソードは、上羽陽子氏の教授による。二〇二〇年三月二日。

◉引用・参考文献

上羽陽子（二〇〇七）「カッチ地方の手工芸――ラバーリー女性のミラー刺繍と羊毛ショール」『旅行人』一五七：七〇‐七七

閏間正雄［監修］（二〇一四）『服地の基本がわかるテキスタイル事典』ナツメ社

金谷美和（二〇〇五）「布のつくるヒンドゥーとムスリムの社会関係――インド、グジャラート州カッチ県のオダニー（被り布）の事例より」『文化人類学』七〇（一）：七七‐九八

金谷美和（二〇〇七）『布がつくる社会関係――インド絞り染め布とムスリム職人の民族誌』思文閣出版

金谷美和（二〇一〇）「衣装からインド社会を読む」田中雅一・田辺明生［編］『南アジア社会を学ぶ人のために』世界思想社、八七‐八八頁

幸田　文（一九九六）『きもの』新潮社

小林　勝（一九九九）「サリー／サリー以前――カーストと着衣規制、そして国民化」鈴木清史・山本　誠［編］『装いの人類学』人文書院、一一七‐一四五頁

田中雅一（二〇一八）『誘惑する文化人類学――コンタクト・ゾーンの世界へ』世界思想社

原田隆司（一九九六）『着ごこちと科学』裳華房

ボガトゥイリョフ、P・G／松枝　到・中沢新一［訳］（一九八一）『衣裳のフォークロア』せりか書房

柳田国男（二〇〇九）『木綿以前の事』岩波書店

行松啓子（二〇一一）「タイ国の近代化とタイ東北部における手織物の変遷」『繊維学雑誌』六七（五）：一三六‐一三九

鷲田清一（二〇一二）『ひとはなぜ服を着るのか』筑摩書房

Banerjee, M., & Miller, D. (2003). *The Sari*. Oxford: Berg.

Cole, H. M. (1979). Living art among the Samburu. In J. M. Cordwell, & R. A. Schwarz (eds.) *The fabrics of culture: The anthropology of clothing and adornment*. The Hague: Mouton Publishers, pp.87–102.

Cordwell, J. M. (1979). The very human arts of transformation. In J. M. Cordwell, & R. A. Schwarz (eds.) *The fabrics of culture: The anthropology of clothing and adornment*. The Hague: Mouton Publishers, pp.47–75.

Cordwell, J. M., & Schwarz, R. A. (eds.) (1979). *The fabrics of culture: The anthropology of clothing and adornment*. The Hague: Mouton Publishers.

Eicher, J. B., & Roach-Higgins, M. E. (1992). Definition and classification of dress: Implications for analysis of gender roles. In R. Barnes, & J. B. Eicher (eds.) *Dress and gender: Making and meaning in cultural contexts*. Oxford: Berg, pp.8–29.

Hansen, K. T. (2004). The world in dress: Anthropological perspectives on clothing, fashion, and culture. *Annual Review of Anthropology*. 33: 369–392.

Gott, S. (2007). The power of touch: Women's waist beads in Ghana. In D. C. Johnson, & H. B. Foster (eds.) *Dress sense: Emotional and sensory experiences of the body and clothes*. Oxford: Berg, pp.84–95.

Houlberg, M. H. (1979). Social hair: Tradition and change in Yoruba hairstyles in Southwestern Nigeria. In J. M. Cordwell, & R. A. Schwarz (eds.) *The fabrics of culture: The anthropology of clothing and adornment*. The Hague: Mouton Publishers, pp.349–398.

Johansen, K. (2010). Perfumed dress and textiles. In J. B. Eicher (ed.) *Berg encyclopedia of world dress and fashion, volume 10: Global perspectives.* New York: Berg, pp.47–51.

Johnson, D. C., & Foster H. B. (eds.) (2007). *Dress sense: Emotional and sensory experiences of the body and clothes.* Oxford: Berg.

O'Connor, K. (2005). The other half: The material culture of new fibres. In S. Küchler, & D. Miller (eds.) *Clothing as material culture.* Oxford: Berg, pp.41–59.

Roach, M. E., & Eicher, J. B. (eds.) (1965). *Dress, adornment and the social order.* New York and London: John Wiley & Sons.

Schneider, J. (1994). In and out of polyester: Desire, disdain and global fibre competitions. *Anthropology Today. 10*(4): 2–10.

Schneider, J. (2006). Cloth and clothing. In C. Tilley, W. Keane, S. Küchler, M. Rowlands, & P. Spyer (eds.) *Handbook of material culture,* London Sage Publications, pp.203–220.

Tarlo, E. (1996). *Clothing matters: Dress and identity in India.* New Delhi: Viking.

第四章　運命的瞬間が人を歌手にする

二人のチベタン・ポップ歌手の語りから

山本達也

第一節　「歌手になる」理由を学ぶために

本章は、ネパールで活動するチベット難民の二大歌手ツェリン・ギュルメイ（以下、ツェ・ギュルメイ）とケルサン・ケース（以下ケース）[1]に焦点を当て、チベタン・ポップ歌手として生計を立てることが現実的に厳しい状況にある難民社会において、それでも歌手として活動するに至った来歴と活動の実態について、音楽に心を奪われ、歌手になっていった具体的過程と、現在の活動の様相に着目し分析する。

ところで、チベット難民社会同様、ポップ歌手が食い扶持を稼ぐ困難に直面する社会は各地で散見される。そのような社会で活動するポップ歌手を研究する人びとに、「どうして彼らは歌手なんかやるんだろう」と私が問うた際に往々にして耳にする返答は、「経済的に厳しくても歌手になるのは音楽が好きだからじゃないの」「音楽に魅了されたからやめられないんでしょう」という部外者からのありがちな理由づけであった。本章では、ここからもう一歩進ん

[1] 本章では、友人たちが彼らを日常的に呼ぶ際に用いる呼称を略称として使用する。

で、「好き」「魅了」のチベット難民社会での具体的内実を、「彼らがその理由をどのように説明するのか」という点から明らかにするために、音楽経験の意味を音楽以外のものとの同時的な消費のなかで捉える音楽社会学者ティア・デノラと音楽人類学者ジョージナ・ボーンの知見を援用する。

　デノラによれば、「音楽は、自らの身体の作り方、振る舞い方、時間の経過の経験のしかた、（活力や感情という点から）自分自身、他者、状況についての人びとの感じ方に影響を及ぼしうるものである」（DeNora 2000: 17）。そして「音楽の情動的な力の大部分は、音楽とその他のものたち（人、出来事、情景）との共存から生まれる。いくつかの場合には、音楽の記号論的な力（ここでは、その象徴的な能力）は、その条件づけられた現前、すなわち、それは単に「あのときあの場所」だったから生じるのである」（DeNora 2000: 66）と論じるデノラは、「あのときあの場所」という具体的かつ単独的な時空間において音楽が私たちに経験され、情動が喚起されることを指摘している。他方、「音楽的集積体（musical assemblage）」という観点から、音楽作品を「言説的で観念的であるのみならず、社会的で上演的、視覚的で技術的などでもある諸媒介が描き出す星座的布置としての音楽的対象」（Born 2013: 138）として捉えるボーンも「音楽の性質（そして意味）は絶縁した状況のなかでは分析され得ない。むしろ、それは音楽が構成されている集積体（あるいは諸媒介が描き出す星座的布置）という観点から把握されなければならないのである」（Born 2013: 139）と語ることで、デノラ同様、音楽がさまざまな媒介＝その他のものたちからなり、音楽の研究は具体的な場においてなされるべきであることを主張している。デノラとボーンの音楽研究は、ブリュノ・ラトゥールやアルフレッド・ジェル等、存在論的転回以降、大きなプレゼンスを示す人類学者たちの影響下にあり、音楽やそれがもたらす情動が、極めて多様で具体的なアクターや媒介が介在するコンタクト・ゾーン（田中二〇一〇、二〇一八）においてもたらされていることを示している。

　また、還元論的説明を避け出来事のミクロな具体性を重視する両者の議論、とくにボーンの議論は、ガブリエル・タルドの模倣論に多くを負っている（Born 2010）。タルドによれば、模倣とは「個人的ではなく集合的なひとつの記憶であり、習慣」（タルド二〇〇七：一二五）であり、心理的なものを個人に閉じ込めるのではなく人と人のあいだに見出す間‐心理学的主張を推し進める。そして、「社会とは模倣によって、あるいは反対模倣によって生み出されたさまざまな類似点を互いに提示し合っている人々の集合であると考えよう」（タルド二〇〇七：一六）と提案し、デュルケム社会学の前提する個と社会の二分法を否定し、個においてこそ社会が見出されるとする。模倣を通じてこそ新たなものが生まれ（＝発明）、「社会的にいえば、すべてのものは模倣か発明に他ならない」（タルド二〇〇七：三〇）と考えるタルドは、人と人（あるいはモノ）との具体的な接触が模倣を生み、それがさらに発明という新たな現象の生成をもたらすのだ、と説いている。

　ところで、模倣は、身体的存在としての他者に喚起された情動を通じた自己の身体的共鳴というモメントを内包する。こうした身体的共鳴は、田中雅一が数々の論考のなかで考えようとしてきた問題系である。身体的共鳴を通じてエイジェンシーのコミュニティを日常生活から考えようとした田中は、人を時に非合理的な行為へと駆り立てるがゆえに否定的に捉えられてきた誘惑概念を、その不確定性がもつ肯定的な側面から読み替えようとする。田中は誘惑に着目する意義を「主客の逆転」と「身体の重要性」の二点に求める（田中二〇一八：四九）。田中は、誘惑はする側とされる側のあいだの実践が反復されることで、主客の転換から「自他の相互転換」、「自他の融合」へと進むとする。そして、「誘惑は、声で行うものであって、言葉で行うものではない。すなわち、誘惑は、身体で、そして、その延長である声で行われ」、「そこに声を含む「身体」が介在することで、私たちは自分の意に反して、他者を誘惑し、また誘惑に身体を拓くのである」（田中二〇一八：五二）と語ることで、言葉を肉づけする声や身体の具体性への着目を主張する。具体的な身体性を媒介にした、自立性や主体性を宙吊りにする関係性において田中は当事者両者の関係はより平等的であると指摘する。これらの議論を通じて田中は、「誘惑をめぐる居心地悪さにこそ新たな人間——身体的存在——と、人間関係——共同性——の可能性を求めることができるのではないだろうか」（田中二〇一八：五三）と私たちに呼びかける。そして、近代合理主義が圧殺してきた場所に潜むエロスの世界への橋渡しとなるのが、誘惑する身体であり共鳴する身体なのだ、と田中は語る（田中 二〇一八：六一）。

　そして、具体的な身体間の共鳴や魅了が生み出す出来事を重視する田中の議論を、本章では田中自身が過去に論じた「他者の人生に生じた運命的瞬間」（田中 二〇一一：一三一）をめぐる問いに接続したい。「あのときあの場所」「あの人」とのあいだで生じた身体性に根差した経験は、時に人生に大きな変更を迫るものとして経験される。こうした経験は、出来事が「原因を超えているように見える結果」として表れ、「全ての安定した図式を覆すような新しい何かが突然に出現する」点で「事件」として理解可能であろう（ジジェク 二〇一五：一三－一五）。しかしながら、特定の楽曲と個人の経験の結びつきを重視し、情動操作の技術として音楽を論じるデノラや、具体性への着目を主張する一方で、当人の民族誌記述がそれほど具体性を感じさせないボーンの抽象度の高い議論は、具体的な身体性に根差した「運命的瞬間」の事件性を十分に捉えることができていない。本章は、「他者の人生においてなにが運命的であったかを明らかにすることこそ、これからの民族誌記述に求められている」（田中 二〇一一：一三五）という田中の問題意識を引き受け、「あのときあの場所」の具体性に根差した音楽を論じようとしてきたデノラやボーンらの議論を発展的に継承することで、チベタン・ポップ歌手がいかにして歌手になったかを考える。

　また、「運命的瞬間」への着目に加えて、デノラやボーン、そして田中の議論を踏まえて追求されるべきは、その「運命的瞬間」を支える偶然性を人が必然性のモードに落とし込む論理のありよう、すなわち、「落とし前」のつけ方である。「彼女自身の変化（治療）のきっかけとなったインナーチャイルドの出現というできごとを運命的瞬間とみなしている」（田中 二〇一一：一三三）セックスワーカーS子は「もうこいつはずぅっと多分これからも一緒にいるんだ、って思ったら、めっちゃ楽になって、じゃあ、そうかぁ、って思って、で、そのようやく過去になったというか［……］ほんとにそっから楽になったというか」「ホントに、そりゃしゃあないわ、っていう」（田中 二〇一一：一三三－一三四）と田中に語ることで、自身に突如訪れた運命的瞬間に彼女なりの落とし前をつけている。本章が追求したいのは、歌手たちにとっての運命的瞬間がなんだったのかを記述するとともに、突如（＝偶然に）訪れた「運命的瞬間」を「じゃあ、そうかぁ」「ホントに、そりゃしゃあないわ」と引き受けて、今の人生を肯定的に生きていくという、偶然性の必然性への昇華を支える落とし前の論理を、歌手たちの語りから析出することである。

本章は、ある二人の個人がチベタン・ポップ歌手になり、活動していることを上記の問いに引きつけ、数々の模倣やそれを引き起こす情動、そして誘惑のモメントを彼らの活動に見出す。そして、二人の歌手が語る偶然性に満ちた模倣と誘惑のモメントを示す来歴が、彼らが語るチベット仏教的な論理で必然性に落とし込まれているさまを明らかにする。これらをみていくことは、チベタン・ポップに携わる歌手の活動を駆動させる、生きられた官能のかたちを捉えることにもつながるだろう。

第二節　チベット難民とは

一九五九年のダライ・ラマ一四世のインド亡命後一〇年間で八万五〇〇〇人あまりがチベットを離れ、二〇〇九年時点で一二万七九三五人が異国の地に暮らしている。彼らは自らをチベット難民／チベット人ディアスポラ／亡命チベット人（*btsan byol bod mi* あるいは *bod pa*）と呼ぶ。一九五九年にダライ・ラマ一四世が北インドのムスーリーに中央チベット政府（*dbus bod mi'i sgrig 'dzugs*、通称チベット亡命政府）を設立（翌年ダラムサラに移設）し再興した難民社会を頼って、中国の政治経済的状況と連動して数々のチベット人がインドやネパール、ブータン等の近隣諸国や欧米各国へ亡命してきた。そのうちインドに九万四二〇三人、ネパールに一万三五一四人と、チベット人の大部分がこの二カ国に暮らしている。彼らは農業や農工業、カーペット製造などの観光に関連する産業に加え、亡命政府関連職や各種企業で働き生計を立てているほか、日本や欧米諸国の支援者から援助を受けて生活している人も多い。

チベット亡命政府はチベット仏教を軸としたチベット文化の保存と発展的継承を核に据えたさまざまなプログラムを通して、難民社会の人びとのあいだにチベット人アイデンティティを再生産しようとしてきた（山本 二〇一三a）。

たとえば、「亡命チベット人の目標は二つである。すなわち、私たちの故郷のために正義を追求すること、文化や伝統を実践することで私たちのアイデンティティと言葉を保護することである。最初の目的は、私たちの手に負えない国際的な状況や中国のなかの政治的な変化などを含めた多くの要因に依る。二つ目の目的に関しては外的な要因に依らず、あらゆる亡命チベット人がジェンダー、年齢、教育、聖俗問わず果たすことのできるものである」（亡命政府の二〇〇三年の声明。Roemer 2008: 67より引用）というチベット亡命政府による言説をS・ローマーは記述している。文化とアイデンティティに関する亡命政府の考えを明示するこの文章が示すように、亡命政府は、チベット難民としての団結を維持し、また、中国による「文化ジェノサイド」に対抗するために、チベット文化をチベット難民のアイデンティティの核心に据えてきた。その際、漢民族の文化とは異なるチベット文化を提示することで、チベットが独立国家であったという自分たちの政治的主張に正当性を付与しようとする中国とのあいだの「表象をめぐる対抗」（Goldstein 1997）に彼らは従事することになる。そして、中国統治下にあるチベット文化を「偽のチベット文化」と位置づけ、難民社会で自分たちが護持する一九五〇年代の中国侵略以前のチベット文化こそが「真のチベット文化」であるとして差異化を図ってきた。この「一九五〇年代以前のチベットにおいて実践されていた文化」こそが、チベット亡命政府が設定したチベット人像の支柱である。つまり、チベット文化、そしてチベット人というネーションをめぐるチベット亡命政府の主張の正当性は、一九五〇年代以前の文化をいかに自らが体現・継承するか、というところにかかってくる。

　このように、チベット文化を構成する要素として伝統に比重を置く亡命政府は、伝統護持の重要性を、公演や学校教育を通じて一般のチベット難民に積極的に呼びかけてきた。しかしながら、ホスト国であるインドやネパールの人びととの接触や、難民の支援や観光で彼らの生活空間に訪れる海外の人びととの接触は、チベット難民の価値観や嗜好に大きな影響を与えてきた。多くのチベット難民がインド映画や欧米のポップ・ミュージックの放つ魅力に引き寄せられ、また、七〇年代後半になると、インド映画や欧米のポップ・ミュージックに魅了された若者たちが新しい音楽の制作に取り組み始めた。こうした新しい実践や価値観の登場を目にした政府関係者たちは、一定の理解を示しつつこれらの非チベット的なものの混入を否定的に捉え、今一度伝統の護持を呼びかけてきた。本章が対象とするチベタン・ポップが生まれてきたのは、亡命政府によって実体化された伝統的なチベット文化が支配的な地位を占める一方、亡命政府職員として働く若者たちも含めて、人びとの関心が亡命政府主導の伝統的なチベット文化の消費から新しいものへと移りゆく時期であったといえる（山本 二〇一三ａ）。

第三節　チベタン・ポップの概要

チベット難民社会にチベタン・ポップが初めて登場したのは七〇年代であり、チベット難民社会で本格的に広まったのは九〇年代中期以降である。チベタン・ポップは、本章が取り上げるチベット難民社会由来のものと、チベット本土由来のものという大まかな分類が可能であるが、難民社会のチベタン・ポップは、チベット語ラサ方言が変化したチベット語を歌詞に据え、それをギターやドラム、キーボードなどの欧米のポピュラー音楽が採用する楽曲構造の上に乗せたものである。チベット難民社会で活動するチベタン・ポップ歌手は作詞作曲を自分で手がけ、それを歌う自作自演スタイルを採用している。

前述のように、伝統を偏重する言説が幅を利かせていた難民社会で新たに花開いた創造性が正当に評価されるのには、プルブ・Ｔ・ナムギャルと本章の主役の一人であるツェ・ギュルメイというチベタン・ポップを代表する歌手のデビュー（それぞれ一九九五年と九六年）を待たなければならなかった。今日に至るまでチベタン・ポップ界をリードしてきた彼らは、それぞれ独特のスタイルの楽曲を発表し、現在でも多くの聴衆から愛されている。とくに「チベタン・ポップの王」と認識されるツェ・ギュルメイは、チベット難民のあいだで知らない人間はいないほどの知名度を誇り、チベット難民の歌手たちはツェ・ギュルメイこそがチベタン・ポップの創始者であると位置づけている。歌手

図 4-1　スタジオ作業に勤しむツェ・ギュルメイとラビン
（筆者撮影，2019 年 9 月 7 日）

たちにとって、ツェ・ギュルメイ自身や、ツェ・ギュルメイがキャリアを通じて方々に築いてきた種々の縁（*'brel ba*）に依拠しながら独自の方向性を見出していくことが、歌手としての活動を進めるうえで重要なポイントとなっている。本章にとってのもう一人の主人公であるケースもまた、ツェ・ギュルメイとの縁に導かれながら自身の進む道を切り開こうとしているチベタン・ポップ歌手である。

　チベタン・ポップの楽曲の大部分は、カトマンドゥのスワヤンブナート近郊のアルファスタジオでレコーディングされる。アルファスタジオのアレンジャー兼プロデューサーであるラビン・ダルシャンダリ（以下、ラビン）は、ツェ・ギュルメイの友人であり、ラビンはチベタン・ポップの作品の大半をチベタン・ポップ歌手たちとともにＣＤやＤＶＤ、あるいはYouTube等にアップロードすることで世に送り出してきた。

　歌手たちは、カセットやＣＤの売り上げやコンサートでの収益を元手とすることでキャリアと生活の両立を目指してきた。しかしながら、ＭＰ３プレイヤーが搭載された携帯電話がチベット難民のあいだに普及し違法なかたちで音源が共有され始めた二〇〇〇年代中頃以降、音源の販売収益は激減し、歌手たちは経済的に苦境に立たされることとなった。彼らの多くが指摘するように、チベタン・ポップはチベット人向けであるがゆえに市場規模が小さく、ＣＤ販売数の激減は、歌手たちの活動に極めて大きな打撃となる。結果、歌手たちは次のアルバムを作成する資金繰りに苦労するようになり、なかには歌手としてのキャリアを諦めて他の仕事に就く者もいた（山本 二〇一三b）。

　一方、歌手の実感としてはファンの数はどんどん増えており、公演での収益は歌手たちに一定以上の収入を約束するものであった。しかしながら、二〇〇八年のラサでのチベット人蜂起以降、中国と良好な関係にあるネパール政府はネパール在住チベット難民の政治活動や集会を禁じ、新年の祝賀ですら近隣の小規模なものに限定されるようになった。今では、音楽フェスティバルにネパール人歌手と相互乗り入れのかたちで参加するか、年に一、二回インドで催されるコンサートに参加するか、という不定期の機会を除けば、ネパール在住のチベタン・ポップ歌手が歌う機会はレストランでの小規模の公演や結婚式や誕生日会などに限定されている。こうした政治状況は歌手の活動に大きな影響を及ぼし、現在では、ほぼすべての歌手が副業にも従事しながら各所に活路を探っている。二〇一〇年以降、著名なチベタン・ポップ歌手が楽曲提供ビジネスに乗り出しているのはその一例である。この楽曲提供ビジネスは、現在では一定の収入を歌手たちにもたらしており、ＣＤ販売での収益減や公演機会の減少による収入の減少を補填している。

　ここまでチベタン・ポップの概略を記述してきたが、経済的にいえば歌手の状況は安定から程遠く、また、チベット難民社会で彼らが頻繁に出会う誤解や無理解など、チベタン・ポップ歌手をめぐる社会的な状況も良好なものとは言いがたく（山本 二〇一八）、チベタン・ポップ歌手としてデビューし活動するのは決して魅力的な選択肢ではないかのように私の目には映る。とはいえ、ツェ・ギュルメイやケースは、それぞれ困難に直面しながらも歌手としての活動を手放そうとしない。では、彼らをチベタン・ポップ歌手たらしめたきっかけや、彼らを歌手として居続けさせるものはなんなのか、そして彼らはそれをいかに語るのか。本章が以降向き合っていくのは、この問いである。次節では、チベタン・ポップの王、ツェ・ギュルメイに着目し、難民社会のチベタン・ポップの歴史を体現している彼が、現在の地位に至るまでを記述する。

第四節　偶然の出会いが生んだチベタン・ポップの王の軌跡

ツェ・ギュルメイはインドのオリッサ州（現オディシャー州）のチベット難民居住地プンツォクリンにて一九七〇

年代に生を受け、中学校を卒業するまで暮らしていたが、音楽に関してはそれほど興味がなかったという。プンツォクリンを出て、インド政府が運営するチベット人中央学校（Central School for Tibetans）ダージリン校に彼が進学した際、音楽教師ラワンに出会ったことが、彼の音楽人生を大きく変えた。ラワンが学生にチベット伝統音楽の魅力を伝えるさまと人柄に感銘を受け、「あの人みたいになりたい」「音楽で食べていきたい」と思ったという。高校在籍中、ツェ・ギュルメイはチベット音楽に没頭する日々を過ごした。その一方で、ダージリンで地元の人びとに積極的に消費されている欧米由来のロックやポップスについては「ロックやポップスが流れていたことは知っていたけど、ほとんど興味がなかった」と語る。

　ラワンの影響のもと、音楽教師になることを志したツェ・ギュルメイは、北インドのヒマーチャル・プラデーシュ州にあるチベット難民にとっての首都ダラムサラに向かった。チベット難民のための学校で音楽教師になるためには、チベット難民芸能集団（Tibetan Institute of Performing Arts 以下ＴＩＰＡ）で教職課程を受け、資格を認定される必要があったからである。ＴＩＰＡでチベット伝統音楽の教育を受けながら演目の調査を時に手伝う二年間の日々を彼は過ごし、無事教職の資格を獲得した。

　その後、カトマンドゥ盆地にあるチベット難民のための学校に音楽教師として雇用されたツェ・ギュルメイはネパールでの生活を開始した。学校で生徒たちに伝統的なチベット音楽を教えることに喜びを感じていた当時、彼は「チベタン・ポップ歌手になるなんてまったく想像していなかった」という。そんな彼にとって大きな転機となったのが、自宅の隣に暮らしていた駆け出しのネパール人アレンジャー、ラビンとの出会いであった。日常的に顔を合わせてはいたものの、両者に接点はなく、挨拶をする程度の関係だったという。しかし、ある日たまたま音楽の話をしたことがきっかけとなって、両者は意気投合した。自分がＴＩＰＡ在籍時に書いた曲を二、三曲ラビンに聞かせたところ、ラビンがそれをポピュラー音楽のスタイルにアレンジしたことで、それらの曲に新たな命が吹き込まれた。結果、それらの楽曲はチベタン・ポップ史の金字塔的作品「根本ラマ」に収められることになった。これまでチベット難民社会で見たことも聞いたこともない楽曲が大ヒットしたことで、「もしかしたらポップ歌手でやっていけるかも」という思いを抱いたツェ・ギュルメイのチベタン・ポップ歌手としてのキャリアはこうして始まったのであった。

　難民社会において前人未到のキャリアを歩む彼にとって大きな強みとなったのが、ラビンとの縁であった。「根本ラマ」の大ヒット以降も数々のヒットを飛ばした結果、ツェ・ギュルメイはチベタン・ポップ界のスターとなり、ラビンもまたチベタン・ポップの制作と録音を主たる生業にする決心をした。現在、多くのチベタン・ポップ歌手が依拠するラビンとの共同制作体制は、ツェ・ギュルメイとラビンの縁がなければ成立し得なかった。

　ツェリン・ギュルメイの名声は難民社会にとどろき、彼の活動を支える縁は世界各地に広がっている。現在では、ネパールやインドのチベット難民居住地のみならず、欧米に暮らすチベット難民コミュニティ、ヒマラヤ地域に暮らすシェルパやグルンなどのチベット系少数民族から毎年のように彼のもとに届く公演依頼や作曲依頼に応えて各地を飛び回って演奏するツェ・ギュルメイは、著名人として多忙な日々を過ごしている。しかしながら、以下に取り上げる二〇一九年九月七日の私と彼とのやりとりは、チベタン・ポップの王の称号をもつ歌手の発言とは思えないような拍子抜けするものであった。

図 4-2　チベタン・ポップの王，ツェ・ギュルメイ（筆者撮影，2012 年 2 月 16 日）

私：チベタン・ポップ歌手をやっても利益はあまりないし、難民社会からも歌手の活動や文化的な貢献に対してあまり理解がなされないにもかかわらず、先生（ツェ・ギュルメイ）はどうして歌手になろうとか、歌手を続けようと思ったのですか？

ツェ・ギュルメイ：自分でポップ歌手になりたい、と思ったことはないんだよ。いつの間にかなっていた、という感じ。お金のことを考えたら他の仕事をした方がいい。まあ、自分の時間をゆっくり使えるということが強いていえば利点かな。確かに歌うのは好きだけど、でも問題はたくさんあって好きだけではやっていけないし、歌手をやっていけていることも含めて、これはまあ、業（*las rgyu 'bras*）なんだろうね。

このように、チベタン・ポップ界を牽引しているツェ・ギュルメイは、歌手としてのキャリアを自らの強い意思によって達成・継続しているのではなく、業のもたらしたものだと語っている。次に、ツェ・ギュルメイのデビューから一五年ほど後にデビューしたケースについてみてみよう。

第五節　模倣を通じた歌手としてのキャリア形成

ケースことケルサン・チョダクは一九八一年にネパールのポカラにあるチベット難民居住地チャンパリンに生まれたチベット難民男性である。ネパールの他の居住地同様、主たる生業はカーペット産業と農業であり、ケースの両親も農業に従事していた。狭い部屋に一家がひしめき合って暮らす環境のなかで、カトマンドゥで中等教育およびシェチェン僧院併設の仏画師養成学校を受けるまでケースは育ってきた。ツェ・ギュルメイと対照的に、ケースの音楽に対する興味関心は幼少期に培われた。幼少期のケースにとって、チベットの伝統的な演目が歌い踊られるチベットの旧正月やその他の祝祭が音楽に触れる機会であった。「自分が子どもの頃、旧正月のときに見た母親が演舞を率いて歌い踊る姿を見て、ああ、あんな風になりたいなぁ、と思った」という自らの原初的音楽体験をケースは私に語っている。以後、ケースは母親に歌や踊りを時折習ったり、学校で友人たちとともにチベットの伝統的な演目を聴いて育っていった。

カトマンドゥに出てきてからというもの、彼はその頃デビューしたツェ・ギュルメイの音楽や欧米のポップスやロックに触れ、大きな影響を受けた。以降、ケースはツェ・ギュルメイの歌い方を模倣しながら自分のスタイルを築いてきたという。また、ケースはネパール人の友人とバンド「ディチュ」を結成し、ネパール音楽や欧米のロックを演奏して活動してきた。ケースは自らギターを弾きながら歌い、可能であればディチュのメンバーとともに現在でも出演している。ちなみに、二〇〇七年ごろ、ディチュとして出演したフェスティバルで初めてツェ・ギュルメイに出会ったという。

　仏画師としての教育を受けながら、ケースはディチュとともにカバー曲の演奏を楽しんでいた。機会があればネパール人主催の音楽イベントでステージに立ったり、知人のチベタン・ポップ歌手のレコーディングの手伝いをすることもあったものの、「歌手になりたい」という確固たる思いは彼自身にはなかったという。しかしながら、二〇一一年ごろ、友人たちから「CDを作るべきだ。そうすれば自分が歌手だという肩書も手に入る」と説得され、ケースはCDを作ろうと思い立った。そこで、ツェ・ギュルメイに接触し、ラビンのもとでファーストアルバム「勇気」をレコーディングし二〇一二年にデビューした。このアルバムに対する反応はまずまずのものであり、彼は仏画師の仕事をしながら歌手としても自らのキャリアを追求することとなった。

図 4-3　ステージで歌うケース
（筆者撮影，2013 年 9 月 6 日）

　デビュー以降、ケースは物事に積極的に取り組む人柄と歌声のよさからラビンに気に入られ、ことあるごとに他のチベタン・ポップ歌手のレコーディングの際にバックボーカリストとして呼ばれることとなった。こうしたスタジオでの仕事を通じて、ケースはツェ・ギュルメイからレコーディングのコツなどの手ほどきを受け、また、伝統音楽への関心等さまざまな影響を受けており、「一緒にいることで先生からはいろんなことを学んでいる」と語っている。

　しかしながら、ケースが歌手として手にすることのできる収入は不安定かつ限られたものであるのが現状である。そのため、彼は仏画師として働きながらキャリアを形成していかざるを得ない。このような状況に置かれたケースだが、ツェ・ギュルメイと同じような見解を二〇一八年九月七日に私に話していた。

私：聴衆は歌手の活動に対して理解がないし、あまり金銭的利益もなければ不安定な状況だけど、ケースを歌手として活動させ続けている要因はなんなの？

ケース：まあ、利益なんてないようなものだよ。安定しないからこれで食べていくのは難しいし、チベット人のなかで音楽だけで食べていけているのは先生（ツェ・ギュルメイ）だけだからね。そんななかで自分が歌手としてやっていけているのは、もちろん歌うのが好きだ、というのと、自分の歌を好きだと言ってくれる人がいるから、というのはあるけど、業なんだろうね。

このように、ケースもまた、歌手としての自分を考える際に確固たる理由（音楽が好きだから）を単独的に明示するよりは、それを下支えする業という受動的な論理を押し出して理解や説明をしようとしている。[2] 次節では、これまで取り上げた二人の歌手が近年協働して活動している様相を記述する。

第六節　協働が生み出すキャリアのかたち

通常、チベタン・ポップ歌手は作品を発表したあとは基本的に一人で活動することが多いのに対し、現在、ツェ・ギュルメイは何か仕事があればことあるごとにケースに声をかけて協働している。たとえば、カトマンドゥ在住のチベット難民やチベット系民族の結婚式での演奏依頼があった場合、ツェ・ギュルメイは真っ先にケースに声をかけて二人で演奏し、ギャラも二等分する。[3] また、高名な僧侶の誕生日イベントがチベット仏教僧院で催された際にも、ツェ・ギュルメイとケースがチベタン・ポップ歌手としてチベット系民族のアーティストに混ざってステージ上で演奏し歌っていた。こうした機会では、チベタン・ポップのみならずチベットの伝統的な演目も演奏される。ツェ・ギュルメイは伝統的な演目の演奏でも有名であり、近年では「チベット系の人びとが自分に関心をもってくれているけど、それはチベットの伝統的な音楽に対してだから、ポップよりもそちらの方に今後の活動の可能性があるかもしれない」と語り、伝統的な演目に比重を移しつつあることをほのめかしている。ツェ・ギュルメイが伝統的な演目を積極的に取り入れるのに合わせて、ケースもそれまで習熟していなかった伝統的な演目のレパートリーについて学んでいくこととなり、ツェ・ギュルメイの嗜好を部分的に共有することになっている。また、以前はケースのステージ衣装はジャケットとパンツという洋装だったのだが、ツェ・ギュルメイとともに活動するようになってからは、チベットの民族衣装であるチュバを着てステージに立つようになった。[4] このように、協働作業を通じて、ケースはツェ・ギュルメイのやり方を文字通り身につけていっている。

一方、ケースに大きな影響を与えてきたツェ・ギュルメイもまた、影響を一方的にケースに与えているわけではない。たとえば、アンプラグドのショーをケースがディチュのメンバーとともにバーやレストランで不定期開催していることについて話をしていた際、ツェ・ギュルメイは以下のように話している。

[2] なお、もう一人の著名チベタン・ポップ歌手チョダクも業という言葉で自分のキャリアを説明していた。他の歌手のなかには、「有名になりたいから」「チベット文化の振興に貢献したいから」などと語る者もいた。

[3] ケースが多忙で調整できなかった場合、ツェ・ギュルメイはチョダクに声をかける。

[4] チョダクをはじめ、ほとんどすべてのチベタン・ポップ歌手は洋装でステージに立っている。

私：最近、公演の機会が減っているから、ケースはバーやレストランでアンプラグドのショーをやっているらしいですね。

ツェ・ギュルメイ：らしいね。準備が大変だからなかなか重い腰が上がらないんだけどね。二、三か月に一回しか機会がないのに、それに向けて用意するのはなかなか気が引けるからね。でも、将来的にはケースみたいに自分もやってみたいとは思っているんだよ。伝統的な演目とポップを混ぜてね。もうちょっと定期的にショーができるんだったらすぐにでもやるんだけどね。

アコースティック・ギターを演奏しながら歌うケースのスタイルに魅力を感じていることをツェ・ギュルメイは私に以前語ったことがあり、また、彼らの協働においてはケースがアコースティック・ギターを弾けることが大きな要因になっていることにも触れていた。このように、ポップよりも伝統的な演目に近年可能性を見出したツェ・ギュルメイだが、ケースの活動に触発されて、将来的に自分もアコースティック・ギターを持って（あるいはケースに依頼して）チベタン・ポップの公演を開催する、というチベタン・ポップ歌手としての活動の展開をめぐるアイディアを語っている。

また、この両者は音楽活動を離れて、日常的に行動をともにしている。両者とも前述のようにお互いの人間性を高く評価しており、音楽活動のキャリアにおいては「先生と生徒」のようなある種の垂直的関係がある一方で、友人としてお互いを信頼し合った水平的な関係性が生きられているといえる。こうした縁は、私が知る限りでは他のチベタン・ポップ歌手とのあいだにはみられず、ツェ・ギュルメイとケースに特異なものであるといえる。

ここまで、本章は両者の来歴と協働作業の内実について記述してきたが、ここからみえてくる含意はどのようなものだろうか。次節では、これまで列挙した事例をもとに「ツェ・ギュルメイやケースをチベタン・ポップ歌手たらしめたきっかけや、彼らを歌手として居続けさせるもの」について考察を施したい。

第七節　縁が導く模倣と誘惑の連鎖

聴衆からの理解や安定的収入の保証がなく、ごく一部を除いて次々に歌手が廃業している状況を外から見ている分には、チベタン・ポップ歌手たちが置かれている状況は魅力的には映らず、キャリアを続けていく理由がよくわからない。本章はその謎を部分的にでも明らかにするために、ツェ・ギュルメイとケースというインドやネパールのチベタン・ポップ歌手のなかでもよく知られた二人の歌手の来歴と活動に焦点を当ててきた。ツェ・ギュルメイに関しては、チベタン・ポップ歌手としてのキャリアは、自分の意思というよりも、音楽に対する彼の潜在的な能力や可能性を引き出すことのできたラワンやラビンといった具体的な個人との縁が極めて重要な位置を占めていた。ケースについては、原初的体験としての母親の歌や踊りへの魅了や、バンド仲間やツェ・ギュルメイやラビンとの活動を通じて歌手としてのキャリアが形成され、それらの縁が彼の歌手活動を可能にしていることがわかる。

ここで縁と訳したデーワは、結びつきや関係性を意味し、たとえば「連絡する（*'brel ba byed*）」「関係ない（*'brel ba med*）」といったかたちでチベット語の会話において頻繁に登場する言葉である。なかでも、デーワを考えるうえで着目したいのが、「縁を結ぶ＝デーワ・ソ（*'brel ba bzo*）」「連絡する＝デーワ・チェ（*'brel ba byed*）」と「縁ができる＝デーワ・チュン（*'brel ba byung*）」という表現の相違である。後者を日常的な日本語に訳すのならば「知り合う」となるが、ここであえて「縁ができる」と訳出したのは、チベット語会話において「知り合う」という訳語ではうまく捉えきれない、行為をめぐる指向性を強調したいからである。ソやチェは通常、「食事を作る（*kha lag bzo*）」「仕事をする（*las ka byed*）」などのように、こちらから働きかけることで対象に変化を加える動詞であるのに対し、チュンは「楽しい（*skyid po byung*）」や「大変な目に合う（*dka' las byung*）」（これらを字義通り訳出すると「楽しさを受け取る」「困難を受け取る」）など、自分の意図とは関係なく何かが向こうからやってくることを示す際に使われる。そして、本章に関連づけていえば、歌手たちが人との出会いを表現するのに頻繁に用いるのが「縁ができる＝デーワ・チュン」なのである。

「縁ができる」という彼らの表現は、当人の意図を超えてやってくる出会い、という彼らの関係形成の捉え方を示している。つまり、縁は、「あのときあの場所」で「あの人」とのあいだに向こうから突然やってくるのである。

そして、彼らのあいだに生じた縁は、先行する状況としての原因が結果をもたらすというチベット仏教の論理としての「縁起（*rten cing 'brel ba*）」を人、もの、環境のなかで駆動させ、新たな実践や出来事を生み出していく。向こうからやってきた縁は、「彼のようになりたい」と願ったツェ・ギュルメイがラワンを、ケースが「お母さんみたいに歌いたい」「先生みたいになりたい」と母親、ツェ・ギュルメイを通じて音楽を学んでいく過程へと二人の歌手を突き動かしてきた。その過程は、一般論としての演目を学ぶ過程であると同時に、ラワンや母親、ツェ・ギュルメイの代替不可能な歌い方や踊り方を模倣する過程でもあり、彼らの身体が共鳴するモメントでもあった。ラワンとの出会いを通じて音楽にツェ・ギュルメイが心を奪われた経験、また、ケースが幼少期母親の歌う声や姿に目を奪われた経験という運命的瞬間における身体的共鳴や、ツェ・ギュルメイとケースによる協働を通じて双方向的に模倣を繰り返し、縁を深めていくさまに、「自他の変容や融合を可能にする人間関係を否定するような動きや表現への対抗」（田中 二〇一〇：一六）としてのエロスを支える「個人間の濃密な関係」における誘惑を見出すことができる。もちろん、本章の事例は、田中が語る「性を媒介としたエロス的な世界」（田中 一九九七）における誘惑ではないが、誘惑の関係を性愛的なものに閉じる必要はないだろう。本章の事例が示しているのは、性愛的であろうとなかろうと、「あの人」が「あのときあの場所」に突如やってきて、その声、イメージ、人柄に誘惑された結果、「あの人みたいになりたい」として模倣に駆り立てられ、この模倣こそが個人間の濃密な縁を築き上げてきたということである。そして、現在協働するツェ・ギュルメイとケースにおいてもまた、それぞれの声やそれぞれが作り出すメロディ、人格などがそれぞれに対して「この人と一緒にやっていきたい」というかたちで官能性を帯びた誘惑として経験され、結果、協働のなかで相互の模倣を促進しているといえる。

このように、運命的瞬間を通じて作られた縁は、模倣と誘惑を促し、そのさらなる連鎖からなる社会性を作り出し、チベタン・ポップの作品や歌手としてのキャリアを発明するよう二人の歌手を導いてきたのである。

第八節　業を生きる歌手

ここまで、向こうからやってくる「あのときあの場所」での「あの人」との出会いとしての縁と、それが事件としてもたらす模倣と誘惑の連鎖について述べてきたが、本章を終える前に、本章の問いである「ツェ・ギュルメイやケースをチベタン・ポップ歌手たらしめたきっかけや、彼らを歌手として居続けさせるもの」についてあらためて考えてみたい。彼らを歌手としてのキャリアに導いた運命的瞬間である出会いや人との縁は、一見したところ、「たまたまそうなった」という偶然性の産物である。しかしながら、人はさまざまなかたちでこの偶然性を「こうでしかあり得なかった」という必然性のモードに落とし込んで生きている。「あのときあの場所」での運命的瞬間が縁となって、ツェ・ギュルメイとケースは歌手としてのキャリアを形成することになったわけだが、彼らは「業」という論理を援用してその偶然性を必然性のモードにすることで、自らの歌手としての人生に納得するという落とし前をつけている。

チベット仏教で業という場合、現世のみならず、前世以前の生も含めたその人物の行為の集積に基づく因果を指す。先行する状況としての原因が結果をもたらすという縁起の論理が、人、もの、環境のなかで駆動され、新たな実践や出来事を生み出していくということを指摘したが、二人のチベタン・ポップ歌手が語った業の論理は、人びとの生きる縁やこの縁起の論理をより大きなスケールで内包する。業の論理に基づいて事象を正当化・理解しようとする人びとは、前世以前の自己の行為という要因をアクターとして自らの「今ここ」に織り込みながら、自分たちの生きている偶発性や不確定性を「こうでしかあり得なかった」と納得し落とし前をつけようとする。この理解に依拠するならば、「歌うのが好きだから」という性向も含め、ツェ・ギュルメイやケースのチベタン・ポップ歌手としての生とそれをもたらした「あのときあの場所」での「あの人」とのあいだで生じた運命的瞬間は、具体的な誰かとの縁において生じてきた前世以前からの行為と現世での行為の結果としての業という圧倒的な受動性によってもたらされていることになる。そして、縁があって出会った人びとと相互に誘惑し合いながら模倣することを通じて、彼らが歌手としての自分らしさを現在進行形で追求している状況に落とし前をつける論理が、この業という説明原理なのである。そして、「あの人」との「あのときあの場所」での偶発的かつ受動的な「どうしてそうなったかわからない」出会いによってもたらされた縁や帰結を肯定・納得するために持ち出される業の論理は、経済的損失や聴衆からの不理解といった「どうしてそうなったかわからない」事態に直面した際にも説明原理として持ち出され、歌手たちは「こうでしかあり得なかった」と落とし前をつけることになる。この落とし前を通じて、彼らは自分の人生を自分が切り開いた、という強い自己意識や主体観とは異なった生のあり方を生きているといえる。

　とはいえ、ここで強調しておきたいのは、歌手たちはチベット仏教的な世界理解だけにリアリティを感じて生きているわけではないことである。病気になれば「これが業なのだ」と納得するのでもなければチベット仏教と密接な関わりをもつチベット医学に頼るのでもなく、なるべく近代的な医療体制が充実した病院に行って問題の解消に努めるし、チベット本土出身のあるチベット難民の発言があまりに現実離れしたことと彼らが思えば、学校教育で身につけてきた近代科学的な視座から「あいつは本土生まれだから迷信深い」と評する。しかしながら、向こうからやってくる「どうしてそうなったかわからない」運命的瞬間や、それがもたらす帰結に向き合い説明を要求されるとき、自分を納得させるのに彼らは業の論理を持ち出すのである。この点で、彼らが生きているのは単層的な存在論ではなく、状況に応じてある層が前面に出たり背景化したりする多層的なリアリティである（Hage 2015: 205–210）。

　このような運命的瞬間に起因する歌手としての生に対する業による落とし前のつけ方は、側から見ていると歌手たちに時に自己否定的な解決をもたらしうるがゆえに、現状の無批判な肯定と追認に終わる危険と隣り合わせでもある[5]。しかしながら、業の論理は決して決定論ではない。確かに、出来事の因果性を前世以前に見出す業の論理と、行為と結果の因果関係を説く縁起の論理は、説明原理として事後的に持ち出された際にはすべてを必然性の相で解消する傾向にある。その一方で、デーワには、「やってくる」相だけでなくこちらから働きかける相もある。たとえば、「善業を積む（*dge ba bsag*）」ことで業のかたちを変える＝縁起の布置を変えるという発想や実践はチベット難民のあいだでは一般にみられるものであり、人びとはさまざまなところに善業や功徳を積むための機会を見出している（山本二〇一四）。このように、「こうでしかあり得なかった」として事後的に落とし前をつけるための論理である業は、縁起の論理で出来事の説明のモードを方向づけしながらも未来に対しては偶然性・不確実性を担保しているのである。

誘惑を論じる際、田中が強調していたのは、自律性・自立性の喪失と、他者との関係における「根源的な畏れ」であり、「このような不確定要素にこそコミュニケーションの可能性が秘められている」ということであった（田中二〇一八：四八-四九）。「あのときあの場所」での運命的瞬間の経験を通じて、ラワンや母親、そしてお互いを敬意をもって模倣・誘惑することでもたらされた二人の歌手人生は、「業なんだろう」と語られ落とし前をつけられる。彼らの落とし前のつけ方は、他者との縁や縁起のなかで生き、生かされているという受動性や、自己決定によるものとは異なる自律性・自立性の喪失に基づいたキャリア形成理解を私たちに垣間見せる。それと同時に、模倣や誘惑を通じた二人の歌手の活動は常に不確定性に開かれ、その不確定性に基づいて生み出される作品は、その新しさにおいて難民社会における「発明」として現れ、他の歌手や聴衆を模倣の連鎖に巻き込んでいく。ツェ・ギュルメイとケースが語るように、チベタン・ポップ歌手として難民社会で生きていくことは経済的な安定とは程遠く、また彼らの活動に対する聴衆からの無理解もあって、決して魅力的には映らない選択肢である。しかしながら、彼らは自らの生き方を「業なんだろう」と語ることで、「あの人」との「あのときあの場所」での運命的瞬間に魅了され、歌手になったこと、そして現状の困難さをも肯定しながら新たな作品を生み出すことを、目先の利益を追求することよりも重視するので

［5］事実、元歌手たちが廃業の理由を私に説明したり自らに言い聞かせる際の原理もまた業であった。業の論理は時に行為者に肯定を通じたニヒリズムや無力感をもたらしもすることがわかる。

ある。業という大きな論理のなかに自らを位置づけて自律性・自立性の喪失を肯定しながら他者とともに新しい作品を生み出し続ける彼らの活動に、田中が述べる近代合理性を超えたエロス的な世界の発現の一端を見出すことができるのではないだろうか。

◉引用・参考文献

ジジェク、S／鈴木　晶［訳］（二〇一五）『事件！――哲学とは何か』河出書房新社

田中雅一（一九九七）「世界を構築するエロス――性器計測・女性の自慰・オーガズムをめぐって」青木　保ほか［編］『岩波講座文化人類学第四巻　個からする社会展望』岩波書店、二八七―三二二頁

田中雅一（二〇一〇）『癒しとイヤラシ――エロスの文化人類学』筑摩書房

田中雅一（二〇一一）「運命的瞬間を求めて――フィールドワークと民族誌記述の時間」西井凉子［編］『時間の人類学――情動・自然・社会空間』世界思想社、一一五―一四〇頁

田中雅一（二〇一八）『誘惑する文化人類学――コンタクト・ゾーンの世界へ』世界思想社

タルド、G／池田祥英・村澤真保呂［訳］（二〇〇七）『模倣の法則』河出書房新社

山本達也（二〇一三a）『舞台の上の難民――チベット難民芸能集団の民族誌』法藏館

山本達也（二〇一三b）「生業としての音楽家業を問う――チベット難民ポップ歌手を事例に」『南アジア研究』二五：一〇六―一二七

山本達也（二〇一四）「マントラを商品化する――チベット難民社会を取りまくワールド・ミュージック化の試み」『宗教と社会』二〇：三三―四六

山本達也（二〇一八）「「作る」と「パクる」の狭間で――チベタン・ポップをめぐる権利言説と実践から見る難民社会の今」岩尾一史・池田　巧［編］『チベット・ヒマラヤ文明の歴史的展開』京都大学人文科学研究所、一七五―二〇二頁

Born, G. (2010). On Tardean relations: Temporality and ethnography. In M. Candea (ed.) *The social after Gabriel Tarde: Debates and assessments.* London: Routledge, pp.230–247.

Born, G. (2013). Music: Ontology, agency, creativity. In L. Chua, & M. Elliot (eds.) *Distributed objects: Meaning and mattering after Alfred Gell.* New York: Berghahn Books, pp.130–154.

DeNora, T. (2000). *Music in everyday life.* Cambridge: Cambridge University Press.

Goldstein, M. C. (1997). *The snow lion and the dragon: China, Tibet, and the Dalai Lama.* Berkeley, CA: University of California Press.

Hage, G. (2015). *Alter-politics: Critical anthropology and the radical imagination.* Melbourne: Melbourne University Press.

Roemer, S. (2008). *The Tibetan government-in-exile: Politics at large.* London: Routledge.

第五章　旋回と官能

北西インド、カールベーリヤーの踊りにおける回転する身体

岩谷彩子

第一節　旋回する快楽

私たちは誰しも子どもの頃に、ただただ身体を回転させ、平衡感覚を失う遊びを楽しんだ経験があるのではなかろうか。ただ身体を回転させるだけなのに、そこには明らかにいつもと異なる風景が広がり、いつもの私は攪拌されて周囲に溶け出ていく。そのときに私たちが体感する快楽は、成長後も、また異なる環境にも存在するものである。

ロジェ・カイヨワ（一九九〇）は、めまい（Ilinx）を遊びの世界を構成するものの一つとして捉えたが[1]、そのなかでも子どもの「ぐるぐるまい」は遊戯（パイディア）の要素が強いことを指摘している。「ぐるぐるまい」に始まり、メリー・ゴー・ラウンド、ブランコ、ワルツ、スキーや登山、空中サーカス、と、徐々に遊戯より競技（ルドゥス）の要素が増加するという。これらに共通しているのは、運動する身体の空間的位置が大きく変化するということであ

[1] その他の要素としては、競争（Agôn）、偶然（Alea）、模擬（Mimicry）が挙げられており、カイヨワは遊びにおいてはいずれかの役割が優位を占めていると指摘する（岩谷（二〇一四）参照）。

ろう。その結果、回転する人も、それを見ている人の意識も変化を被りうる。そのような空間認識の変容は、時空間的制約下にいる私たちに非日常的な感覚を与える。

信仰の領野では、めまいを意図的に引き起こすことによって、自己の置かれた日常世界を問い直す実践がみられてきた[2]。アルフレッド・ジェル（Gell 1980）は、インド各地の儀礼で古代から用いられているブランコについて言及し、宙づりになったり神や人をブランコに乗せて揺らしたりする行為がもつ快楽と苦行という相反する側面に注目している。ここで揺れによって引き起こされる感覚変容は、日常的な平衡感覚に基づく自己意識を問い直し、新たな文脈に置く契機を与えるものである。ジェルは「揺らすことはすべてめまいをともなう遊びの経験であり、身体の平衡を保ったり崩したりすることと意識の状態とのあいだに広くみられる関係に関わっている」（Gell 1980：221）と述べ、めまいの感覚の探求を、われわれが精神状態を変えるために用いる身体技法として捉えている。ムリアの人びとのあいだで信仰されている、丸太でできた馬に似た神アンガは、若者の肩に担がれて前後に揺らされることで、それ自体が自律的に動いている感覚を担い手とそれを観る者に与える。視覚的には丸太にすぎないものが自律性と神性を獲得するのは、丸太の担い手の踊りと一体化したその動きによってなのである。儀礼がもたらす感覚変容に焦点を当てたジェルの視点は、儀礼の価値を、その教義的意味や解釈から捉えるのではなく、人に感覚変容をもたらす環境に見出すものであり、信仰における身体感覚や運動作用の重要性を示している。

ジェルがめまいがもたらす生理的な側面から自他の問い直しと信仰的な次元について論じているのに対して、常田夕美子（二〇一一）は、ブランコ遊びが可能にするエロティシズムの可能性について言及している。常田が取り上げるのは、インドのオディシャー州で大地の生理を祝うロジョ祭で少女たちが興じるブランコ遊びである。インドでブランコ遊びは、性交の象徴として捉えられ、豊穣や再生産を願う儀礼行為であると解釈されてきた。しかし、常田はロジョ祭で「初潮を迎えた女子」としてふるまう未婚女子のブランコ遊びを、再生産過程に還元するのではなく、性的「結合の前のロマンス、いいかえればエロスを含んだ求愛の場を象徴するもの」として捉える（常田 二〇一一：

二七五)。ブランコに揺られロマンティックな歌を歌う少女たちは、社会の再生産という現世的な秩序から宙ぶらりんになった状態をつかの間体験する。ここでいう「エロス」とは、狭義の性的願望に留まらず、この世の日常的な経験を超えた究極の「美なるもの」や「魅力あるもの」への希求なのだと常田は指摘する。そして少女たちは、社会的・物理的環境の制約下にある身体を通して、現世では相反する理想と現実、超越と内在、個我と梵(宇宙原理)とを同時に宿らせ、「現世を超えた超越的なエロス」を求める主体になっているのだという。

さまざまな社会的な制約を課せられる生理中の身体と平衡感覚から離脱することで、なぜ超越的なエロスが引き出されることになるのか。歌われる歌の歌詞のみならず、その背後にあるヒンドゥー世界やブランコの動きそのものが少女たちの感覚にもたらす作用についても検討する必要があるが、常田の事例は揺れやめまいがもたらす官能／感応の次元の可能性について考えさせる。ブランコの揺れに受動的に身をまかせることで、日常からの解放を得る主体となる、まさに感じて応える感覚こそが感応であり、それは同時に性的な快楽をしのばせた官能の体験となっている[3]。

本章では、ブランコのように旋回によって生じる日常感覚の変容とそれによってもたらされる官能／感応的な次元について、ヘビ使いを生業としてきた北西インド、カールベーリヤー(Kālbeliyā)[4]の女性たちによる踊りを例に考察する。その際に考慮しておかなければならないのは、インド芸能における女性の立ち位置である。インドでは、女

[2] イスラム神秘主義では、そのような旋回によって生じる感覚変容を神と合一化する手段として積極的に取り入れている。トルコのメヴレヴィー教団について論じた護雅夫は、旋舞の意味と起源を内陸アジアのシャマニズムに求め、次のように述べる。「まわることは、神や超自然的存在を天上から招ぎ降して、林、木など、あるいはまわるもの自身に憑依させる信仰的動作であった」(護 一九九〇：五二)。

[3] 本書第七章で熊田陽子が「感能」として紹介している能力は、感応する能力ともいえる。

[4] カールベーリヤーの踊りが紹介される際に、コミュニティのローマ字表記は Kalbelia とされることが多く、彼らの踊りも Kalbelia Dance あるいは後述するように Gypsy Dance と紹介されることが多い。このため、本章ではコミュニティを指す場合は、現地の発音に近いカールベーリヤー、彼らの踊りを指す場合はカルベリア・ダンスと表記する。

性芸能者に対して強いスティグマが付与されてきた。従来インドにおけるダンサーの社会的な位置づけは、寺院に舞を奉納することで土地を与えられるデーヴァダーシー（*devadāsīs*）のような公的な存在であれ、低カーストや移動民、娼婦、トランスジェンダーのような、主流社会にとってエキゾチックで被傷性を抱えた周縁的な存在であれ、いずれも婚姻を前提とする社会制度の外側に留まる限り存立が認められてきた（Morcom 2013）。つまり、インドでは、日常的な自己を超出し他者と感覚によって呼応しつながる感応の次元は、しばしば自己やイエの境界をおびやかす、危険かつ魅惑的な官能の世界として、イエを守る女性から注意深く切り分けられてきたのである。この感応から官能を切り離す規範的な言説は、第四節で論じるように、カールベーリヤー女性のダンサーとしてのキャリアにも強い影響を与えてきた。旋回するダンサーが実現する感応と彼女たちに観客からそそがれる官能のまなざしとのずれについても、本章では考察する。

旋回は、後述するように、北西インド、ラージャスターン州に広くみられる民俗舞踊の特徴の一つである。しかし、カールベーリヤーの旋回ほどダイナミックで多様な文脈に開かれてきたものはなく、旋回は今やカルベリア・ダンスの売りの一つとなっている。本章ではこの魅力の背景にある動物＝ヘビとの関係や、女性の踊りに託された官能的な次元についても論じていきたい。

第二節　ヘビとともに生きる人びと

一　カールベーリヤーとは誰か

カールベーリヤーとは、北西インド、ラージャスターン州で、ヘビ使いを生計の糧としながら移動生活を続けてきた人びとである。彼らの呼称である「カールベーリヤー」は「ヘビを伴う人びと」という意味であり、その他にも「サペーラー（Saperā：ヘビ使い）」、「プーンギーワーラー（Pūngīwālā：プーンギー[5]吹き）」といった、ヘビに関係する呼称が用いられている。また、彼らはシヴァ神を信仰するナート派の行者であるカニパヴナート（Kanipavnāth）[6]を自分たちの先祖として崇敬しているために、ヘビの毒から守られているとされ、「ジョーギー・ナート（Jōgī Nāth：ナート派の行者）」として托鉢をすることが認められてきた（Robertson 1998）。

ヒンドゥー世界において、人間にとって恐ろしい存在は同じく恵みを与えてくれる力をも持ち合わせる聖なる存在とみなされている。ヘビ、とりわけ猛毒をもつコブラは、まさにそのような存在であり、ヒンドゥー教の三大神の一つであるシヴァは、コブラを巻きつけた姿で図像に描かれ、ヘビはシヴァ神の化身とされている。ラージャスターン州では、ヒンドゥー暦シャヴァン（Shravan：七-八月）の五日目に、ヘビに祈りと牛乳をささげる祭礼、ナーグ・パンチャミ（Nāg Panchami）が開かれる。また、同州ナーゴール（Nāgaur）にあるヴィール・テージャージ（Veer Tējāj）[7]寺院のように、ヘビと関連する聖人が祀られた寺院も多い。

このように、ヘビは人びとの日常に密接に結びついた存在であり、カールベーリヤーはヘビの駆除や治療、民間薬の販売といった生活に不可欠なサービスを提供してきた。毒をもつコブラを物ともせず、捕獲したり踊らせたりしてきた彼らは、現地の人びとにとっては心強い存在であると同時に、恐ろしい動物が住む森林や砂漠で生活する卑しい存在でもあった[8]。

しかし、ヘビとカールベーリヤーとの密接な関係は、一九七二年に施行されたインド野生生物保護法以降、大きな

[5] ヒョウタンと竹で作られる、ヘビを「踊らせる」ための笛。別名ビン（*bin*）。実際にはヘビは音に反応しているわけではなく、動くヒョウタンにつられて動いているのだが、ヘビが踊っているように見える様子をカールベーリヤーは見世物にしてきた。

[6] カニパヴナートは、シヴァ派のヨーギーであるゴラクナート（Gorakhnāth）の弟子の一人とされている。伝説によると、行者たちを集めて「何でも望みのものを皿に出してやろう」と言ったゴラクナートに挑戦するために、カニパヴナートはヘビの毒を所望した。しかし実際に毒ヘビが現れたので、その毒を飲むことになってしまい、以後毒ヘビを扱う力を得たという。

[7] 一三世紀に実在したとされるジャート（Jāt）・コミュニティに属する英雄で、盗まれた家畜を取り返し、誓いを守るべくヘビに自ら進んで噛まれて命を落とした。毒ヘビに噛まれた人はテージャージに祈りを捧げると助かるとされている。

変化を被ることになった。野生生物、森林の植物は政府の所有物となり、狩猟によって得られたものや動物の部位、森林の植物を私的に所有・販売するには政府の許可が必要となり、これに違反した場合は、最短でも三年、最長七年の禁固刑、もしくは二五、〇〇〇ルピー以上の罰金が科せられるようになった。この法律制定以降、カールベーリヤーにとってヘビの見世物を公の場で披露することは困難になっている。

こうして生計の糧の中心を奪われることになったカールベーリヤーだったが、同じ頃、ラージャスターンの民俗芸能を観光資源にしていこうとする動きが、ラージャスターン州政府を中心に起こり、彼らのなかに新たな芸能が見出されることになった。それが、今日カールベーリヤーの名前を世界的に有名にしている「カルベリア・ダンス(Kalbelia Dance)」である。

二　カルベリア・ダンスの誕生と発展

カルベリア・ダンス誕生の背景には、ラージャスターン州とカールベーリヤーの置かれた社会状況が大きく関係している。ラージャスターン州政府は、インドでもっとも初期に観光に力を入れ、成功を収めた州である。ラージャスターンはもともと多くの藩王国から成り、王族（ラージャー）たちが芸能コミュニティを庇護していた。しかし、植民地化とインド独立の過程でラージャーが没落し、同時に彼らの庇護下にあった多くの芸能民も職を失った。一九七〇年代、民俗音楽学者であるコーマル・コタリを中心に、存亡の危機にあったラージャスターン芸能の継承と復興が目指され、一九八〇年代には自然資源が少ないラージャスターン州で政府が観光産業に積極的に投資をすることで、芸能が活性化することになった。

当時、ラージャスターン州観光局のプログラム・オフィサーであったトリプティ・パンディは自身も民俗舞踊のダンサーであった。観光マネジメントをオーストリアの大学で学んで帰国したばかりのパンディは、満月の日に砂漠でアーティストたちが集う砂漠フェスティバルを一九七九年に企画し成功させる。[9] 異なる芸能コミュニティが一堂に会して、同じステージで公演するのは、それが初めての試みであったという。一九八一年、プシュカルの寺院の祭りでアーティストを探していたパンディは、知人のカールベーリヤー男性から踊りの上手な少女のことを聞く。偶然彼女と路上で遭遇したパンディは、彼女を舞台に呼んだ。これがきっかけとなり、「カルベリア・ダンス」は誕生することになった。彼女の名前は、グラビ・サペーラー（Gulabi Sapērā）。一九七一年に生まれ、後に雑誌記事の間違いから「グラボ・サペーラー」と呼ばれるようになり、二〇一六年にはインドの国民栄誉賞でもあるパドマ・シュリを授与されたカールベーリヤーのダンサーである。

現在のカルベリア・ダンスの核は、グラビによって作られたといっても過言ではない。当時、カールベーリヤーの女性が公の場で踊りを披露することはほとんどなく、自分たちのコミュニティの結婚式や祭礼時のみであった。インドでは女性が公的な場で踊りを披露することは、売春に等しい行為とみなされているからである[10]。しかしグラビは、ヘビを連れた父親とともに、また父親がヘビを扱えなくなると、プーンギーを吹く叔父やダフリをたたく兄とともに一一歳頃まで踊りを見せて生計を助けていたという[11]。そんな彼女は、パンディらの後押しもあり、踊りをやめるようにはたらきかけるコミュニティの年長者たちからの強い圧力（第四節参照）に抗して、その後も国内外の舞台で踊ることになった。

カルベリア・ダンスが世界的に有名になった背景には、一九九〇年代以降、ヨーロッパでワールド・ミュージックがブームとなったことも要因として大きい。ワールド・ミュージックは、世界各地の民俗音楽が現代風にアレンジされることで新たな市場を切りひらいたが、そこで人気を博したジャンルの一つがジプシー音楽であった。「ジプシー」

---

[8] カールベーリヤーは、アウトカーストである「不可触民」としてさげすまれてきた人びとであり、インド独立後、「指定カースト（Scheduled Castes）」として優遇措置の対象となっている。
[9] 二〇一三年一月一八日、本人より聞き取り。
[10] lohida と呼ばれる植物とヤギあるいはヒツジの皮で作られる太鼓。
[11] 二〇一一年九月一九日、本人より聞き取り。

とは、遅くとも九世紀にインドから世界に離散したとみられているエスニック集団であるが、ワールド・ミュージックの隆盛のなかで、「ジプシー」がヨーロッパ各地でたずさわってきたさまざまな芸能とともに、彼らの出立の地とされる北西インドの芸能にも注目が集まったのである。

なかでも一九九三年に制作された映画『ラッチョ・ドローム（*Latcho Drom*：『良き旅を』）』（トニー・ガトリフ監督）は、インドからエジプト、トルコ、ルーマニア、ハンガリー、スロヴァキア、フランス、スペインの八か国で「ジプシー」と呼ばれている人びとの音楽世界の多様性を描き、世界の人びとにジプシー音楽の魅力を知らしめた作品である。この映画の冒頭がインドの「ジプシー」のシーンであり、実際には、ランガー、マーンガニヤール、ガドゥリア・ロハール、カールベーリヤー、カマッドと異なるコミュニティの成員で構成されていたのだが、砂漠を移動しながら生活し、やがてそこから世界に離散する一つのコミュニティのように描かれている。インドのシーンのなかでもとりわけ強い印象を残すのが、カールベーリヤーの少女の踊りである。回転する石臼のイメージと並行して現れるカールベーリヤーの少女は、当時一三歳であったスワ・デーヴィー（Suva Dēvī）である。彼女が映画で見せた旋回舞踊は多くの人を魅了し、後述するように、世界のダンサーたちがカルベリア・ダンスを学ぶためにラージャスターンへ赴くきっかけを作った。こうしてカルベリア・ダンスは、インドの「ジプシー・ダンス」として解釈され受容されることになった。[12]

同じ頃、タブラ奏者としてすでに海外で活躍しており、グラビとも海外で共演していたハミッド・カーンは、一九九四年にムサフィールというバンドを結成する。[13] ムサフィールは、ラージャスターン出身の異なる芸能コミュニティを一つにパッケージ化して「インドのジプシー」として売り出す最初の試みとなった。以降、ラージャスターン出身の芸能コミュニティの成員が、インドの「ジプシー」として自らをヨーロッパに売り出すことが増え、そのなかにカールベーリヤーの女性ダンサーも含まれるようになっていった。[14]

こうして、カルベリア・ダンスは、インドの「ジプシー」のダンスとして世界各地の舞台で披露されるようになった一方で、インド国内でも観光客向けにホテルやレストラン、結婚式で、エンターテイメントとして広く消費されるようになっていった。そして二〇一〇年、カールベーリヤーの歌謡と舞踊（Kalbelia folk songs and dances）は、ユネスコの無形文化遺産に登録されることになった。登録の理由として述べられているのが、生活環境の変化に順応するコミュニティの創造性である。ユネスコのホームページによると、「今日、女性はヘビの動きを模倣しながら、黒いスカートをひらめかせて踊り、旋回している。男性はヘビを捕まえるために伝統的に奏でてきたカンジャリという打楽器とプーンギーという木管楽器で彼女たちに付き添っている。［……］彼らが示しているのは、文化的遺産を再活性化し、変化する社会経済的な条件に合うように適応させている彼らのコミュニティの試みである」（ユネスコのホームページより）。しかし、実際にどこまで彼女たちの踊りにヘビの動きが取り入れられているというのだろうか。次節以降、この点について検討し、カルベリア・ダンスの諸特徴から、かつての生業との連続性、新たに取り込まれつつある官能的な要素について考察する。

［12］カルベリア・ダンスは、この意味で「ワールド・ダンス」（ワールド・ミュージックを倣った表現）であり（Iwatani 2018）、インド古典舞踊でもラージャスターンの民俗舞踊でもない位置づけを獲得したといえる。

［13］「ムサフィール」はアラビア語で「移動し続ける者」を意味するという。ハミッド・カーンいわく、ムサフィールを結成したとき、「想像力の源泉は、インドの「ジプシー」だった」（二〇〇九年一二月、本人より聞き取り）。しかし、インドにおける「ジプシー」のイメージは「ジャングルに住む人びと」というような部族イメージであり、移動民としてのヨーロッパの「ジプシー」イメージとは齟齬がある。またムサフィールの構成員で、移動生活を送ってきた人びとはカールベーリヤーを除くとほとんどいない。

［14］たとえば、ドード・ジプシーズ・オブ・ラージャスターン（The Dhoad Gypsies of Rajasthan）、アンワール・カーン・ジプシー・グループ・フロム・ラージャスターン（Anwar Khan Gypsy Group from Rajasthan）、ジプシー・サンド・ドゥーンズ（Gypsy Sand Dunes）など、「ジプシー」をバンド名に入れたグループは後を絶たない。

第三節　カルベリア・ダンスの官能／感応性

一　旋　回

カルベリア・ダンスの特徴として挙げられるのは、柔軟な身体の動き、旋回（*chakri*）、曲芸的なパフォーマンス、黒い衣装、ビーズやスパンコールの装飾や装身具、である。このうち旋回は、ラージャスターン州の民俗舞踊に広く共通しているという。パンディは自著で次のように述べている。「ラージャスターンのダンスはそれぞれのコミュニティや伝統的な形式が持ち合わせた振付けによって特徴づけられる。ラージャスターンの民俗舞踊のなかでも、旋回がもっとも重要な動きである」（Pandey 1999: 55）。カルベリア・ダンスも、ラージャスターンの民俗舞踊の延長線上に誕生したものなのである。

ラージャスターンには、コミュニティごとに民俗舞踊が存在するとされる。州立のアートセンター（Jawahar Kala Kendra）のH・K（二〇一三年現在七三歳）によると、一六〇ともいわれるコミュニティの踊りの大半は継承者がおらず現在は消滅してしまったという。現存する踊りのなかでも、結婚式などでラージプートの女性たちが輪になって踊るグーマール（Ghūmār）や、ビル（Bhil）[15]発祥とされるが現在はラージャスターン全土でみられる、男性が棒をもち二回転半ずつ左右に回る踊り、ゲール（Gair）、カンジャル（Kanjar）・コミュニティの女性が旋回しながら踊るチャクリ（Chakri）などはとくに身体の回転が前面に出ている踊りである。H・Kによると、ラージャスターンの踊りでは、とくに手の動きに回転の要素がみられるという。確かに筆者の調査でも、カールベーリヤーの女性たちに以前の踊りを再現してもらうと、上体と手先の動きが中心で、現在の踊りにみられるようなダイナミックな旋回や足のステップなどはみられなかった。

ここにグラビが取り入れたのは、一つはしなやかに上体を前後にそらす動き（*ulti*）であり、もう一つは、胴体を軸に上体全体を大きく三六〇度回転させる動き（*chakri*／*latknā*）[16]であった（図5‐1）。前者には後にアクロバティックな要素が加わり、後ろ向きに上体を一八〇度そらせ、紙幣や指輪を瞼で取ったりする見世物的な芸となっていった。[17]ラージャスターン・サンギット・ナート・アカデミーの元事務局長のS・R（二〇一六年現在八二歳）によると、このような見世物芸は以前からホーリーの祭り[18]や、托鉢（*phērī*）の際にカールベーリヤーが見せていたというが、グラビはそれを舞台上のダンスの一要素として取り入れたといえる。またこれは、「タワイーフ[19]が観衆からお金を受け取るやり方とは異なり」（スワ・デーヴィー、二〇一九年九月一九日）、エンターテイメント性が強いものである。

図 5-1　カルベリア・ダンスのチャクリ
（Gana Sundaram 撮影，2012 年 2 月 22 日）

　カールベーリヤーの旋回は、身体の中心を軸に腕を前方に傾けながら回転するために、水平移動による旋回や直立による旋回よりもよりダイナミックな回転となり、観衆には一層めまいを感じさせるものとなっている。この旋回は、ヘビがとぐろを巻く様子を見る者に想起させる。先のH・Kによると、こうした「ヘビの動きは、グラボ以前に見た

［15］インド中部から北西部にかけて生活している、インドでもっとも人口規模が大きいトライブであり、ラージャスターン州では「指定トライブ（Scheduled Tribes）」として優遇措置の対象となっている。

［16］chakri は回転、latknā は揺り動くことを指す。

［17］グラビによると、紙幣を瞼で取る動きを導入したのは一九八五年のアメリカ・ツアー以降のことだという。また、スワは一〇歳のときに紙幣を瞼で取るグラビをジャイプルで見て、指輪を瞼で取ることを思いつき導入したという（二〇一九年九月一九日）。

［18］ファールグン月（二月の終わりから三月中旬）に行われる、春の到来を祝うヒンドゥー教の祭礼。

［19］ムガール時代の宮廷や有力者の邸宅で、裕福な層に歌舞を提供していた高級芸妓。

ことはない」といい、パンディも自著のなかで「彼女らの動きは体の柔らかさを強調したものであるが、それはおそらくヘビの動きを見ながら身につけたものであろう」（Pandey 1999: 64）と述べる。ここで、「ヘビの動き」という解釈がカルベリア・ダンスに加わっている点がわかるだろう。

グラビ自身もインタビューおよび自著で「一歳〜三歳まで父が連れていたヘビの周りで踊っていた」（二〇一一年九月一九日）、「私が踊っているのを見て、彼女たちはヘビのそれを思わせるスタイルと私の柔軟さに驚いたのよ」（Robin & Guillien 2000: 20）と述べている。カールベーリヤーのリーダー的な存在であり、プーンギー奏者として知られるカルナート（五三歳）も「ダンサーが旋回をするとき、彼女らは観客、そしてプーンギー奏者にあいさつするんだよ。ヘビがプーンギーを吹く人を見てバスケットに戻るように」と語る（二〇一三年一月六日）。このように、カルベリア・ダンスにヘビの動きを見るまなざしは、グラビが伝説化するなかでカルベリア・ダンス――グラビの言葉では「サペーラー・ダンス（ヘビ使いの踊り）」――を構成する要素として取り込まれていった。

しかし、先述のように一九七二年にインド野生生物保護法が施行され、一九八〇年代に入るとカールベーリヤーは実質的にヘビ使いの生業を営めなくなっていた。そのため、ヘビが常に生活圏にいるという環境で育ったダンサーは、グラビ以降極めて少なくなっている。さらに、他のコミュニティとの公演の機会が増えるにつれ、カールベーリヤーのダンサーのみが公演に呼ばれ、旋律の中心を構成しないプーンギー奏者は呼ばれないことも増えていった。こうして、カールベーリヤーの生活環境で、また舞台の上でも彼らとヘビとの関係が絶たれていくなかで、「使えなくなったヘビの代わりに、女性が踊り始めた」という言説は、カルベリア・ダンスに付加価値を与えるものになっていった。

二　ヘビの身ぶり

実際に、筆者[20]が参加した二〇一二年二月一三日から一〇日間にわたってラージャスターンで行われたカルベリア・ダンス・ツアーでも、カールベーリヤーとヘビ、そしてカルベリア・ダンスの結びつきの説明からレッスンは始まった。まずツアーで講師を務めたのは、現在フランスとインドを往復しながら主に外国人にカルベリア・ダンスを広めているセヌ・サペーラー（二〇一二年現在二三歳）であった。レッスンの冒頭で、まず彼女はカールベーリヤーがヘビの見世物ができなくなり、その代わりに女性たちがダンスを始めたこと、を説明した。レッスンでは動きの細かい説明はあまりなく、ランガーの楽師の生演奏に合わせて、セヌの動きを参加者が模倣する形式で進んでいった。セヌの腕と身体のしなやかな動き、常にどちらかの足に軸を置いた躍動的なステップ、そして旋回を参加者も模倣する。そして、そのなかには他の動きとは明らかに異なる、ヘビを明示的に思わせる身ぶりが取り入れられていた。

二日間のレッスンのなかで二回、初日の「赤いメヘンディ（Mehndi Ro Rang Lal）」と、二日目の「カーリヨー（Kāliyō Kud Padio Mēlāmē）」のなかで登場したその身ぶりは、掌を下に向けた両手を頭上で合わせて動かす、ヘビの鎌首を思わせる身ぶりである。しかし「赤いメヘンディ」は、呼ばれていた楽師が選んだランガー・コミュニティの結婚式の曲であり、ヘビとは無関係の曲であった。しかし、曲の説明はなされない。参加者は「ラージャスターン的な音楽」のなかで「カールベーリヤー的な踊り」を習得するだけである。「カーリヨー」は、「カールベーリヤーの曲」としてほぼ唯一といっていいカールベーリヤーのスタンダード・ナンバーである。[21]

[20] このツアーは、セルビア人のダンサーの呼びかけで二〇〇六年から始められた。参加者はSNS上で募集され、参加者はラージャスターンに集合し、そこで直接カールベーリヤーからダンスを学ぶ。六回目となる二〇一二年は、二月一三日から二三日までのツアーに、ドイツ在住の日本人のダンサーが主宰して世界六か国（日本、ベルギー、チリ、南アフリカ、ドイツ、トルコ）から一〇人が参加した。筆者以外全員がダンスを学んだ経験がある女性である。そのうち七名に参加の目的を複数回答可で尋ねたところ、ダンスを習うため（七名）、ジプシーの人びとについて学ぶため（五名）、カールベーリヤーの人びとについて学ぶため（三名）、という回答が寄せられた。全員が「ジプシー」という人びとについて見聞きしたことがあり、インドの「ジプシー」に対する関心の延長線上に、カルベリア・ダンスがあることがわかる。

[21] カールベーリヤーのダンサーが舞台に呼ばれるとき、多くは他のコミュニティに属する楽師と一緒であり、その場合楽師が選曲するため、カールベーリヤーの曲は演奏されないことが多い。また演奏される場合は、舞台受けする速度の速い「カーリヨー」のみが、ほぼ演奏されている。「カーリヨー」はカールベーリヤーの曲とされているが、異説もある。

図 5-2　カルベリア・ダンス・ツアーで参加者が踊る「ヘビの巻きつき」
（筆者撮影，2012 年 2 月 18 日）

図 5-3　ラニ・ランギリが踊る「ヘビの巻きつき」
（Rajasthani Song-Naag Lapeta Leve-Chetak Video, YouTube より）

セヌは、レッスン後に筆者が行ったインタビューでも、カルベリア・ダンスの特徴を腰の動きとヘビの動き、として語っていた。しかし、一九八八年にジョドプルから約一〇〇キロ北に位置するP村で生まれた彼女の環境には、ヘビ使いをするカールベーリヤーはおらず、ダンサーも彼女と姉しかいない。[22]彼女のダンサーとしてのキャリアは、二〇〇六年にムサフィールの海外公演に呼ばれたことから始まり、たび重なる公演の過程で彼女はカルベリア・ダンスなるものを習得していったのである。

カルベリア・ダンスには、いくつかの踊りのパターンはあるものの、その組み合わせ方はダンサーによって異なる。このヘビの身ぶりも、常にカルベリア・ダンスに登場するわけではない。たとえば、このツアーの二番目の講師を務めた、映画『ラッチョ・ドローム』への出演で一躍有名になったスワ（二〇一二年現在三四歳）の場合はどうだろう。レッスン初日、彼女は「ヘビの巻きつき（Nāg Lapeta Levê）」というラージャスターン州で人気のポップスをスピーカーから流したが、その冒頭で、セヌと同様にヘビの鎌首を思わせる身ぶりが登場した（図5-2）。この曲の説明もされなかったが、「赤いメヘンディ」よりはヘビに関係がある曲である。「ヘビの巻きつき」のYouTube動画では、プーンギーを吹く男性と黒い衣服を身につけたダンサー女性が登場し、女性は何度もこの身ぶりを煽情的に身体をくねらせながら行っている（図5-3。後述するが、この女性はカールベーリヤーではない）。

実は、この「ヘビの身ぶり」は、一九八六年に大ヒットしたヒンディー映画『ナギーナー（*Nagīnā*）』（ハーメッシュ・マルホトラ監督）のなかに登場し、多くの人にインパクトを残したものだ。復讐のために人間に扮した雌のヘビ（nāgin）を演じる美しいシュリ・デーヴィーが、ヘビ使いのプーンギーの演奏を前に正体をあらわして踊るシーンだ。「ヘビの巻きつき」同様、ヘビのしなやかな動きと危険な魅力は、女性のそれとイメージのなかで密接に結びつきながら官能世界を形成している。さらにいえばこの身ぶりは、物語の感情とムードを顔表現や身ぶり（*hasta*／*mudras*）で伝える古典舞踊バラタナティヤムにおける、ヘビの頭を示すサーパシルシャ（Sarpashirsha）という型と酷似している。しかし、サーパシルシャのように明確な意味を背後にもつ象徴表現は、カールベーリヤーがコミュニティのなかで培ってきたものではない。映画や言説にみられるヘビの表現を踊りに取り込んで形成されたものと考えられるのである。

ツアーの三人目の講師はグラビであった。プーンギーの演奏による「ヘビの巻きつき」からレッスンは始まったが、そこではヘビの身ぶりは登場しなかった。そのかわりに、手と腕をしなやかに動かしながらヘビを思わせる動きから始まり、首、腰、足と順番にカルベリア・ダンスの動きの基礎を練習した。グラビは、二〇一四年一月九日、次のように述べている。「もし外国人がヘビの動きに興味があるのなら、それを教えましょう。でもそうでないならとくに

［22］P村は、二五年前にカールベーリヤーの五家族が住みついた村である。二〇一六年九月二四日の調査時には、セヌの従妹にあたる一三歳のダンサー志望の少女は、カーリヨーについても聞いたことはあるが歌えないということであった。

その動きはしません。だって私の身体がヘビなのに、なぜ私がヘビのやり方を真似る必要がありますか？」。この発言には、カルベリア・ダンスを作り上げてきた矜持とともに、人びとがカールベーリヤーに期待するヘビの動きに対する意識が垣間見える。

ちなみに、黒い衣装も当初からカールベーリヤーが身につけていたものではない。グラビによると、一九八〇年に公開された映画『アーシャ（*Aasha*）』（J・オーム・プラカーシュ監督）でヒロインが身につけていた黒い衣装に触発されて導入したものだという。当時インドでは黒は着用を控えられる色であったため、このステージ衣装はコミュニティのメンバーの反対を受けた。そこでグラビはビーズやスパンコール、カラフルな長細い布（*liri*）を黒い布につけたのだという。結果的に、「カールベーリヤー」の呼称の一部にもなっている黒コブラを思わせる黒色（*kālā*）に光を反射してきらめくスパンコールは、ヘビのうろこを想起させる衣装となった。

三　感応と官能

カルベリア・ダンス・ツアーの参加者に話を戻そう。ツアーの参加者は現地の言葉を理解しない。ゆえに、レッスンでかかる曲の歌詞や背景を理解することなく、ただカルベリア・ダンスの動きのパターンだけを学ぶ。感想として寄せられたのは、「動きには厳しい規則や振付けがない」「基本的なステップに基づいた即興」といったものであった。こうして短期間ラージャスターンでカルベリア・ダンスを教わったダンサーたちが、ヨーロッパでカルベリア・ダンスを教え、カルベリア・ダンサーとして活躍することになる。グラビは次のように話す。「外国人のダンサーが来ても、短い期間で異なるコミュニティのダンスの違いがわかるわけがない。踊りを学ぶ前に衣装を注文してきたダンサーもいた。［……］カルベリア・ダンスは、才能と能力さえあれば誰でも踊れるダンスなのよ」（二〇一六年二月二二日）。

それでも、外国人のダンサーにとってカルベリア・ダンスは、エキゾチックで「ジプシーの源流」に触れるような体験を提供してくれるものである。ツアーの参加者の感想のなかには、たとえば「ロシアのジプシー・ショーダンスより官能的」というように、異なる「ジプシー」やロマの踊り、ベリーダンスと比較するコメントも多くみられた。実際に、フランスでカルベリア・ダンスは、ベリーダンスを含む「オリエンタル・ダンス」として分類されており、ジプシー女性や東方の女性に対するオリエンタリズムから完全に自由なダンスとはいえない。実際に、西洋の舞台にカールベーリヤーのダンサーが呼ばれるのは観衆が求めるエキゾチシズムゆえであって、逆にインドの公演では外国人ダンサーの方がカールベーリヤーよりも観衆に受けるために好まれる、という声も、カールベーリヤーのダンサーから聞かれた。

しかし、ツアー参加者がもっとも関心を寄せていたのは、スワが映画『ラッチョ・ドローム』のなかで見せた旋回であった。カルベリア・ダンスを特徴づけるダイナミックな旋回は、ヘビの身ぶりや身体のしなやかな動きに代表される、カールベーリヤーとヘビとの象徴的あるいは物語的な結びつきからくる官能表現を超えて、観客およびダンサー自身にめまいを生じさせ、身体的な感覚の共振による感応世界を実現する。そして、ひるがえってそのような感応世界こそ、カールベーリヤーがヘビと、そしてコミュニティのなかで長いあいだ築いてきた世界であったと考えられるのだ。舞台でこの旋回は、他の動きとは異なり、踊りのクライマックスあるいはエンディングで踊られる。徐々にスピードを上げながら旋回するカールベーリヤー女性の頭は、黒く光りながらはためくスカートのなかにうもれ、大きな目玉のように見ている者を回転のなかに引きずり込む。このような感応世界は、オリエンタリズムや象徴表現を超え出る可能性を秘めている。個別の身体感覚を通して、人間とヘビという種の違いさえも超え、日常的な感覚に揺さぶりをかけること、これこそ感応を生きてきたカールベーリヤーのなせる踊りなのである。

第四節　官能の呪縛

しかし、インド社会に生きるカールベーリヤーとその踊りには、感応のみならず官能的な次元が期待されている。そして彼女らもこの官能の世界を意識しながら踊り、生活している。

第一に、第一節でも触れたインド社会における女性芸能者の立ち位置に由来する官能である。ラージャスターン州で女性が公の場で踊りを披露するコミュニティとしては、売春を生業としてきたカンジャルか、移動民カールベーリヤーが有名である。カールベーリヤーの芸能がユネスコの無形文化遺産に登録されたり、グラビがパドマ・シュリ（インドの国民栄誉賞）を受賞したからといって、彼女らの社会的な位置が大きく変わるわけではない。地域の人びとにしてみれば、せいぜい彼女らは結婚式で踊りを披露してくれる「エンターテイナー」でしかなく、結婚など対等な関係を結ぶことはありえない存在なのである。それはどこか、美しい人間の姿をしていても所詮はヘビであり、人間と対等にみなしてもらえない『ナギーナー』のヒロインにも似ている。女性芸能者は、常に正統的な社会規範の外側に位置づけられ、社会の再生産をになう婚姻から遠ざけられている。カースト制度と婚姻制度に守られた再生産の外側にあるがゆえにエキゾチシズムをかきたてる、スティグマ化された官能性が彼女たちには付与されてきたのである。

第二に、カールベーリヤーのコミュニティ内における女性芸能者が直面する官能の世界である。カールベーリヤーのコミュニティ内にも、第一のスティグマ化された官能世界は大きく影を落としている。女性がダンサーとしてのキャリアを結婚後も続けるには、嫁ぎ先の両親と夫の理解が不可欠である。ダンサーには、十分な稼ぎと育児との両立、貞節が求められる。グラビも初めて舞台に上がったとき、鈴のついたアンクレットを足首につけて踊ろうとしたところ、叔父から「鈴をつけて踊るのは売春婦だ」と侮辱を受ける。この初舞台が原因で、彼女の家族はコミュニティから追放されることになった。また、二度の婚約を強いられ、貞節を守ることを約束させられ、これを破った場合は父親が彼女を殺すことをコミュニティの代表（パンチャーヤット）が集まる会議で誓わされたという。結局グラビは、パンチャーヤットが探してきた音楽家であった上位カーストの男性と一九八六年に結婚することになった。グラビは今ではカールベーリヤーのコミュニティ（All India Sapera Association）の代表でもあり、尊敬を集めている。しかし、ある五〇歳のカールベーリヤー男性のように他のカーストの成員と結婚した彼女を「もはやカールベーリヤーではない」と述べる人もいる（二〇一九年九月二四日）。

一方で、スティグマとしての官能は、市場価値をも伴っている。第三節で紹介した「ヘビの巻きつき」で黒い衣服をまとってなまめかしく踊るのは、トライブ[23]出身のラニ・ランギリという女性である。彼女の衣装は、腹部が露出しており、身体の線が露骨に見えるものである。彼女はカールベーリヤーではないが、黒という衣服の色、ヘビと深く結びつく歌詞、ヘビの身ぶり、プーンギーを吹く男性、と動画の要素はすべてカールベーリヤーを意識したものである。さらに官能的な度合いが強いのは、ラニ・ランギリの親戚とみられるコマル・ランギリである。彼女はYouTubeにオフィシャルページを開設しており、チャンネル登録者数は三〇万五〇〇〇人に上る。ある動画でコマル・ランギリは、ローカルな祭礼で男性たちの熱い声援を前に、短いスカートにへそを露出させ、腰や尻を大きく突き出しながら踊っている。この動画の再生数は九四〇万回を超えている。

このような動画を、カールベーリヤーのベテラン・ダンサーであるスワやカトゥ・サペーラー[24]は苦々しく筆者に見せる。スワは言う。「私たちは、文化への敬意をこめて踊っている。このような人たちの踊りは、（筆者のような外国人に）調査されることもないでしょう」。しかし、最近ではこのような煽情的なヴィジュアル・イメージの人気にのっかり、真似をするカールベーリヤーの少女も出てきているという。カトゥは腹部をあらわにしてポーズをとる自分の親戚の少女の写真を、ため息をつきながら筆者に見せた。彼女は、パンチャーヤット会議にかけてこのような格好を若手ダンサーに禁じてもらうように、グラビに要請したという。カールベーリヤーの女性に課せられていた規範を塗り替えてきたグラビも次のように述べる。「人びとは文化ではなく、キャバレーを見たがっている。それが心配なの。私は文化を保ちたいのよ。［……］最近のカールベーリヤーの女の子たちは歌の中身も知らない。だからランギリの

［23］ビル（注15参照）ともバグリ（Bagri）ともいわれている。
［24］二〇一六年現在三九歳。八年間ムサフィールでダンサーを務め、世界的にも有名なカルベリア・ダンサー。

ように踊ってしまうのね。ランガーやマーンガニヤールの歌で踊ったり。私の型は商業的なフュージョンではなく、のちにカールベーリヤーの歌となるサペーラー・ダンスなの。［……］私のやりたいのは、オリジナルなやり方を保つことなのよ」（二〇一九年九月二六日）。

ここで言及されている「文化」とは、スティグマ化された官能ではなく、より多くの人と繋がる感応の世界ともいえる。しかし、感覚的な結びつきを促す感応の世界は、スティグマ化された官能をも包摂し、拡大していく。たとえば、ベリーダンスは、スティグマ化された官能性をパフォーマティブな自己表現に転じさせ、世界的に流行している。ベリーダンスがまずもってカルベリア・ダンスと異なるのは、その露出度の高い衣装であり、これまではカールベーリヤーたちはこの潮流から距離を取っているようにみえた。しかし、グラビは二〇一四年にも最近のカルベリア・ダンサーの衣服について、丈が短いトップス（ブラウス）や、回転するときに足が見える短さのスカート、「カンジャルのような」大きなスカートを批判している（二〇一四年一月九日）。これは当初は地域によるスタイルの違いとも受け取られたが、外国人ダンサーやランギリの登場、大量に拡散可能なメディアの発達により、もともと確固たる型が存在していないカルベリア・ダンスは変化を被りつつある。

こうした動きに警戒心を見せる、すでに名の知れたカルベリア・ダンサーたちの言葉を聞いていると、無形文化遺産となったカルベリア・ダンスの権威化と柔軟さの減退のように思われもする。彼女たちは、自分たち自身が当初コミュニティの内外から向けられてきたスティグマ化された官能を、新たな対象に振り向けてはいないだろうか。新たな市場を開拓しつつある、外国人も含めた他のコミュニティのダンサーたちの身体とより感応しているのは、もしかしたら若手のカルベリア・ダンサーたちかもしれない。この新たな方向性については、さらなる進展をみていきたい。

第五節　感応する身体、自己の変容

本章では、社会環境の激変に対峙してきた北西インドの遊芸民カールベーリヤーが生み出してきたカルベリア・ダンスを通して、彼女たちの踊り、なかでも旋回がもたらす官能／感応的な次元の可能性について考察してきた。カルベリア・ダンスは、コミュニティに継承されてきた民俗舞踊とは異なる。グラビを中心としたダンサーたちが、他者との交渉や市場の要請のなかでここ五〇年ほどのあいだに生み出してきた新しい踊りなのである。それは、安定的で継続的な「型」をもつ踊りではなく、ありそうな「かたち」が相互交渉のなかで常に生み出されていく動的な踊りである。これは、他者が求めるところのものをすばやく取り入れ、模倣的に再現することで生き抜いてきた、商業移動民や非牧畜移動民の生業戦術の一環ともいえる（岩谷 二〇〇九）。そこでは、ありそうな「かたち」、求められている「かたち」を感受する力こそが、型を左右する。

カールベーリヤーの場合、ありそうな「かたち」とは、インドの文脈では「ヘビ使い」としてのかたちであった。野生生物保護法の制定以降、直接的にヘビと接触する機会は激減したが、社会には変わらずヘビに対する畏怖の念や幻想が存在する。それは映画や言説のなかでヘビがもつ危険な力と官能として表出しているが、それを踊りの身ぶりとして形象化したものが象徴的な「ヘビの身ぶり」であった。他ならぬヘビ使いに従事してきたカールベーリヤーであるからこそ、その身ぶりはコミュニティのイメージと重ねられて「カルベリア・ダンス」に取り入れられていった。しかしそれは、実際には、コミュニティ内には存在していなかった身ぶりなのであった。バラタナティヤムの型でもあり、『ナギーナー』のヒロインやランギリの踊り、ランガーの音楽に合わせたセヌの踊りにも登場する、コミュニティの違いを超えて模倣することが可能な「かたち」である。この「かたち」は、視覚的にヘビのイメージを喚起するという点で感応的ではあるものの、文化的な意味に浸されているために限定的な対象把握を促すものである。

一方で、同じくコミュニティの違いを超えて人びとを魅了する旋回はどうであろうか。ヘビの視覚的な造形イメージのみならず、回転という運動を伴う旋回は、それをまなざす人びとと、舞う人びととの場所感覚を喪失させ、自他の境界を揺るがし、人びととの心を動かしていく。ここでは、箭内匡がいう「社会身体」[25]（箭内 二〇一八：一一八）が形成されており、個的身体や人／事物の別を超えて身体が連動する磁場が作られている。この感応し合う身体が共振する場を提供することで、カルベリア・ダンスは文化遺産になりえているのではないだろうか。ユネスコのホームページに上げられたカルベリア・ダンスの映像は、インドの異なるコミュニティを前に旋回するカルベリア・ダンサーの踊りで終わる。カルベリア・ダンスにおける旋回は、カールベーリヤーあるいはラージャスターンのコミュニティのなかから生まれ、同時にコミュニティの枠組みやスティグマ化された官能を超越する可能性を秘めたものなのである。それゆえ、誰しもが心動かされ、挑戦したくなる。

旋回する「私」は、その不安定な揺れによって、社会的な安定をも与えてくれる文化的な拘束状況から離脱する。それはある種の変身といってもいいだろう。カイヨワは変装の誘惑について次のように述べている。

> 《変装》について記述した時、私は広い意味での「他なるもの」、つまり自分以外のものとなることに対するある魅惑のごときもの［……］人間における、仮装に対する抑えがたい嗜好に対応するのだろうとの推測を立てたのだった［……］その本質をなすのは、自分の姿を見えなくするということを、それ自体のために、めくるめくように追求することである。［……］人間にあってもまた、自分の姿を見えなくするということは、常に変わらぬひとつの願望なのである。（カイヨワ 一九八八：一一六）

ビーズやスパンコールで飾られたきらびやかな衣装も、カルベリア・ダンスの魅力の一つである。それを身にまとい、旋回するとき、カルベリア・ダンサーたちは「他なるもの」――それは傍らにはもはやいないヘビでもあり、「ジプシー」でもある――になっていく。軽いめまいのなかで自己が溶け出す感覚こそ、人びとが求めてやまない官能／感応のかたちであり、ヘビの見世物でも同じような感覚を人びとは感受してきたのではなかろうか。固定化されたイメージを伴いスティグマをもたらすこともある感応のかたちは、異なる社会身体に私たちをつないでいく開かれたものでもあるのである。

◉引用・参考文献

岩谷彩子（二〇〇九）『夢とミメーシスの人類学——インドを生き抜く商業移動民ヴァギリ』明石書店

岩谷彩子（二〇一四）「遊びと芸術」内堀基光・奥野克己［編］『文化人類学　改訂新版』放送大学教育振興会、一〇三–一一六頁

カイヨワ、R／中原好文［訳］（一九八八）『メドゥーサと仲間たち』思索社

カイヨワ、R／多田道太郎・塚崎幹夫［訳］（一九九〇）『遊びと人間』講談社

常田夕美子（二〇一一）「身体の宙ぶらりん——インド、オディシャーのブランコ遊びと現実批判」春日直樹［編］『現実批判の人類学——新世代のエスノグラフィへ』世界思想社、二七〇–二八九頁

護　雅夫（一九九〇）「イスラムにおける音楽と舞踊——メヴレヴィー教団の旋舞をめぐって」野村雅一・鈴木道子［編］『身ぶりと音楽』東京書籍、四一–六〇頁

箭内　匡（二〇一八）『イメージの人類学』せりか書房

Gell. A. (1980). The gods at play: Vertigo and possession in Muria religion. *Man* (N.S.). *15*(2): 219–248.

Iwatani, A. (2018). The rise of 'world dance' and Kalbelia dance in India. In K. Matsukawa (ed.) *International workshop: Globalization of Indian performing arts in new media situation: Dynamics of cultural gyre workshop proceedings*. 甲南大学生活協同組合複写センター、pp.79–99.

Morcom, A. (2013). *Illicit worlds of Indian dance: Cultures of exclusion*. London: C. Hurst & Co. Ltd.

Pandey, T. (1999). *Where silence sings: Sounds and rhythms of Rajasthan*. New Delhi: Harper Collins.

Robertson, M. (1998). *Snake charmers: The Jogi nath Kalbelias of Rajasthan*. Jaipur: Illustrated Book Publishers.

Robin, T. & Guillien, V. (2000). *Gulabi Sapera: Danseuse Gitane du Rajasthan*. Paris: Actes Sud.

〈インターネット資料〉

Intangible heritage: Kalbelia folk songs and dances of rajasthan〈http://www.unesco.org/archives/multimedia/index.php?s=films_details&pg=33&id=1701（二〇二〇年三月一七日閲覧）〉

Rajasthani Song-Naag Lapeta Leve-Chetak Video〈https://www.youtube.com/watch?v=LqnV21ojfHc（二〇二〇年三月一七日閲覧）〉

कोमल रंगीली: Banna Fortunar Layo live stage performance by komal rangili〈https://www.youtube.com/watch?v=rTbsMp9thEg（二〇二〇年三月一七日閲覧）〉

［25］マルセル・モースが論じた身体の社会性をめぐる議論とトマス・ホッブズの「政治身体（body politic）」の概念を援用して提起された概念であり、個人性を超えた身体のあり方を人間を取り囲む事物を含めた形でイメージを通して考察するもの。

2　身体の境界の揺らぎと官能

中屋敷千尋

本コラムでは、北インド・スピティ渓谷における人びとと周囲の環境との関わりに注目し、特定の文脈において生起する身体が融合する感覚と官能との関係について取り上げる。

スピティのチベット系民族は北インドの標高約三、二〇〇～四、二〇〇メートルの高山地帯、中国との国境付近に住む人口約一万二千人、チベット仏教徒として知られるチベット語の西の方言を話す少数民族である。政府雇用の職や、商店、タクシードライバー、建設業などの自営業を主な生業とし、ごく少数が農業を営む。高山のため緑が少なく殺風景なランドスケープが広がる。

スピティでは、自家消費用の大麦と換金作物である青エンドウ豆（通称グリーンピース）がつくられる。耕起と収穫を除く大部分の作業は女性によって担われる。農地（図）はメインバザールから徒歩一〇分ほどのスピティ川近くに位置し、民家から少し離れている。給水作業は女性一～二名、除草作業は女性三～五名で行われ、除草と収穫の際には農地を所有する親族や近隣住民と手伝い合う（二〇一四年六月一〇日から二九日までの農作業の観察から）。筆者は受入先の母親の異母妹ソナム（当時三五歳）に付き添うかたちで農作業に同行した。

とくに除草作業において、女性たちのあいだには親密な感覚がめばえる。朝八時から夜八時ごろまで中腰の作業が続く。途中午後二時ごろに昼食をとり、その後、みなであぜ道の上に寝転がって空を見あげる。せいぜい一五～二〇分の休息である。横たわると、空一面が視界に入ってき、端には山や草、隣にいる女性が少し見える。雲が流れていく。当時四七歳の女性はしばしば、「民家のほうではこうやって空を見あげることはないけれど、農地で私たちは同じ空を見ている」と言った（二〇一四年六月一二日）。その言葉に対し、ソナムは、「他の人（農地に来ない人）とは一緒に寝転がって空を見あげることはない」と述べた。またソナムは、農地で横たわって空を見あげることが心地がよく、好きであると話した。筆者はそこにいるみなの身体がつながっているような、そして山や空が自らの延長にある、または自らの身体と融合したような感覚に陥り、眩暈に似た感覚を何度も経験した。

農家の人びとにとって、農地での時間は、もちろん日々のルーチンに組み込まれたものではあるが、視点を変えれば、民家や市場周辺の人間関係の煩わしさから離れられる一種の非日常ともいえる。実際に、筆者が付き添っていたソナムは、農地では家の煩わしさから解放されるために心地がよいということを何度も筆者に話した（たとえば二〇一四年六月一六日）。また、性的な話や自殺願望の話など普段はできないような話も頻繁に持ち出される（中屋敷二〇一九）。これらには、農地で感じられる開放感のほか、スピティに特有の身体感覚のあり方が関係しているのではないだろうか。

スピティでは親密な相手とできるだけ一緒に居る、または互いの状態を確認し合い、つながりを確かめようとする。継続的で密接な対面関係を重視し、常に人とつながっているという感覚と、人との関わりのなかで自らが形作られるという感覚をもつ。他者の身体的な痛みに言及する際にも自らのもののように語り、ふるまう。こうした感覚は、スピティ特有の高山という自然環境や、自らの存在の捉え方、宗教的、思想的な身体の捉え方などを含む周りの環境のなかで育まれ、身についてきたものだろう。農地で他者と融合する感覚も、前述の感覚の延長上にあると考えられる。

逆に、一人でいるときには、別の意味で周囲と融合するような感覚に陥る。スピティでは、厳しい自然環境のためか、一人でいるとある種の「怖さ」を感じる。とくに夜は、街灯もなく真っ暗で、虫の音もなく、風が静かな日には無音である。人や動物、虫といった生き物の気配もない。この無音であることや生き物の気配のなさが何ともいえない怖さを生み出す。スピティでは、一人でいると、「気が狂う」または「（心の）調子が悪くなる」としばしば表現される。実際に、同じ家屋の中にいたとしても同じ部屋にいることが強要され、一人でいることが非難される（中屋敷二〇一九）。筆者自身、夜眠る前、自室に一人でいると自分の心臓の音しか聞こえず、気が狂いそうな、あるいは自分の存在が消える、ないし飲み込まれそうな感覚に陥り、自らの位置づけがよくわからなくなることが何度もあった。

河合は北ケニアのチャムスが経験する音、環境、身体の関係を取り上げ、強烈な蝉の声が降り注ぐ叢林（ブッシュ）の放牧空間のなかで、牧童が休

図　スピティ渓谷の農地（筆者撮影，2014 年 6 月 12 日）

みに入るとき、「リイヨが（牧童を）食う」（河合二〇一一：三五一）という。圧倒的な音量、連続性、単調性という特性を備える蝉の声（リイヨ）は身体に否応なく浸透し、牧童に一人であること（リイヨ）を強く感じさせる。そこでは「環境と身体の境界の揺らぎ」（河合二〇一一：三五五）が生じているのだと述べる。スピティの場合には、逆に、無音や生き物の気配のなさが人びとの気を狂わせ、自らの存在や位置づけを不明瞭にし、環境と身体の境界を揺らがせているといえる。このように「気が狂う」ことと「一人でいる」ことが結びつけられる背景には、先に述べたような常に人と関わり、そのなかで自らを位置づける、ないし自らが存在する、というスピティの人びとのあり方が関係しているだろう。

　農地で地面に横たわって空をともに見あげるときに感じる、身体が周囲に融合する感覚は、一種の恍惚の状態ともいえ、周囲の自然環境や人びととの関わりのなかで生じる官能的な体験といえよう。田中はエロスの世界を「自他の融合が生じる浸透可能空間」（田中二〇一〇：一八）であると言い、また身体と自然のあいだの境界の曖昧さについて指摘しているが（田中二〇一八）、スピティの農地もそのような可能性をもつ空間といえるのかもしれない。他方、後者の一人でいる際に経験する感覚は、自らの境界が不明瞭になるという点で農地での感覚と共通するが、それは恍惚やそれによって引き起こされる官能というより、恐怖である。否応なしに一方的に飲み込まれ、周囲に融合されるような感覚である。

　身体が周囲の環境と融合する感覚は官能に含められうるが、それと同時に、恐怖にも含められうることから、官能と恐怖は紙一重のもの、または表裏一体のものとして存在するのかもしれない。恍惚や官能とされうるものが恐怖や不快に変わるのはどのような瞬間や文脈においてなのだろうか。官能と感覚との関係については今後さらなる検討が必要だろう。

◉引用・参考文献

河合香吏（二〇一一）「チャムスの蝉時雨――音・環境・身体」床呂郁哉・河合香吏［編］『ものの人類学』京都大学学術出版会、三四三―三六二頁

田中雅一（二〇一〇）『癒しとイヤラシ――エロスの文化人類学』筑摩書房

田中雅一（二〇一八）『誘惑する文化人類学――コンタクト・ゾーンの世界へ』世界思想社

中屋敷千尋（二〇一九）『つながりを生きる――北インド・チベット系社会における家族・親族・隣人の民族誌』風響社

第Ⅱ部　性愛と官能

第六章　ダンシング・カンノウ

ポールダンスからみたエロスの人類学

ケイトリン・コーカー

第一節　ポールダンスのエロスを考える

会社の飲み会、または友達との食事の後、二次会としてどこかに行くことがあるだろう。知り合いのバーをハシゴしたり、カラオケに行ったりする人も多いのではないだろうか。その選択肢の一つには、ポールダンスが見られる小さなバーまたはショーパブもあろう。本研究はそこで見られるポールダンスを調査したものである。ポールダンスのおおまかな流れは次の通りである。曲が始まり、ビキニのような露出度の高い衣装を纏った若い女性が登場し、天井に固定された直径四五ミリまたは五〇ミリのステンレススチールの棒に絡む。遠心力を使って棒を中心に回りつつ腰を振り踊る。曲のサビでは棒に登って皮膚とポールとの摩擦、ならびにポールを押してポールから身体を離すことによってポール上に留まる。そこで、綺麗なポーズまたはダイナミックな技を披露して拍手を浴びる。この五分程度のダンスが終われば、客からチップ（お札）を口にくわえたり衣装に挟んだりして集める。ポールダンスを見たことのない読者も、どのようなダンスかだいたい想像できるのではないだろうか。

私は、このダンスがなぜ性的に捉えられるのか、またはその状況のなかで踊る女性は自分の身体で何ができるのか

図6-1　パニック・ラビット84カフェで舞台上に席を作るほど来客の多い夜にポールダンスを披露する筆者（匿名の観客による撮影，2018年3月25日）

という問いに駆られて研究調査を行った。女性ダンサーは性的な客体にすぎないのか、逆に女性が自分の身体を通して望ましい関係性あるいは空間を作ることができるのかを考察した。

本章の目的は、日本でのポールダンスに焦点を当て、私自身によるエロスの人類学を創造することにある。本章では、田中雅一の『癒しとイヤラシ――エロスの文化人類学』に依拠し、「反エロス」を鍵概念とする（田中二〇一〇）。

まず、田中の論じるエロスと反エロスを紹介して、本章の視点を述べる。次に、ポールダンスの歴史と変容を概観し、ポールダンスの実践を性的な表現とする固定概念の背景を明らかにする。近年、ポールダンスの実践者はプロのダンサーに留まらず、習い事やフィットネスとして実践する人が増えている。これらの実践者がショーをすることに焦点を当て、そこにどのような「反エロス」または「エロス」が見出せるのかを論じる。調査事例を参考にしつつ、女性ダンサーと客との関係性が「反エロス」に陥るのか、あるいは女性ダンサーが自らの身体と動きによって真のエロスの空間を醸し出せるのかは、女性ダンサー一人ひとりの意識と技術、またはダンサー全員の共通の意識と連帯感にかかっていることを指摘する。最後に、本章の研究視座から、エロスの人類学がどのような意味をもっているのかをあらためて考察する。

ここで『癒しとイヤラシ――エロスの文化人類学』を紹介し、私がその内容をいかに考えるのかを示す。

まず、同書の中心であるエロスの定義を引用する。

> なによりエロスは、性を媒介とする偶発的で濃厚な関係です。そこでの性的な相互作用は、自己と他者の変容や融合として経験されることになります。それは当事者の意識がみずからの身体を越え、あるいは身体そのものが他者の身体を受け入れ、その境界を越えて拡大していく感覚です。自己だけでなく他者もまた同じ世界を共有し、それを拡大し、この世界を一緒に創造し維持しているという感覚を生みだすのです。（田中 二〇一〇：一五―一六）

この定義に当てはまるのは、もちろん性交渉であるが、必ずしも物理的な身体接触は必要ではない。たとえば、自慰やチャネリングというエロチックな遊びも取り上げられている。チャネリングとは、性交渉が行われている場のそばにいることで、自分の想像力を通して性的な感覚が自発的に生じるというものである。これは皮膚という境界を越えて広がっていく感覚によって可能になる。そう考えると、皮膚は私たちの体を包み込む容器ではないことになる。また、ここでの感覚とは、私たちが考えるはっきりとした五感より大きな意味での、身体全体の感覚的な可能性である。つまり、ここでの身体は物理的な身体のみならず、身体の影響力、つまり感じる力・感じさせる力をも含んでおり、その力の鍵となるのは固定概念を超えていく想像力にあると考える。

また、同書の特徴の一つは、再帰的な思考にある。さまざまな社会にある性を取り上げることで性の多様性を描写するのではなく、田中自身の視点から日本での「エロス」を検討することで自分自身の社会を批判する。その視点は日本人男性からみた現代日本の異性愛のセックスへのまなざしである。具体的にいえば、戦後日本のセックスワーカーであったパンパンや、トルコ風呂の従業員、売春婦、ＡＶ女優などを取り上げているが、田中の周囲の人びとも含め、「一般的な人びと」もセックスをいかに考えて、実践しているのかということに注目する。そして、男性中心的なエロスを批判する。

田中は日本におけるエロスを巡る言説を幅広くみることで、当たり前とされている社会規範や価値観の問題点を指摘する。そして、これらの言説の大半はエロスではなく、「反エロス」であると主張する。反エロスとは、「他者を不完全で劣った存在とみなす態度や考え方」、そして「具体的な性行為においてだけでなく、それを取り囲むまなざしや語りが、一方的な権力関係を前提としている状況」とする（田中二〇一〇：一七–一八）。これは、相手を支配したり利用したりして、相手のニーズを感じる余地のない固定化された他者との関係性と考えられる。その結果、当人とその身体との関係性も悪化するという。

> 反エロスとは身体が当人にとって監獄と感じられるような、意識が身体の虜と感じられるような状況を指します。（田中二〇一〇：一六）

田中は身体を監獄と感じさせるような、さまざまな価値観を反エロスとして明白にする。たとえば、男性の自慰は自然で健康によいものとされてきたが、女性の自慰は一九七〇年代まで病気のもとになると医学的な言説によってカテゴライズされていた。あるいは、性交渉の際、男性は能動的で女性を満足させる役割とされており、その一方で女性は受け身となって男性との共起的なオルガズムを目指すという性交渉の目的化がなされてきた。田中はこれらの固定概念が性交渉をよりよくしていくものではなく、エロスの可能性を抑制する社会規範であると指摘する。

田中のいうエロスの可能性とは、ジェンダーならびにセクシュアリティというカテゴリーと無関係に、瞬時の偶発性に身を委ねて多様なエロスが実現できることを指す。これが可能となれば、身体は社会に期待されていることを予定通りこなす檻ではなく、変容できる流動的な場となる。

　このように身体を集中的に考察したこの本は、エロスと反エロスの言説のみならず、いかに身体が私たちの世界観や生き方の基盤を成しているかについての論説でもある。多数派が示す反エロスとその身体観に光を当てると同時に、隠蔽されがちであったエロスの可能性、すなわち身体と身体とのあいだに生まれる可能性をも見出したことは、反エロスの身体観を乗り越える道筋を示していると考える。

　本章では私自身のエロスの文化人類学の創造を試みる。その理由は私の視点にある。先述したように『癒しとイヤラシ』は田中の視点、すなわち日本で生まれ育った異性愛の男性の視点からみえてくるものを検討し考察したものである。私は全人類の女性の代表にはなりえないが、女性研究者として男性研究者とは異なる社会経験をしてきたからこそ、かなり異なった視点をもっていると考える。また、私の参与観察、すなわち身をもって踊ってきた経験からも、どのような反エロスの言説ならびにエロスの可能性がみえてきたのかを考察する。そして、エロスの文化人類学への新鮮な視点を提示し、その研究に貢献したいと思う。

第二節　ポールダンスの歴史と変容

　ポールダンスは北アメリカのストリップクラブで始まったパフォーマンスである。そもそも、なぜポールがパフォーマンスの道具としてクラブに設置されたのか、その経緯は未だに明らかになっていない。ポールダンスのレッスンについてフェミニズム的な民族誌を著したサマンサ・ホランドによれば、ポールダンスは一九八〇年代にカナダのストリップクラブで誕生したという（Holland 2010: 38）。しかし、同じくポールダンスのレッスンのフェミニズム的な民族誌を著したケリー・グリフィスは、その歴史は二〇世紀初頭のアメリカにまで遡ると述べている。当時、フェアすなわち移動遊園地のテントの中で、男性の観客の前で女性がテントのポールを持って腰を振って性交渉を思わせるようなダンスを披露したそうである。そのダンスが変容していき、一九五〇年代から流行ったストリップティーズの一要素にもなり、ポールダンスとして展開していったのだという（Griffiths 2016: 16）。一九九八年、カナダ出身のストリッパーであったファーニア・マンディーがポール・フィットネスのためのＤＶＤ『ポール・ワーク、ボリューム１』を製作公開したことが一つの契機となって、仕事ではなくフィットネス的な趣味として一般女性も習うようになったとされている。

次は、日本のポールダンスにはどのような歴史的な背景があり、どのような印象をもたれているのかを明らかにしていく。

一九九〇年代後半から二〇〇〇年代前半に風俗店で踊っていた三名のポールダンサーの話によると、当時はポールダンスを教えてくれる人はおらず、先輩からも教えてもらえなかったとのことだった。二名の話では、女性の競争のはげしい世界で、先輩ダンサーのポールダンスを真似れば、非難されることになったという。

また、ポールダンスの技術をどうやって手に入れたのかを、ポールダンスの第一人者である末宗麗子氏の事例でみていく。末宗氏は開店前の時間にポールで練習し、また開店中に客の前でポールの上でどのような動きができるか、ゆっくり動いてみながら新しい動きに気づいていったとのことであった。また、ポールダンスを披露する際に予定通りの動きができなくなり、即興的に新しい動きが生まれてくることもあったそうである。たとえば、二〇〇五年に初めてポールダンスの世界大会[1]に出場し優勝したとき、演技中に足がつったため履いていたハイヒールを自ら飛ばし、裸足の足裏をポールにつけて反対の足を後ろに伸ばしてから次の動きに進展させたことがある。この動きは観客や他の出場者に衝撃を与えて、現在では「Reiko Split（麗子の開脚）」として世界的に知られるポールダンスの基礎の動きの一つになっている。このように日本はポールダンスの発祥地ではないものの、日本のポールダンサーは現在の国際的なポールダンスの展開において重要な役割を果たしている。

二〇〇〇年代にポールダンスの世界大会が定期的に行われるようになり、YouTubeなどのSNSも浸透してきたことで、ポールダンスにおける国際交流や技術向上が広がりをみせていった。ポールダンスのスタジオが東京と大阪で設立され始めたのは二〇〇〇年代半ばである。そこではポールダンスが仕事のダンサーであるインストラクターが、ポールダンスを趣味としている一般女性に教えていた。しかし、二〇一〇年代に入るとその構造が揺らぎ、世界大会で入賞し、ポールダンスをスポーツとする実践者も出てきた。さらに、ポールダンスを演劇および芸術的な表現として実践するポールダンサーや、ポールダンスの大会「ポール・シアター」も現れた。このような多様性を背景に、ポールダンスの実践者の人口やスタジオ、大会などは国際的に増えてきており、オリンピック競技への可能性も出てくるほど主流になりつつある。このように、ポールダンスは仕事や趣味として、多様に展開してきている。

　近年、ポールダンスはこれほどの変容を遂げてきたが、風俗店がルーツという印象は社会的記憶からは消えておらず、「風俗の闇」というイメージが貼りつけられることもある。このイメージからは、ポールダンスとエロスの直接的な関係が想像される。大阪のポールダンス界の先駆者である原秀文氏によ

図6-2　原秀文氏
（匿名の観客による撮影，2018年頃）

［1］これはアムステルダムにて開催された、第一回ミス・ポール・ダンス・ワールドという世界大会である。末宗氏は一位を獲得した。二位をとったタミー・モリス氏も、東京でダンサーとして働いた経験をもっており、バンクーバーでポールダンスのスタジオを設立した。現在、ミス・ポール・ダンス大会は各国にて毎年行われる。

ると、女性がポールの隣に立つだけで男性は興奮するそうである。そのため、ポールダンスは狭い意味で捉えられ、男性や一般女性、子どもができるものではなく、エロスを醸し出す大人の女性のみが演じるものと思われがちだといえる。

また、実践者の多くはポールダンスをスポーツや芸術として賛美しながらも、風俗店に由来する要素を排除しようとしないこともある。たとえば、一般人がポールダンスを習う、あるいはポール・スポーツの選手が訓練を行うスタジオではウェーブなどのしんなりした動き、またはハイヒール着用のレッスンなどもみられる。また、「ポール・シアター」や「エキゾチック・ジェネレーション」などのポールダンス大会ではストリップティーズからの要素を「エキゾチック」あるいは「クラシーク（Classique）」という概念で捉えて大会の一部門としている。

ポールダンスが多様化するなかで、習っている実践者が踊りを披露する機会も増えている。私の調査では、習い事またはフィットネスとしてポールダンスを始めた当初は人前で踊るなど考えてもいなかったのに、ある程度まで身につけた後は人前で披露したくなったという女性の語りが多々あった。これに応じるかたちで、ポールダンスのスタジオでこぢんまりと行う発表会もあれば、クラブのイベントやショーパブなどの商業的な場所で踊る機会が設けられることもある。

ポールダンスに関する近年の先行研究には、前述したホランド（Holland 2010）とグリフィス（Griffiths 2015）の民族誌がある。ホランドとグリフィスはポールダンスのスタジオで参与観察を行い、ポールダンスを習う女性たちに焦点を当てて、その実践をフェミニズムの視点から考察した。どちらも、ポールダンスを実践することで、女性たちは女性のエンパワーメント、すなわち社会的地位の私的なレベルでの向上に貢献していると論じている（Griffiths 2015; Holland 2010）。これに対し、本章ではアイデンティティやセクシュアリティというカテゴリーでは女性たちの実践を捉えられないと考える。なぜなら、アイデンティティやセクシュアリティは個人が構築していくものではなく、さまざまな出会いあるいはエロスの偶発性を通して、多くの関係と流動的な状況のなかで生成されていくと考えるからである。日本でも社会的地位の向上を目指しているというポールダンサーはいるものの、彼女らのいう社会的向上は女性としてではなく、ダンサーとしての意味であるため、ホランドとグリフィスが述べる意味とは異なっている。本章では、アイデンティティやセクシュアリティ、または社会的地位の向上に焦点を当てるのではなく、ポールダンスを踊ることでショーパブの女性たちがどのようなエロスを実現できるのか、体で何を成しうるのかという基本的な問いについて検討する。

風俗店でのポールダンスや実践者の体は社会的文化的に価値の低いものとみなされてきたが、この女性たちの実践を客はいかに受け取っているのかを提示し、その効果としてどのような反エロスの言説が働いているのか、いかなるエロスの可能性がみえるのかを考察する。

第三節　ショーパブでポールダンスを披露すること

現在、ポールダンスはスタジオの発表会や演劇、野外イベント、クラブやバーなどというさまざまな場所で披露されているが、ここではショーパブでのポールダンスに焦点を絞って検討する。以下の記述は二〇一五年から二〇一八年まで「パニックラビット８４カフェ」という南大阪のショーパブ（以降は「パニラビ」（略称）とする）、そして二〇一七年から二〇一八年まで京都祇園のショーパブ（以降は「ピーチ」（仮名）とする）で行った参与観察、またはそこでショーを披露したダンサーへの聞き取り調査に基づくものである。

ショーパブと一言でいってもその種類はショーパブの数だけある。ダンサーの身体の露出度および客との接触の度合いは、ショーパブによって異なる。たとえば、関西で有名なショーパブである大阪桜川のアポロ１ビルでは、乳房を客の顔に押しつけたり、個室で客の膝の上に乗ってエロチックに体をクネクネさせたりするのが当たり前である。他のショーパブでは、個室に行かず客と談話をするかしないかぐらいの接触に留まっている。

　また、ショーパブの場所や客層もさまざまである。前述のアポロ1ビルなら地下一階から六階まであり、各フロアはディスコほどの大きさがあるが、普通のバー程度の狭いショーパブもある。ポールが設置され、ショー・タイムのための照明装置が設置されている点は、いずれの規模の店舗にも共通している。客が一五人程度しか入れないという狭さの「ピーチ」でも、ポールには派手な照明が不可欠という認識があった。すなわち、場所の規模が大きく異なっていても、ショータイムの雰囲気はなんらかの共通点をもっている。また、ショーパブの立地条件によって客層は異なるものの、仕事関係の付き合いで来店する男性の団体、一人で観に来る男性客という二パターンはほぼ共通している。ショーパブによっては女性やカップルも来店するが、男性客の方が多いといっていいだろう。

　私がポールダンサーとして参与観察を行った前述の「パニラビ」と「ピーチ」には次の共通点がある。両店とも比較的狭いバーで水着のような衣装を着てポールダンスを一晩に二、三回ほど披露し、その前後に接客する。大きな相違点およびそれぞれの特徴は以下の通りである。

　「パニラビ」の店長であった原秀文氏は元アポロ1ビルのポールダンサーで、そこでの影響を受けており、客とどのように接したらいいのかを従業員のダンサーに教えていた。その接触とは主に、客とともに王様ゲーム[2]のような幼稚ともいえる遊びを通して触れ合うことであった。これには原氏のいう「健全なエロス」を客に提供するという目的がある。

　「ピーチ」の店長はポールダンサーを雇うのが初めてだったということもあり、ポールダンサーがいかに客と接するのかは、ある程度ダンサー自身の判断に任せていた。ここでは一般的に美人とされる大人の若年女性によるエロチックなポールダンスが披露された。

　これに対し、「パニラビ」では同性愛の男性、典型的ではない美人、ドラァグクイーンにもショーをさせた。そのため、他のショーパブに比べて「パニラビ」の客層は女性やセクシュアル・マイノリティの客が多かった。次に「パニラビ」と「ピーチ」での参与観察に基づいて、両店ともにみられたポールダンサーの仕事ぶりと客の行動を、ポールダンサーの視点から概括する。

第四節　「パニラビ」と「ピーチ」での一晩

「パニラビ」でも「ピーチ」でも、ダンサーは開店の一時間以上前に店に入り、メイクと着替えを始める。私が「パニラビ」で働き出したとき、原氏からギャル向けのメイク雑誌を渡され、勉強するように促された。また、「ピーチ」の先輩のメイク講座にポールダンスの後輩とともに参加して、ドラァグクイーンによるポールダンサーのメイク技法のプライベート・レッスンも受けた。さらに、「パニラビ」で開店前にドラァグクイーンとともに化粧をしているときにもアドバイスをもらった。これらの経験から、ポールダンサーのメイクは、一般女性のメイクとドラァグクイーンのメイクとのあいだにあるとわかった。一般女性のメイクと同様に、どんな顔になりたいのかを想像してメイクをする。たとえば、眼と眼とのあいだが狭い場合、眉毛と眉毛とのあいだをより広く開ける眉毛の描き方で、眼と眼とのあいだが広くみえる。眼の大きさや唇の大きさも、メイクで描き直せば、外見の印象が理想に近くなる。ドラァグクイーンのメイクも同じ原理であるが、さらにその理想を超えて顔のパーツを強調していくのである。「ピーチ」の先輩ダンサーによれば、「メイクは詐欺」とのことであった。

　これは顔に留まらず、ボディもメイクアップされていた。衣装の多くは水着または下着がもとになっていた。たと

［2］王様ゲームは次のように行われる。端に数字、または赤い丸が書いてある箸を用意する。参加者全員がランダムに箸を選び、赤い丸のついた箸を引いた参加者は王様になる。それ以外の参加者は、特定の数字をもらう。王様は数字を読んで、特定の参加者に命令をする。その命令としては「一番さんは二番さんの耳元にフーと息をかけてください」や「三番、好きな体位を教えて」などがある。

えば、「パニラビ」の原氏はシマウマの柄の小さな水着を着て、その上にダルメシアン柄の長いローブの上着を着用していた。「ピーチ」でよくみられたのは、水着やブラとパンティをベースにして、それらに百円均一ショップで売っている「Ｇクリヤー」というボンドでダンサー自身がラインストーンやスパンコールを施した衣装であった。どちらにしろ、ブラの奥すなわち脇に近いところにパッドなどを入れて谷間を作るのがほぼ当然のこととなっていた。また、露出している肌はカミソリや医療脱毛で脱毛処理し、ときにはグリッターを塗って、派手な首輪とピアスをつけて、頭に付け毛をしたり髪の毛を巻いたりしてセットし、香水を体の数カ所につけた。これらが揃って初めて準備完了という気持ちになる。

開店後、客をいかに出迎えるのかは両店で異なったが、この点は省略してポールダンスを披露する場面、すなわちショータイムの描写にうつる。ショータイムを始めるタイミングとその目的は店によって異なった。「パニラビ」の原氏によれば、ショータイムはダンサーを客に紹介するためというが、観察したところでは、ときには客を座らせて集中させるためのようにみえた。「パニラビ」には、開店時間から閉店時間まで時間制限なしの飲み放題プランがあるため、酒に酔って暴れる客を抑制したのだろう。[3]「パニラビ」の先輩ダンサーによると幼稚園児を指導するのと同様に、歌とダンスで彼らが集中できるものを与えるのだそうである。「ピーチ」ではこのような場面はみられなかった。客の多くは「ピーチ」でポールダンスを少し見てから次の店に行くという、上品な夜を過ごすようであった。このような違いもあって、「パニラビ」のポールダンスにはエロチックな要素もあり、コメディすなわち笑いを誘う要素も求められたが、「ピーチ」ではしっとりしたエロチックな要素が主に求められた。その結果、「パニラビ」は風変わりなショーパブ、「ピーチ」はショーパブになりつつあるバーという印象を受けた。

私はそれぞれのショータイムに出演したが、流れは同様であった。まずショータイムの前に店長やダンサーがこれから出演するダンサーを紹介する。その際、ダンサーについて魅惑的な情報をちらっと話してから、大声でダンサーの名前を呼んで音楽を流すという順番であった。紹介の際、ほとんどの客は沈黙して、司会者とダンサーに注目した。

そして、冒頭で述べたようにショー自体は約五分であった。

ショーの五分間は、前置き、盛り上がり、エンドという三部から構成されているといえる。前置きではダンサーが登場して、あまりポールに触らず難易度の高い技もせず、ポールの周りまたは床の上で踊った。誘うような目線でポールにもたれて体をゆっくりと見せつけるダンサーもいれば、最初から大きく動くダンサーもいた。盛り上がりでは曲のサビか盛り上がるときに、感動的な動きをした。難易度が高い技をする必要はなく、音ハメ[4]ができる大きな動きが効果的であった。たとえば、ポールに登って足でポールを挟んで上半身を反らせて後ろにぶら下がる「レイバック」というポールの初歩技があり、これを音に合わせてすると難易度の高い技よりも拍手を誘うことがあった。これ以外にも、ポール上で、両手でポールを持って足を大きく開くことも客を喜ばすのに効果的だった。物理的にも、両手でポールを持って足を揃えた状態はダンサーにとって重く感じる。足を広げれば下半身は軽く感じられ、重力に逆らうような動きがやりやすくなる。ここで指摘したいのは、客からすればダンサーは大股開きのようなエロチックなポーズをとっているようにみえるが、ダンサーからすれば足を大きく開くことでより体力の消耗を回避していることも考えられる。

ここからは、客のショーへの反応を述べていく。観客は、ショーに好奇心をもって座っていることがほとんどであった。ときには、ダンサーがポール上で踊っているときに客が立ち上がりダンサーに近づくこともあった。または、酔客がポールダンサーと一緒に踊りたがって手を広げて腰を振ることなどもあった。足を広げてポーズをとっているダンサーの股をジーっと見つめて友達の笑いを誘ったり、友達の撮影のためにポールの下でポーズをとったりすることもあった。また、チップをあげるタイミングがわからず、踊っている最中のダンサーに渡そうとする客もいた。その場合、ハイヒールの重さを生かして足を力強く振ってポールの上で動くダンサーは、客を蹴らないように注意する必要があった。

[3] これは南大阪、より具体的にいえば裏難波の客層のカラーでもある。

[4] 音ハメとは、ダンサーのあいだで使われている用語であり、曲の音に動きを当てはめるという意味である。

ここでショーの際にダンサーは何を経験するか考えたい。ベテランのポールダンサーでも踊る直前に緊張するという人がいた。自分の肌がポール上に留まれるような状態か、衣装はちゃんと大事なところを隠しているかを何回も確認することもあった。そして、ショーへの姿勢もそれぞれであった。客をどのようにいじるかを考えて小道具で遊ぶ人も、新しい演目や技に挑戦する人も、もしくは本当に性的なことを想像しつつ踊ってエロスの空間を作り出そうとする人もいた。ショーが終わり楽屋に戻ったときは、全員がショーを無事終えたことに安堵して、ときには幸せそうな表情をした。たびたび閉店後にポールダンサー同士で客が言った感想を嬉しそうに話し合った。「かっこよかった」や「かわいい」、「すごいな」などの褒め言葉をよく耳にした。

ショーの前後に、私は他のダンサーにどうしてここでショーをしているのかを尋ねた。たとえば、他のショーパブで働いた経験のある人は、「ピーチ」の方が拘束時間が短くて、自由に好きなことができると言った。他の「ピーチ」のダンサーは、昼間は事務の仕事をしながら「気晴らしに」来ていると言った。「ピーチ」も同様だと思うが、「パニラビ」ではとくに自分の好きな曲と衣装で演目を作り、その日はどの演目をするのかも自由だからと言った人もいた。

ショーの内容については、ダンサー自身が今まで経験してきたこと、感じてきたこと、培ってきたセンスと想像力を生かしショーを作っているといえる。ダンサーの私的な楽しみもありながら、ダンサーが客のためにショーをわかりやすくしなければ、誰も楽しめない。ダンサーの演目にダンサーの好みと客の好みとの出会いがあれば、楽しい雰囲気を醸し出すことになる。ダンサーは内向的にならず、演目の最中はずっと客に目線や体の向き方でアピールして、意思疎通できるよう気を配る。そのうえでダンサーは、客が何を感じているのか、どのように動けば客を喜ばせられ、驚かせられるかなども考えつつ動いていた。客の分析と動きの展開という複雑な思考を同時に行いながら、いつ写真が撮られても自分が綺麗に映されるような丁寧な動きを見せようとした。

この注意は自分の身体に留まらず、周りへの配慮にもつながっていく。もし客が興味をもっていない、あるいは楽しんでいないと感じたら、目線をその方向に送ったり、動きにメリハリをつけたり、客席に降りて動きで盛り上げたりすれば、しばしば空間が一変した。その結果、ダンサーと客が関係をもつようになるのみならず、客同士の関係や物理的な場所との関係が生まれることで雰囲気に変化が与えられた。このように自分の身体と周囲のモノ、そして客と場までも、ダンサーは踊りながらその空間を管理していくのである。ショーのこれらの諸要素を制御することは実は難しく、ダンサーはそのことに達成感を感じて仕事に誇りをもって、楽しんでいるようだった。

最後に、エンドすなわちいかにショーを終わらせるかも大事であった。ジャンと勢いよく終わらせることで、客に終了を伝えて拍手を促した。そして、曲が終わってもその雰囲気を保ったままチップタイムに入れば、客もショーに巻き込まれチップをあげたくなるようにみえた。つまり、ショーは終わってもまだ続いているのであった。チップタイムは客とともに行う即興のショーである。

チップタイムとは、ポールダンスが終わった後にダンサーが客と接触しチップを集める時間である。この時間にも曲が流れており、ダンサーは自分の立ち方、ふるまい方、とくにチップのもらい方、すなわち客のチップの渡し方を客全員に意識的に見せた。客が少ない場合はチップタイムがすぐ終わることもあったが、ポールダンスの披露よりチップタイムが長い割合が多かった。

両店とも、現金でチップは渡さず、店で売っている擬似札を使用した。チップ用の札は二枚千円で、ダンサーまたは店長が客の席を回って積極的に売った。つまり、チップタイム以外には使う機会がない。また、「ピーチ」ではダンサーに固定の給料は支払わず、ダンサーが疑似札のチップを現金に交換して持って帰るというシステムであった。「パニラビ」のダンサーは、自分がもらったチップは収入にならないが、時給ではなく店のその夜の収入の三〇パーセントから四〇パーセントをダンサーの人数分で割った金額が支払われるので、チップの販売が自分の給料にも関係した。そのため、ダンサーは客にチップを買ってもらわないと、給料が下がるという状況に置かれていた。

両店ではチップのもらい方と渡し方に相違点があるので、以下では個別にチップタイムについて描写する。

「ピーチ」は祇園にあり、その客はおとなしく、すぐ面白がってくれる人が多かった。たとえば、座っている客の膝に跨って、客にブラかパンティの中にチップを入れさせるだけで客やその連れも喜んだり、写真を撮ったりした。また、背の高いバースツールに座っている客に、お尻を突き出して「入れてください」と言うだけで十分であった。ほとんどの客はダンサーの指示にしたがって、ブラやパンティの指定された場所にチップを入れた。たまに、その場を盛り上げようとして、パンツのお尻の下からとか局部に近いところに入れようとした。ダンサーは暗黙の規則として衣装のパンティの下にもう一枚のパンティを履いており、表面のパンティを上げたりずらしたりしても素肌は見えなかった。

「パニラビ」のチップの集め方はより多様であった。多くあった例は、客の唇にチップを挟ませて一人ひとりをステージに連れ込み、椅子に座らせ、またはポールにもたれさせた後、ダンサーが踊りながら巧みに自分の唇でチップをとる、現地の言葉を使えば「奪う」ということであった。その奪い方はダンサーによってそれぞれだったが、定番は客の膝に跨って腰を振ってから奪うものであった。しかし、自分の奪い方も客の渡し方も他の客に見せるので、客一人ひとりに対しチップのもらい方を変えていく必要があった。したがって客が五人の場合は五パターンになるが、客が二五人の場合は即興的な創造力が試された。

　ポールの上からぶら下がって客からチップをとるとか、客と一緒に踊りつつとるとか、鞭や縄などのオモチャを使いつつチップをとるとか、考える時間もなく、瞬時に判断しつつチップをもらった。この時間には客ともっとも直接的な接触があったに違いない。しかし、場合によって接触しているように見せているが触れていないことやオモチャを使うことで距離を作ることもできた。たとえば、客の膝に乗る気がなかったら鞭で叩くことでその客とのチップタイムが済んだということもあった。また、膝にまたがって腰を振るが接触していないという場合に、「ケイトリンの腰の振り方は誰々と違う」と言われ、他のダンサーが本気で腰を振っていることもわかった。また、自分でも、親しみを感じた客なら肌と肌を接触させてチップを集めることもあった。これらのテクニックもあり、「パニラビ」ではチップタイムを「濃密な時間」と呼んでいた。この行為と密接な関係性はこの瞬間のみに現れて、その後の店での営業や他の場所でたまたま出会った場合に続くことはなかった。つまり、ショータイムまたはチップタイムを通して、その場にしか現れない非日常的な関係性が生じていると考える。

このようにショータイムやチップタイムでは、客がダンサーを触ろうとしたり、支配しようとしたりすることはみられなかった。ただ、「パニラビ」では、ショータイムとチップタイムの前後に胸や局部を触ろうとする客が多かった。それは、自分のことをムードメーカーだと思っている客が、友達に「あそこを触っちゃうぞ」とその場を盛り上げる意図があるようにみえた。これに対し、「パニラビ」の原氏やダンサーは客を遠ざけるのではなく、客をより近づかせるようにした。たとえば、客が胸を触ろうとすれば、その手を引っ張って自分の腰に巻いて客とより距離を縮めて微笑んでみせた。また、客が手で局部を触ろうとした場合、その手を引っ張って腕に跨って笑った。私がこの二つの方法を活用したときは、客とその友人は面白がってその動作で満足したようであった。

以上からわかるように、ダンサーは踊るだけではなく、チップを集めることで仕事を成立させていた。そのため、両店とも集客のために客と連絡先を交換して、出勤日を知らせることが常態となっていた。これは、たまたま友人と一緒に来た客を、定期的に通わせる目的があった。これに対し、客の「楽しそうだから行ってみよう」という気持ちから、定期的に通うようになっていく過程はさまざまであった。

たとえば、「ピーチ」で一緒に踊っていたダンサーには、写真を趣味にしている客が何人かついていた。彼女や他のダンサーが踊るときに写真を撮って、終わった後もポージングをして写真を撮らせるよう求めた。また、いつも一人で来店しカラオケを恥ずかしそうに熱唱する客がいたが、彼が歌うときに私が合わせてポールダンスをすると、私が踊る日に彼はよく来るようになった。

多くの場合四〇~五〇代以上の男性が特定のポールダンサーに会うために来店した。他のダンサーによると、「オジさんはお金もあって暇だから」とのことであった。私が他のダンス活動で知り合った、普段は「パニラビ」や「ピーチ」のようなところに行かない六〇歳以上の男性数人が、私の踊る日に来店して「心配だったが、楽しそうでよかった」、「頑張ってください」などと声をかけて帰ることもあった。他のダンサーにも似たような客がついていた。たとえば、あるポールダンサーと四〇代後半の客が会話をしていた際、客のその夜のダンスに関する感想を聞いて、そのポールダンサーは「保護者目線や！」と言って笑った。その直後、客がそのダンサーに財布を渡して、ダンサー全員分の飲み物をおごった。ダンサーが客を選ぶかどうかは不明だが、客を拒むことはみられなかった。このように年上の男性が若い女性ダンサーを応援するファンになって、高頻度でショーパブに来店するようになる。ポールダンサーにとって、これは効果的な集客の方法である。

話はチップタイムの直後に戻るが、その時間は客との距離が縮まって話しやすくなった。ダンサーは客に店をどうして知ったのか、ともに来店した友達との関係などの質問で会話を始めた。あるいは、客がショーを賛美して会話が広がっていくこともあった。また、客はダンサーに昼間は何をしているのかという質問もたびたびした。たとえば、「ピーチ」で同様の質問をされて、私が大学の講師として働いていると答えると、大爆笑が返ってきた。「大学の講師って、こんなとこで働いて大丈夫？」と言って、驚きさえ表した。私が「研究者として店でポールダンスについて調査している」とさらに説明しても、その驚きは消えなかった。また、「パニラビ」であるサラリーマンと世間話をした後、その客が私を心配して、「ここでずっと働いていてはいけない、他の仕事を探した方がいいよ」と言った。結局、「パニラビ」は閉店し、「ピーチ」もポールダンスの営業を休止したため、そこでポールダンサーとして研究調査をすることもなくなった。

第五節　ショーパブでの「反エロス」の言説

本章で取り上げた事例から、ショーパブまたはバーでのポールダンスは、一般的に想像されているような人前でセクシーな動きをするだけではないことがわかった。ポールダンスのショーの準備と披露、その後の接客にはさまざまな技術が必要になる。ときにそれは客に技術と認識されず、女性なら誰でもできる簡単なことと見下されるときもある。その理由の一つは、客からみれば女性の身体は自然に性的な客体であるという固定概念があるからと考えられる。言い換えれば、これは女性の生まれもった特徴であるという考えである。本章の事例では、この考えと相反して女性は自分の身体をプロデュースして見せることで空間を作っていた。つまり、セクシーな女性というパフォーマンスをするのである。ただ、この技術の要る仕事をするだけでは給料がもらえず、ファンを集めて集客せざるをえないということ自体から、社会においては価値の低い仕事とされていることがわかった。その結果、ダンサーは低い社会的地位に置かれる。たしかに客には他のアーティストや女性などがいないわけではないが、もっとも定期的に来店するのはダンサーをアイドルと見立てている年長の男性たちである。彼らはダンサーを未熟で客の応援が必要な存在とみなしている場合もある。このようにダンサーを不完全な社会成員と位置づけることは、田中が論じる反エロスそのものである。

　また、踊る女性たちは、メイクや衣装、ふるまいにいたるまで「理想の女性」にならないと不完全であるように感じる。ドラァグクイーンのメイクや衣装とポールダンサーのメイクと衣装は似ているが、ドラァグクイーンはそれらを誇張することでジェンダーのパフォーマティヴィティ、すなわち人間はある性別として生まれたのではなく、特定のジェンダーのようにふるまうことでそのジェンダーになるのだと指摘してジェンダー規範を批判していると考えられる（Butler（1990）参照）。これに対し、ポールダンスの披露の多くでは理想化された女性像としてのジェンダー規範が固定されている。

　ここで、私がどのようなエロスの人類学を見出せたのかを述べたい。私は八五年生まれのアメリカ合衆国育ちで、そこでの第三波のフェミニズムからの影響によって自分のジェンダー概念が形成されていると考える。この視点をもとに、日本社会そのものを男尊女卑社会と批判して本章を安易に終わらせるなら本章の意味はないと考える。また、女性たちが自分の社会的位置を向上させておらず、先行研究でいわれているエンパワーメントができていないという批判も単純化に陥ってしまう。ポールダンサーは、ポールダンス史の社会的記憶および現在の日本のショーパブにおけるシステムを認識したうえで、活動しているのである。歴史の積み重ねから、ダンサーの置かれるべき身分、ダンサーと客の関係など、暗黙のガイドブックが出来上がっている。このガイドブック、すなわち反エロスという社会的な固定概念があるからこそ、ダンサーは自由自在に行動できるという考えもある。これは、ある責任から解放されて、言われることや期待されることを笑い飛ばすことができるようになっているという側面でもある。ガイドブックに従いつつ、そのなかから変化を起こすことができると考えられる。

このように私は、本章に登場する女性たちが従来の風俗店のポールダンスでの反エロスの言説を撹乱させ、エロスへの新しい認識を生み出せるのではないかと期待した。たしかに、従来のショーパブを真似てすっきりしない中途半端なショーになってしまっていたかもしれないが、そこにエロスが発現しなかったわけではなかった。ダンサーは自分の身体をもとに客とともにその一夜を創造していくため、一夜一夜は異なっていたからである。そして、私の期待を裏切らない、エロスの可能性を生み出す夜もあった。

第六節　ポールダンスの披露からみえたエロスの可能性とエロスの人類学

そもそも、女性の身体そのものならびにポールダンサーのような「夜の仕事」が社会的に蔑視されているからこそ、非日常の空間が作り出されるのである。そして、ダンスという行為は、立派な仕事ではなく価値の低いこととされているからこそ特別に意義があるという矛盾がある。客がこの非日常的で多少いかがわしい世界に入ることで日常の自分を忘れるとともに、踊る女性も同じような効果を味わえる。ここで踊っている人たちは、誰かの娘であり、誰かの彼女または妻であり、あるいはどこかの会社のパートまたは正社員でもあるので、この日常からかけ離れた非日常、その関係性のなかで生まれる自分を味わえる。これは、ポールダンスのみならず、ポールダンスに根強く貼りついた固定概念を活かして、その一夜に非日常の自分になることの無意味さを楽しむことでもあるだろう。価値も意味も曖昧で、ただただんに自分の身体では何がなしうるのか、すなわち身体で客とどのような感覚を共有して、どのような世界をともに創造できるのかを追求する。この活動は、意味や利益を常に求められる日常の世界から離れた気持ちよい体験である。

この感覚の共有はポールダンスを披露している時間に限らない。ダンサーの店での佇まいやチップタイムでの客との即興の接触または雑談、このすべてが一連の動作になり一つのパフォーマンスとして客との関係性と空間を作り上げる。私にとって、これは普段は出会うことなく、二度と会うこともなさそうな人との非日常的な接触であり、個人的に快楽を感じることもあった。自分の身体と客の身体の関係を、他の客に見せる・客に見られる・客を喜ばすということにも快楽があった。これらは性的な行為に発展することはないが、普段は接点のない人との身体と身体との無差別の出会いにはエロスを感じることがあった。身体と身体との関係の進み方、すなわち距離を置くか縮めるか、どう動くかまたは静止するか、いつ終わるのか、そのすべてをダンサーの私が誘導することができ、それが暗黙の了解であったことによるだろう。客は私の無言の指示と展開を待つ側に自発的に立ち、私に逆らおうとすることはなかった。ここで彼らは、チップタイムのダンサーの身体からの指示だけではなく、ポールダンスで披露した身体の官能が、次にどうなるのかということをも待っていたようである。つまり、ポールダンスを通してダンサーが自分の身体と客の身体とのあいだにエロスの空間を醸し出し、それはチップタイムにもダンサーの動きから波動していった。客はそのようなエロスの波動を浴びようとしてダンサーに接触していた。

「パニラビ」での客との接し方を思い出してみると、ショーならびにチップタイム以外に、客が優位な立場を得て局部や胸を触ろうとすることがあった。これには、「キャー」とか「いやだ」とかいう反応を浴びて、それを笑いの種にしようという思惑があったと考える。これに対し「パニラビ」の原氏は、前述のようにその期待を裏切って客をより近くに引っ張り寄せることで、笑わせつつ客との関係で主導権をとるよう仕向けていた。つまり、客の手を引っ張って、ダンサーはその手の行先を誘導できる。これは客に逆らうのではなく、客とともにその場を作り出すことになった。この行為は、反エロスの言説で動いている人を拒否してそれに抵抗するのではなく、その人を包摂することである。そして、いつもと異なる可能性に光をあて、笑いを通してある種のエロスを生み出すことができた。ここでわかることは、エロスは反エロスを否定するのではない。エロスは反エロスをも受けいれる寛容な姿勢があるからこそ生まれるものと考える。原氏がその姿勢をダンサーに伝達しつつダンサーたちの安全を守ろうとすることで、原氏自身が考える「健全なエロス」を客のみならずダンサーにも提供しようとしていた。

この方法でエロスを生み出そうとすれば、一人では足りず、すべてのダンサーおよび店側も協力しなければならない。両店で調査しているなかで思ったことだが、そのチームワークはなかなか実現しにくい。メイクや衣装、ショータイム、チップタイム、接客の仕方、これらすべてにガイドブック通りではなく新しい可能性を実現しようとするには豊かな想像力を要する。田中も述べているように、世界創造には想像力が必要である（田中 二〇一〇：九七）。しかし、ポールダンスのショーを通してダンサーが自分の想像力を生かして、新しい世界を生み出していくという可能性はある。踊るとき、習ったステップや技のみならず、その人の人生のなかで経験してきたこと、あるいは見た夢、感じたことも内面から外に絞り出しつつ、身体、ポール、空間、そして何よりも見ている客を感覚的に捉えつつ動くようになっていく。これを繰り返しながら、自らの官能を踊る、あるいはポールダンサーの官能が拡張していく。ここで、抽象的な芸術とされているコンテンポラリー・ダンスの知人でさえ「私が踊るときに、セクシュアルなことであれ、とにかく客に何かを感じてほしいの」と語っていたことが参考になる。ダンサーがそれぞれの思いで踊っていても、客に何かを感じてもらいたいという思いは同じであろう。その思いがなければ、人前で踊る必要もなくなる。「感じてもらおう」というのは、自らの官能が身体から波動して客に新鮮な身体感覚として届くことだと考える。

また、踊られている世界を受け取ろうとする人びとや受け取ることを可能にする場がなければエロスの実現は難しい。人前で踊ることは自分の身体を意識して注意深く管理しつつそれを見せることのみならず、その場とそこにいる人びとの気持ちを把握してその空間を管理することでもあると考える。そうすると、ダンサーの仕事は、客に非日常の濃厚な新世界を感じさせることにある。しかし、これはダンスに限ったものではない。人類学も言語化を通して不可視なものを可視化して読み手と世界を共有しようとするものである。ダンスの場合は、目に見えない世界を身体で可視化しようとするものである。この点において、エロスの人類学とポールダンスに共通しているのは、エロスの世界を一人ひとりの世界の一部分として容認させようとする点だと考える。このエロスの世界を突きつめると、もはや性やエロスのみならず官能（言い換えればセンシュアリティ）も包摂される。したがって、私が田中雅一の指導の下で身につけた人類学は、一人の身体のみならず身体と身体とのあいだも含め、身体全体の可能性の開花そのものなのである。

◉引用・参考文献

田中雅一（二〇一〇）『癒しとイヤラシ――エロスの文化人類学』筑摩書房

Butler, J. (1990) . *Gender trouble: Feminism and the subversion of identity*. London and New York: Routledge.（＝バトラー、J／竹村和子［訳］（一九九九）『ジェンダー・トラブル――フェミニズムとアイデンティティの攪乱』青土社）

Griffiths, K. (2016). *Femininity, feminism, and recreational pole dancing*. London and New York: Routledge.

Holland, S. (2010). *Pole dancing, empowerment, and embodiment*. London: Palgrave Macmillan.

第七章　「感能」がもたらす官能の経験

性風俗店で働く「おんなのこ」たちをめぐって

熊田陽子

第一節　官能が満ちた場所

官能とは、このように定義される――「感覚器官を通して得られる快さ。特に、性的な感覚にいう。「―の喜び」「―をくすぐる」「―小説」」（『大辞林』第三版、三省堂）。性風俗店とは、まさにその空間を官能的な香りで満たすことで客を引き寄せる場といえる。たとえば性風俗店の「顔」であるホームページからは、さまざまなやり方で官能的香りが発散されている。高いスツールに座った女性が、股のきわまでスカートを引き上げ、脚を可能な限り長く見せるポーズで撮った写真や、豊満で柔らかそうな胸を両腕で内側に寄せるようにしてさらに大きく見せる写真。これらは、性的な感覚をくすぐる、性風俗店の広告における定番ではないだろうか。より露骨に、下着を露わにしたり、上半身を乳輪だけ隠して見せていたりする場合もある。もっとも、写真加工の技術が高まるにつれて、性風俗店が考える魅力的な女性の身体というもの（たとえば、胸はより豊満で、脚はより長くまっすぐで、腰はくびれて細い身体）は、簡単に作り出すことができるようになっている。こうした「望ましい身体」は、当然ながら、主にお金を持ってくる（男性）客からの視点を意識して作られている。

客の多くは、少なくとも最初は、直截的なオルガズムを求めてホームページを精査し、実際に足を運ぶことが多いだろう。しかし、実際に経験される官能は、それに留まるものではない。本章では、ＳＭプレイを看板の一つとする東京の性風俗店（以下、Ｙ店と呼ぶ）で働く女性たち（以下、「おんなのこ」[1]と呼ぶ）に対して行った調査から、「官能の経験」について考えていきたい。そのうえで、それを可能にする「おんなのこ」の「感じる能力」としての「感能」に焦点を当て、官能の経験が生み出されるプロセスについて論じていく。

第二節　Ｙ店と官能の経験

一　Ｙ店について

Ｙ店は、公安委員会に届出[2]を受理されて営業している、東京都心部にある無店舗型の性風俗店、いわゆる「デリバリーヘルス」である（以下、一般的な呼称に従って「デリヘル」と呼ぶ）。デリヘルは店舗型と対置させられることが多い営業の種別で、店舗型が事務所にプレイルームを備えているのに対し、デリヘルには事務所と在籍者の待機室（ない場合もある）だけがあり、働く人は予約に応じてホテルや自宅に派遣されるシステムを採る。全国には都市部を中心に多くのデリヘルがあり、カテゴリー別に細かく分けられている。たとえば年齢、派遣される女性の身体特徴（身長、体重、乳房のサイズ、臀部のサイズ、脚の形状など）、サービス内容（ＳＭ、手だけを使うサービス、肛門性交など）、支払金額、「国籍」といった特徴を売りとした店がある。Ｙ店の特徴は、二〇代後半から三〇代前半の女性が中心であること、「妄想売ります」がコンセプトでＳＭクラブではないが「ＳＭ的なこと」もオプションとして設定されていてほとんどの女性が対応できること、しかしＳＭクラブよりは値段設定が安いことなどが挙げられる。

Ｙ店は二〇〇六年頃にオープンした。オーナーは最初一〇人ほどの「おんなのこ」を集めて営業を開始し、今ではオーナーではなく店長と男性スタッフ二人が主に受付と事務業務にあたっている。客の自宅に「おんなのこ」を派遣することはなく、サービスを提供するのは主にラブホテル、希望があればシティホテルも利用する。Y店の特徴の一つにSM的なことができること、と述べたが、それについてもう少し説明を加えておきたい。「SM的なこと」といっても、「おんなのこ」が対応するのは主にMとしての役割を担ったサービスである。オープン当初はS、つまり「女王様」の役割でもサービスできる「おんなのこ」を募ったこともあるが、女王様を志向する女性たちはデリバリーヘルスとしての業務には馴染まず、結局すぐに辞めてしまうことが多かった。女王様と奴隷という主従関係にこだわりをもっている人は、デリバリーヘルスとしての業務のなかで構築される関係、すなわち「おんなのこ」が男性客に「奉仕」のようにサービスをすることに強い違和感を覚えるからである。必然的に残ることが多いのは、Mとしてのサービスもできる女性たちだった。SMクラブで勤務した経験のある人も多い。

筆者は二〇〇八年から現在にいたるまで、最初の五年は週に二回、その後は月に二度くらいのペースでY店に通い、受付スタッフをしながら研究を行った。スタッフとしての主な仕事は、電話およびメールでの応対、ホームページの更新と制作補助、文書作成、写真撮影およびその補助、そして店長が不在の場合は入店希望の女性に対する面接などである。調査で録音は行わず、業務の合間にメモを取り、その日のうちにフィールドノートにまとめて資料を収集した。

では、Y店での官能の経験について、具体的な例からみていこう。先述のように性風俗店とは単なる射精の場ではなく、さまざまな経験が重なって成り立つ場であることがわかる。

---

[1] 店で働く女性は、年齢にかかわらず「おんなのこ」と呼ばれることが多い。日本語の「女の子」には、年齢が若いという点で「未熟さ」が連想されるため、文脈によっては相手を軽んじている可能性が生じる。しかし少なくともY店においては、そのような侮蔑的な使い方はされていないと考えている。

[2] 「風俗営業等の規制及び業務の適正化等に関する法律」（昭和二三年七月一〇日公布同年九月一日施行・法律第一二二号）により、Y店が該当する「性風俗関連特殊営業」の営業者は、管轄警察署を通じて公安委員会に営業の届出書を提出するよう決められている。

二　客は「おんなのこ」と何をするのか

Ａ氏は美樹さん（以下、個人名は仮名）に定期的に会いに来る客である。難関として知られる日本の大学を卒業し、現在は会社を経営している。いわゆる「エリート」とか「成功者」と形容されそうな人物だ。五年前に初めて店を利用してから、美樹さん以外は指名していない。最初は二時間くらいだったが、最近ではより長い時間での予約が定番となっている。ただし二人はずっとプレイをしているわけではなく、食事をする機会なども多く設けられる。

初めの頃、プレイでは、Ａ氏がＳＭ関係のＳとなり、「ご主人様」という立場で美樹さんに接していた。しかし二年ほど前から、Ａ氏はＭになることに興味を示し実行するようになった。たとえば、美樹さんから鞭を振るわれたり、甘くも厳しい口調で叱責されたりすることを好む。いわゆる「赤ちゃんプレイ」を行うこともある。Ａ氏はおむつを複数枚用意しており、それを装着しつつ、おしゃぶりを口にする。そのとき美樹さんは、ただ、Ａ氏の頭を膝の上に乗せ、優しく撫でるのだという。言葉は多く交わされない。ただ、Ａ氏が「落ち着いた」とみえるまで、長いこと撫で続ける。やがてＡ氏が安心したような様子に変化することが確認できる瞬間がある。Ａ氏は小さい頃に母親と別れており、そのせいで母のような振る舞いを自分に求めるのかもしれない、と美樹さんが分析したことがある。このように美樹さんは、Ａ氏の前で、美しい同伴者（食事に出かけるとき）、妖艶な性の実践者（Ａ氏を「責める」とき）、そして母親（膝枕をしてあげるとき）など、複数の役割を演じている。そして、それらはどれも、Ａ氏にとっては異なりながらもつながった「官能の経験」なのではないだろうか。

次に紹介するＢ氏は、響子さんを指名する客である。物腰穏やかで、応対する店のスタッフに対しても、丁寧に話す人である。響子さんは、彼が、海外の紛争地域で勤務した経験があると聞いている。現在の仕事について響子さんは詳しく尋ねたことはないものの、日本と海外を頻繁に行き来していることは間違いないという。響子さんが聞いたところによると、Ｂ氏は、かつてある男性から力づくで「された」（強制的にペニスをアナルへ挿入された）ことがあり、そこから「自分の意に反して」男性身体に対して性的興奮を抱くようになったそうだ。だが女性への興味を完全に失ったわけではなく、再び女性と性行為をするための「練習」としてY店に来た、と響子さんは説明された。

響子さんはB氏のプレイを「ハード」と形容する。確かに、B氏とプレイした他の「おんなのこ」のなかには、もう彼には接客したくないといったり、プレイ中に泣いてしまったことをスタッフに告げたりする人がいた。響子さんがB氏のプレイの特徴として挙げるのが、「きついビンタ」や時折の「塗ったり塗られたり」である。「きついビンタ」とは響子さんに対して張られるもので、「軍隊的な」厳しさ、規律との結びつきを感じさせるものであるという。類似した行為をする他の客の場合と比べると強い力が加わるB氏のビンタは、しかしながら響子さんにとっては、「うまい」ので時に心地よい。後者の「塗ったり塗られたり」とは、排せつ物を互いの身体に塗る行為を指している。「おんなのこ」によっては、排せつ物を使ったプレイを一切受け付けない人も多い。嫌悪感をもつ、匂いに耐えられない、など理由はさまざまである。響子さんは、プレイ後にシャワーを浴びても排せつ物の匂いが残っていないか、それを嗅覚鋭い店長に気づかれないかを気にするくらいで、少なくともB氏とであれば、「塗ったり塗られたり」のプレイそのものを拒絶することはない。さらに響子さんは、B氏を「人として」評価している。響子さんが身体的にきついと意思表示すれば必ずしているプレイをやめるし、騙そうとすることもない、誠実な人柄にみえるからだ。「変態なだけでいい人」なのだという。

次のC氏は、桜さんの客である。営業の仕事に就いており、月に一度のペースで会いに来る。C氏はホテルの部屋で必ず女装をして待っている。その女装は、残念ながら、「クオリティ低い」と桜さんに言われている。基本的には、女性ものの下着をつけるだけで、メイクアップは施さない。ただし、桜さんが（自分の道具は使いたくないので）「百均」（百円均一ショップ）で買ったメイク道具を使ってメイクをしてあげたことは、数回ある。C氏は一番短い六〇分の予約でありながら、桜さんが到着すると「コーヒー淹れるね」と準備を始め、おしゃべりをしたがる。時間を惜しんでなるべく早くプレイを開始しようとする他の多くの六〇分の客とは対照的であるという。あるときなどは、四五分ほどおしゃべりを続けたため、ようやく服を脱ぎ始めたところで店からの「終了コール」（予定した時間の一五分前に店長やスタッフからホテルの部屋にかけられる電話のことを指す）が来てしまった。このときは、さすがのＣ氏も、時間があっという間に過ぎてしまったと悔やんでいたそうだ。

「あの歳（中年）にしては痩せてるけど意外と（筋肉が）むきむき」と桜さんが評する身体をもつＣ氏は、女性用の下着を着用し、鏡の前で「ポージングする」のが常である。「女になりたい」といいながら常に桜さんの身体を羨ましがったり、自分の身体が桜さんのそれと異なることを嘆いたりする。それを桜さんは、なだめたり、かわいいと褒めたりする。Ｃ氏は「そんなことない」と謙遜したり否定したりしながらも、さまざまな角度から自分の姿を眺めるのだという。

他方、たとえばＤ氏のように、自分がしたい行為が明確にあるわけではなく、「おんなのこ」を喜ばせることに「官能の経験」を見出す人もいる。Ｄ氏は一人に絞るよりも、異なる「おんなのこ」と会うことを好む。「固い仕事」をしているとだけスタッフに告げており、東北地方から一、二か月に一度店を訪れる。しばしばプレイ後の報告として店に電話をしてくるＤ氏からしばしば聞かれる表現が、「濡れる」とか「垂れるくらい濡らす」だ。

たとえばハナさんとプレイしたとき、Ｄ氏が彼女のアナルに指を入れた。すると「うんちがありそうな感じ」だったので、浣腸をするかとハナさんに聞くと、「する」といった。シリンジに入れたぬるま湯をアナルから入れた後、トイレで排泄させた。そのときにＤ氏がハナさんの頭を「抱きしめてあげる」と、もう「アソコが濡れ」ていた。Ｄ氏は「おんなのこ」の性器が「濡れる」ことを自らの喜びとして語り、別の女性も自分と会うと「濡れる」ことに誇らしげに言及する――「（別の「おんなのこ」である）愛さんもそうですよ」、「いろいろ（性的なことを）イメージして（Ｄ氏のいるホテルの部屋に）来るのか、（到着時にはすでに）ぽたぽた垂れるくらい濡らしてくるんですよ」。

これらの客が「おんなのこ」に会ってしていることは、いわゆる「ノーマル」といわれにくい行為も多分に含んでいるだろう。そこには、背徳性に裏打ちされた動悸を伴うような興奮、「普通」の文脈では決して口にできないような欲求の告白に伴う心地よい放心、「いつもの」（おそらく少々退屈な）自分とは異なる「自己」になる昂ぶりがある。同時に、そんな「大きな声で言えないようなこと」をしたり「変態」であったり自分を「作って」いたりする自分に対して、それは悪くないんだという態度で接してもらえたり、あるいは、（世間的には）悪いかもしれないけれど私は受け入れる、というメッセージを感じられる経験でもある。これらは、性の文脈において、他者に「包み込まれるような」とか「許される」というのが大仰であるなら、「ともに在ってもらう」という経験といえるだろう。たとえ金銭の授受というプロセスが介在していても、「おんなのこ」たちが彼らに会い続けているということは、否定はおろか、むしろ積極的に受け入れている証であろう。たとえお金がもらえても、「おんなのこ」は客を拒絶することがあるからだ。もうその客に会わないことを、店では「ＮＧ」と呼び、これに指定されると「ＮＧ客」となる。このように性風俗の業界においても相対的に安価ではないＹ店に客が来る理由の一つには、ＳＭとそれに親和性のある「変態（さ）」がもたらす懐の深さのようなものがあり、それがＹ店の「官能の経験」の核となっている実態があるのではないだろうか。

第三節　「おんなのこ」が行使する「感能」とは

次に、官能の経験を可能とする「感能（かんのう）」について検討する。客がつかなければ収入がないという状況のなか、「おんなのこ」は、できるだけ多くの客を獲得しようとする。そんな「おんなのこ」にとって、言外にほのめかされる客の欲望を感じとる能力、つまり「感じる能力＝感能」はきわめて重要である。さらに、客の欲望は、その場でかすかに示されるものも多い。そのため、プレイの途中で、鋭く察知するだけでなくただちに応える応答可能性（responsibilities）もここに含みたい。

彼女たちの「感能」は、以下に述べるように、主に二つの文脈において行使されているようである。第一は、客の欲望に関する、いわば「５Ｗ１Ｈ」を知る目的においてである。Ｙ店にはいわゆる接客マニュアルがない。すべての客が射精をしたいわけでもないし、結果的にすることになっても、射精よりも重きを置いている何かが他にある場合も少なくない。それは、客とのやり取りのなかで感じ取らなくてはならないのだ。客が何を求めているのか（what）

は言うまでもなく、さらに、どのタイミングでどのようにそれをしたいと願い（how と when）、誰つまりどんな相手とするのを理想とするのか（who）、また、なぜそれを欲望するのか（why）、といった問いを「おんなのこ」は常に念頭に置いている。しかし、客がそのすべてを伝えてプレイを開始することはほぼない。実際、何がしたいのかよくわからないが、とりあえず来た、という客も少なくない。さらに、スタッフが予約に関するやり取りのなかで希望を聞こうとしても、たとえば「きれいな人がいいなあ」とか「鞭を試してみたいです」といった答えが返ってくるばかりで、とても、具体性を伴った５Ｗ１Ｈの回答とはいい難いことが多い。そして「おんなのこ」も、性風俗世界を取り巻く差別的な空気を考慮し、相手の私生活を詮索することにつながる質問は控えるのが常だ（熊田 二〇一七）。そうなると「おんなのこ」にとっては、とくに初めて会う客の場合、彼が何を求めているのか、あるいはどういう女性を好ましく感じるのかといった問いに対する答えがみえないまま、手探りの状態でプレイが始まることになる。

一　客の欲望の糸口を探る

春香さんを例にみてみよう。部屋に入ると、挨拶の後、店に無事に到着した旨を伝えるため「電話してよろしいですか」と客に了解を取る。店はこの電話を受けて、タイマーを開始するのである。その後、（電話の時間を使ったことに対して形式的にせよ）「大変失礼しました」などといい、当たり障りのない天気の話などを振ってみる。それに反応せず、せわしないようすで、春香さんが持参した道具を「出して」という人は、「さっさとやりたい人」、つまりただちにプレイを開始したいタイプの客だと解釈し、それに従う。こういう客は、会話あるいは世間話は無用と考えている可能性が高いので、控える。他方、冷蔵庫から飲み物を出してくれたり、「少し話そう」と持ちかけてきたりする場合は、「ゆっくりしたい人」と解釈し、プレイ時間の長さにかかわらずそれに応える。しかし、なかには、どちらにも当てはまらない、あるいは、端的にいって何を求めているのか不明な客がいる。言葉を発さず、ただソファに座っているような客がそれにあたる。そんなとき春香さんは、客の傍で立てひざをついて、固くなっている素振りをみせる。そして「私、人見知りなので、初めての方だと緊張しちゃって」などといってみる。これは、緊張している可能性のある客の気持ちをほぐす効果があると同時に、相手からの指示をゆるやかにうながす行為にもみえる。

このように、とくに初めて会う客の場合、彼女たちは最初から注意深く客の行動を観察している。確かに、「おんなのこ」にとって、希望するプレイが非常に明確で、進行しやすい客は存在する。たとえば、プレイ中に「おんなのこ」に頻繁に指示を出す、Ｅ氏のような客である。相手をした花梨さんは、Ｅ氏に会うのはその日が初めてだった。彼は「最初はいろいろやってやるぞ」、つまり、ハードなプレイを予感させる話ぶりであり、かつ、ＳＭプレイに慣れた雰囲気が感じられた。いざプレイが始まったら花梨さんの基準では「わりとソフト」であった。時折「大丈夫か」と声をかけてくれるため、安心できた。プレイは、「ご奉仕」（主に口や手を使って男性器を中心とした身体へ刺激を与えること）がほとんどを占めた。その際、花梨さんが「楽」と感じたのは、こんなことである。「たま（睾丸）は触るか触らないかで触るんだ」「そこじゃない……（部位をわずかに変えると）そうそこだ！」。射精するタイミングが近づいてきたときには「「ごっくん」（精液を飲むことを指す）はできるか」と聞かれ、花梨さんが「はいできます」と答えると、そのタイミングも「はい「ごっくん」」と指示してきたのでとてもわかりやすかった。

しかし、Ｅ氏くらい具体的に指示をする客は、実際のところかなり少ないだろう。したがって「おんなのこ」は、その文脈および客との応答の過程で探り、即興で対応を決めていく。花梨さんは、既知でありどんなプレイを希望するのか知っている場合を除き、必ず持参した道具をホテルの部屋の机に並べるようにしている。持参道具には、先が分かれたばら鞭、低温をうたうロウソク、手かせ、綿ロープ数本、シリンジのようなガラス製浣腸器、目隠し用のアイマスク、電動バイブレーターを数本が含まれる。客のなかには、自分が希望するプレイがとくにない人（初めてＳＭプレイをするため何をしたらよくわからないという客にこのケースが多い）や、逆に花梨さんがどんなプレイをしたいのか聞いてくる人がいる。すると花梨さんは、自分が楽しいと感じ、かつ、身体に負担がかかりにくいと自分が思うプレイである、身体の拘束を提案することにしている。まず花梨さんはロープを手に取って、「縛られるのが大好きなんです」といいながら、客の反応を見る。ここで、ロープで身体を縛るいわゆる緊縛の経験がある客はその提案に乗ってくるが、未経験の場合、少しとまどったような顔をする。それを察知した花梨さんは、そのまま「でもこういうのも大好きです」と、手かせを手に取ってみせる。手かせは綿ロープや麻縄を使う緊縛と違って、知識と経験が必要ないので、初心者でも簡単に扱うことができるからだ。このように花梨さんは、あくまでその場では「ご主人様」である客のプライドを傷つけないような慎重さを保ちつつ、しかし相手にはそのように気取られないように気を遣いながら、プレイを円滑に進行しようとする。

桃さんも、客がもじもじしたり、照れたようにしているときは、その理由を複数考えてみるという。自分のしたいプレイができていないのか、したいプレイがいえない（恥ずかしい、「変態」と思われたくない）のか、自分のしたいプレイがわからないのか、やってみたら願望と実際のプレイに齟齬があったのか、あるいは桃さんについて、好みでないのか、「反応」が気に入らないのか、サービスが合わず気持ちよくなっていないのか、など。ただし桃さんは、自分がその客にとって「ある程度好みであればその先はそれなりの反応（プレイにおける彼女の身体的リアクション）があれば、（客は）満足できる」と考えている。つまり感能を駆使して相手の欲望を汲み取っていくのも大事だが、客にとっては、「何をするか」よりも「誰とするか」が大事なのではないか、と考えているのである。また、客も興奮してくると冷静にやりたいプレイを順序だててすることが難しくなることが多く、「欲望をそれなりに解消できれば結果はよかったというイメージが残るような……」とも語る。

二　リスクを察知

他方、「おんなのこ」による「感能」は、客が何をしたいか、あるいは少なくとも客に不満をもたせないようにするだけに行使されるのではなく、客の希望が自分にとって不都合である場合にそれを感知し、避けていくという能力も指す。

智子さんがＦ氏と初めて会ったのは、都内にあるＳＭプレイに特化した造りになっているホテルであった。Ｆ氏は智子さんに着せるため「けっこうかわいくてちゃちくない」メイド服[3]だけでなく、それに合わせるパニエ（その下に着用するアンダースカート）まで持参していた。無料貸し出しのコスチュームを使う客が多いなか、よほどこだわりがあるのだろうと智子さんは感じた。このＦ氏の行為とその後の会話から、彼がどちらかといえば「ロリコン」、つまり大人の洗練された女性よりも、少女のような存在を好む人と判断した智子さんは、その後、彼の望むイメージを壊さないように、あえて敬語に当たらない話し方を交えつつ会話を続けた。

プレイでは、綿ロープによる緊縛と、「ちょいちょいいじりながら」つまり智子さんの身体をＦ氏が時々触りながらの写真撮影[4]をした。途中、Ｆ氏が「かわいいお洋服〔他人に〕見せてあげないと」などと繰り返したことについて、智子さんは、彼が他のホテル利用者と関わりをもちたがっていると理解した。このホテルでは、部屋のドアを開けることが、他のホテル利用客がそこに入ってもよいというサインになっている。単なる挨拶だけでなく、他の「ご主人様」（Ｓの役が男の場合）や「女王様」（Ｓの役が女の場合）にプレイに加わってもらったりすることがあるという。智子さんは知らない人と危険を伴いうるプレイをするのは気が進まなかったので、「ロリコン」趣味であるＦ氏が理想の女性に対して抱くようなイメージを壊さないように「ちょっと〔い〕やですう」と「かわいらしく断った」。するとＦ氏は少し慌てたようすで、それ以上強要することはなかった。Ｆ氏は他の客の部屋に行くことを明確な表現で「命令」せず、「お洋服を見せる」という理由づけをしながら自分の希望をほのめかしていた。ならば、「かわいらしく」つまりやんわりと断ることで、智子さんの希望は通ると考えたのである。このＦ氏の場合は言葉がヒントとなったが、プレイ中には、もっと鞭を続けたそうだとか、「潮を吹かせ」たそうだなどと、「おんなのこ」が客の要求を「感じとる」

［3］店が客に無料で貸し出すために常備しているコスチュームは、「おんなのこ」に「安物」と評されるものが多い。
［4］Ｙ店では目隠しをした静止画および動画の撮影が、別料金でのオプションプレイとして存在する。

場合も多い。そんなとき、自分の身体の調子を悪くしかねないと思えば、行為を止めさせるよう対策をとるという。

　ただし、F氏のように、気が進まないことを柔らかく伝えればすぐに理解し行動を改める人ばかりではない。より高圧的であったり、横柄ともとれる態度で接してきたりする客もいる。沙耶さんが初めて会ったG氏は、二時間の予約をしていた。プレイではアイマスクを使った目隠しをしたのだが、G氏が「全然しゃべらないから次に何されるのかと思ってちょっとこわかった」という。とくにSMの要素が入ったプレイは、やり方によっては身体を傷つけかねない。だから沙耶さんは「こわかった」のであり、そのため「次は何するんですか」などと話しかけた。だがG氏の態度は「奴隷は口答えしたりするな」という「ノリ」だったという。「ノリ」と沙耶さんが表現したのは、G氏が実際にこう口に出したわけではなく、沙耶さんが感じとったことだからだ。沙耶さんはプレイに非協力的なわけではない。たとえば、「次は犬みたいに足をあげさせるからな」と言ってくれればよいという。しかしG氏は何も言わず沙耶さんの足を「ぐい」と上げてくるので、とまどうのだ。プレイを振り返りながら沙耶さんは、G氏について、「（沙耶さんにとって）嫌なことはしないけど、新人さんは、ちょっと自分のレベルを下げて伝えた方がいいかも」と語り、こう続ける。「たとえば浣腸一五本いける人は、一〇本て言っとくとか」。なぜなら、「（「おんなのこ」が）「できる」って言ったことの少し上を狙う人だと思う」からだ。つまり、これまでの経験から、自分は浣腸器一五本分の液なら体内に入れて具合が悪くなったりお腹が極度に痛くなったりしないということがわかっている人でも、G氏は申告した量以上の液体を入れてくるはずなので、あらかじめ少なく見積もって伝えるべきだ、ということだ。「フィニッシュ」（射精）も仁王立ちになったG氏に「イラマ」[5]をするという、沙耶さんからすると「いかにもな感じ」であった。SM関係の「ご主人様」は尊大な態度で然るべきだと思っている一部の人がやりそうなことだ、といっているのだ。ただ、沙耶さんはG氏を完全に否定はしておらず、天井や梁などにかけた縄に「おんなのこ」を縛る「吊り」のプレイでは、沙耶さんが（縛られた身体が）「しびれてきました」と伝えるとすぐに縄を解くなど、「嫌なことはしない人だと思う」と繰り返した。

このように「おんなのこ」の「感能」は、客の望むことを察知する能力だけではなく、自分の身体に対する危険を察知するそれでもある。たとえば沙耶さんの場合、G氏の満足だけを考えたら、彼が（おそらく）やりたがっている通り、「「できる」って言ったことの少し上を狙う」という浣腸の挑戦に付き合ってやればよかっただろう。しかし沙耶さんは、自らの身体を大事にするためにそうしなかった。客のしたいことを把握し、同時にあえてそれを実行しないという二点において、沙耶さんは「感能」を実践していたといえるだろう。

第四節　把握しにくい客

実際、G氏のようにコミュニケーションをとりたがらない客は、「おんなのこ」にとって難しい客となる。沙耶さんは八年近く性風俗で働いた経験があるので、G氏についての理解と解釈を披露することができたが、新人には難しいだろう。客の希望がわからなければ、喜ばせることが難しくなり、喜ばせられなければ、客は戻ってこないというジレンマがある。

ただし、いくら経験豊富な「おんなのこ」であっても、容易に客の望みを把握できるわけではないし、常に自分の判断に自信をもっているわけでもない。一〇年近くY店で働いている桃さんはいう。「実際、本当にお客さんが「いい」って思うことって何なのか、いつもわからなくなる」と。たとえば、ある客について「この人は鞭（を使ったプレイ）が好きだ」と思っても、その、彼の使う鞭に対してどのようなリアクションをするのか――派手に痛がってみせるのか、あるいは声のトーンを抑えて耐え忍ぶ様子をみせるのか――についての正解はすぐにはわからない。

---

［5］イラマチオの略。口腔にペニスを入れて刺激する行為であり、咽頭の奥まで使い、疑似的な場合もあるにせよ無理やりペニスを口に含んだ人の頭を激しく揺り動かすため、恥辱や苦痛を伴う行為とされる。

試してみて、彼の言葉以外の反応を見ながら、喜んだり、あるいはかすかに失望したような様を感じ取ったりしたなら、別のリアクションに変えていく、という具合に。それでも、何が最良の選択であるのかは、彼女に知りようがない。これは、その客がどんな相手を理想として考えているのか、という点にも関わってくる。日本の性風俗世界では、「素人」という要素に価値が置かれることは確かであろう。だからこそ、たとえ他店での経験が長いことがわかっていても、その店に初めて働く女性に対して、しばしば「業界未経験」とか「完全素人」といった表現が添えられるのではないだろうか。しかし実際にスタッフとして勤務していると、すべての客が「素人」を求めているわけではないこともわかってくる。「（「おんなのこ」として働いた）経験ない人って面倒くさいから慣れた子の方がいいんだよね」とか、SMプレイについて「いろいろ教えるの大変だから、わかってる子にしてくれる？」と、経験の豊富な「おんなのこ」を紹介するよう頼んでくる客も少なからず存在するからだ。こうした客に対しては、「素人ぶる」ことは裏目に出るだろうし、「素人」と「清楚」を結び付けてせっかく選んだ白い下着（この場合、黒い下着が、「清楚」の対極として「妖艶」な女性としてイメージ化されている）も効果を発揮しないだろう。他方、この客はこれが好きなのだと確信して常に同じような装いとリアクションを続ければ、いずれ飽きられてしまう可能性もある。ひょっとしたら、いつもと違う雰囲気でプレイに臨んだ方がいいこともあるのかもしれない。このように、その日、その瞬間において（桃さんのことばを借りるなら）客が「「いい」って思うこと」について「正解」を導き出すのは、大変難しい。「反応がいまいち」（たとえば会話が弾まない、勃起しない、射精しない）だったからもう来ないだろうと予想した客が、「なぜか」再び予約を入れてくることがあると桃さんは言うが、これも「正解」を見つけるのが容易でないことを示している。

さらに、より端的に、「感能」が機能しえないくらい、プレイ内容と客の反応について、「おんなのこ」が「合理的」な説明をつけにくい客もいる。桃さんが会ったH氏がそうだった。ホテルの部屋に到着して呼び鈴を鳴らすと、中から「どなた？」と問う声がしただけで、ドアは閉まったままだった。そのため桃さんは、「部屋を間違えたかもしれません」と謝った。すると、「菅原の奥様のご紹介の桃ね」と言いながらH氏がようやくドアを開けた。桃さんは、なぜさっさとドアを開けないのかと面食らった。部屋で相対したH氏は、澄ましていた。肌色のスリッパと「古着っぽい匂い」のする肌色のスカートを身につけており、自分を「お姉さまと呼びなさい」と言う。プレイではH氏が桃さんに浣腸を施し、桃さんが「おしっこをそれ（便）と一緒に出した」。すると、H氏はまじめな顔で「もったいない！」と言った。どうやらその尿を飲みたかったらしい、と桃さんは理解した。さらにH氏は、「「うんこ食ってやろうか」とか脅して」きた。H氏が実際に「食う」ことはなく、「普段は絶対食ってやるって思ってるんだけど、いざとなると食えないもんだな」などぶつぶつ言うだけだった。その後、「小学生でも知っているような芸能人がうんこ食うんだ」と言われてそれは誰だろうと考えたが、H氏は名前を教えてくれなかった。

　桃さんはH氏と過ごした時間について、笑いながらも首をひねる。女装をしたい男性客は他にもいるが、なぜ、桃さんの基準からすれば華やかさのない肌色のスリッパとスカートなのか。最初に素直に扉を開けて彼女を迎え入れず、その後も知人の夫人からの紹介とした下りは何だったのか。「うんこ食ってやろうか」と「脅す」のは、桃さんが困る様子を見たいのか、それとも本当に「食いたい」のか。いずれも桃さんにおいて、納得できる解答は見つからないようだった。

　リョウさんが相手をしたI氏も、リョウさんの言葉では「変わった人」であった。その日I氏とは、三本仕立ての「ストーリープレイ」をした。第一のストーリーは、リョウさんを新入社員に見立て、上司役のI氏に「きちんとお辞儀をしなさい」と指導されるという、短いくだりであった。第二は、リョウさんがホテルの支配人の役となり、「露出していた」（おそらく部屋の外で男性器を含む身体を見せていたという意味）常連客（I氏）の部屋に行って、苦言を呈すという設定であった。ここで常連客役のI氏は、「私が何をしてたんだね」と問いかける。リョウさんは、自分に「オナニーです」と言わせたいらしいと理解し、そう応じた。続いて、「〔オナニーを〕どうやってしていたんだ」とリョウさんに問うた。リョウさんは自分に「こする動作をさせたい」（男性が自慰をする真似をしてほしい）のだと理解し、それに応じた。いざやってみると、「そんな〔こする速度が〕ゆっくりなのは私〔の自慰のやり方〕じゃないな」と言われた。第三のストーリーは、借金取りに逆らえない若女将という設定であった。そのなかで、「たんたんたぬきのきんたまはの歌」を歌わされた。本当は「屈辱に満ちた顔」をしなくてはいけないのだが笑いそうになり、頑張って耐えた。彼が「抜いた」（射精した）のはプレイ終了時間の一〇分前くらいであった。

　リョウさんにすれば、I氏が自分を困らせて楽しんでいることは理解できるが、本当に困らせたいなら、何もその童謡でなくてもよいと感じる。さらにI氏は、プレイの途中でリョウさんからすれば何の脈絡もなく「すごい勢いで」笑い始めるのだが、それが何やら唐突すぎるように感じられた。雑談の過程でもI氏は、リョウさんにとっては「何も（笑うべきところが）ないところ」で「長い笑い」をした。さらに、「リョウちゃんはよく出勤してるようだけど、何か野望でもあるの？」と聞き、また「すごい」笑っていた。リョウさんも、「よくわからない」と言って笑った。

　このように、「おんなのこ」にとって、「感能」したくてもそれが容易でない客も存在する。換言すれば、「感能」を実践して客の欲望を先取りしようとしても、できない客、ということになる。そうした際に、「おんなのこ」は、客の欲望と満足について、プラスにすることはできないかもしれないが、少なくともマイナスにしない、ということを重視しているようにみえる。何を言われても、それが身体への過剰な負担にならない限りは、彼らのしたいことに付き合い、その場でできることを行う。頭にはたくさんの疑問符を浮かべていたとしても。

第五節　「感能」が目指す共通感覚

　共通感覚（コモン・センス）、というものに関する議論がある。たとえば木村敏は、中村雄二郎との対談のなかで、各々の感覚（聞く、嗅ぐ、見る、味わう、触る）がいかにして統合され、世界の実在として感じられるか、という問題としてそれを論じている（中村・木村 二〇〇〇、cf. 中村 二〇〇〇）。木村によれば、離人症の人は、見る・聞くなどの知覚に問題はないが、それに「実在感というか、現実感が伴わない」という（中村・木村 二〇〇〇：一八）。何かを感じ取り、それが確かにそこで起こっていると確信することをわれわれは当然と思っているが、実は驚くべきことなのであり、アリストテレスにまでさかのぼる歴史ある問題であるそうだ（中村・木村二〇〇〇：一六）。

この共通感覚の話を少し拡大解釈して「おんなのこ」に応用してみると、筆者が調査を開始した頃からもっている感想と重なってくる。筆者にとって「おんなのこ」のしていることは、まさに驚くべきことに思えた（今もそう思っている）。初めて会った人間（客）と、状況によるがそこまで長い会話を交わすことなく相手の欲望を把握し、プレイを行い、しかもしばしば「ハマらせて」その後も何度も会いに来させる。競合する性風俗店は数多あるというのに。今考えると、「おんなのこ」たちは、自分と客の（エロスの）感覚が統合されるという意味での共通感覚の確立を究極として目指し、日々接客に邁進しているのではないか、と思う。実際、アルフレッド・シュッツが、現象学的視点から、完全なる他者理解は不可能だと主張するくらい、他者とわかりあえることは、現実には難しい（シュッツ一九八〇：一六九）。しかも「おんなのこ」の場合は、通念では語りにくいとされる性的欲望を理解し、把握しなくてはならない。そんなことは、とうてい、できないことのように感じられる。だからこそ、自己と他者が一体になり、境界が消失していくようなエロス的体験は恍惚感を伴う貴重なものであり、いわば一つのセクシュアルな文脈における「理想」とされるのだろう（cf. 田中二〇一〇：一二八－一六八）。

もちろん、それは理想であり、実現は簡単ではない。しかし「おんなのこ」は、たとえお金のためとはいえ、実に真摯に客の欲望を汲み取ろうとする。初見の客に会ったときの対応を紹介した春香さんと花梨さんは、どちらも、ＳＭプレイという文脈で客が演ずる「ご主人様」という役割を尊重し、可能な限り相手を立てながら、欲望の糸口を慎重に探っていた。さらに、時には自分が緊張しているのだという演出を織り交ぜながら、春香さんは、相手の緊張を解くことで欲望の端緒がみえないか探っていたのかもしれない。「おんなのこ」の「感能」が働いているときは、まさに可能な限り五感を駆使して、客と共通のエロス感覚をもとうとしている過程、と理解できるのではないだろうか。

こうしてみると、共通感覚をもち、恍惚とするような体験を念頭においてプレイに没頭することに付与される高い価値は、Ｙ店における時間の扱いにも現れているように感じられる。時間の管理は、性風俗店にとって非常に大切だ。

「延長」つまり当初の予約時間を過ぎてもプレイを継続するため客が支払う追加料金は、店の大事な収入である。しかしここで注目したいのは、「おんなのこ」がプレイで思わず時間を忘れてしまった、という設定（体裁あるいは演出）自体が重視されている点だ。

たとえばスタッフの仕事をするなかで、時間管理における失敗はとくに致命的だと感じていた。実は数回、タイマーのセットを忘れたことがあるのだが、たとえコールの遅れが五分でも、「おんなのこ」と店長に対して平謝りしたし、それが「正しいこと」に思えた。無償で一〇分の接客をさせてしまった「罪」に対して、料金の補填を申し出たこともある（このときの「おんなのこ」は寛大に許してくれた）。通常は、プレイ終了の一五分前、スタッフはホテルの部屋に電話をかける。応答がなければ、少し待って何度でもかける。もちろん「おんなのこ」の安全確認でもあるのだが、強調したいのは、店にとって「終了時間をスタッフが忘れても「おんなのこ」が気づくだろう」という考えが皆無なことである。「おんなのこ」にプレイ時間の管理をさせるのは、絶対的に間違っているのである。[6] ここからも、客と「おんなのこ」の一体感（仕事であることを忘れてプレイに没頭する）、あるいはその演出が、いかに大事と前提されているかがうかがえる。

同時に本章では、「おんなのこ」たちが、「感能」を駆使して客と感覚を共通のものにさせながら、やはり「感能」を使って、身体を守るために気持ちを張っていたことも明らかになった。前者は客との「われわれ」を確立する作業であるのに対し、後者は、客を切り離して「わたし＝個」を維持し続ける作業といえるかもしれない。まるで「おんなのこ」は、プレイにおいて二重のアクチュアルな経験を並行させているかのようだ。

ところで、たとえ「おんなのこ」が「感能」を駆使して頑張っても、すべての客がそれをお気に召すわけではないことも、あらためて指摘しておくべきだろう。二人の「おんなのこ」が仮に同じことをしても、その客に合う人と合わない人が出てくる。どんな余念のない調整も、全方向の射程はカバーできないのである。だからこそ、売り上げがトップの「ナンバーワン」がいても、彼女だけに全予約が集中するということはない。筆者がY店で調査をしてまもなく、ある客からの電話を頻繁に受けたことがある。彼は、もう辞めた「おんなのこ」が忘れられないそうで、いかに彼女がすばらしかったかを長々と話し、必ず最後には、彼女は本当に戻らないのか、連絡はつかないものかと切実な声で問うていた。二度ほど店に現れ、同じ内容を繰り返し訴えていた。店長によればその女性は、どちらかというと地味で目立つタイプではなく「そんな人気もなかった」そうだ。しかしこの客には他の「おんなのこ」では決して替えの利かない、唯一無二の存在であった。このように、客と「おんなのこ」の関係は、前者にとって何が執着するポイントになるのかはわからないという意味で、ある種の偶然性を多分にはらんでいるのも確かだろう。つまり、「官能の経験」を作り出す「おんなのこ」と客のあいだには、原因と結果が容易に推測できないような、換言するなら「常識」に沿った理解が不可能なような、「わからなさ」を含んでいるのである。

第六節　コモン・センスとコモン・ナンセンス

「わからなさ」といえば、そもそも、人間の性の営みそのものが「わからなさ」に満ちている。思えば、ギルバート・ハートが「性的文化（sexual culture）」と呼ぶものには、人間の性をめぐる行為に、他の生物の交尾すなわち生殖を超えた「わからなさ」が軸にあるということではないか（Herdt 1997）。性において人間は、（生殖だけしていれば事足りるはずなのにそうではないという意味で）過剰なのであり、そこに興奮するのである。丸山圭三郎はこう書いている。

まずエロティシズムとは欲望としての性《セックス》である。自然のうちに書き込まれている本能図式に服したままの性行

［6］「おんなのこ」がタイマーセットをする店もあるが、この場合でも、タイマーによって「強制的に」時間を知らされる、という意味では同じである。

> 為そのものはエロティックではない。人間の性の本質は、それが生殖のための生物学的欲求から、文化的欲望へと変質したところに見出せる。（丸山 二〇〇七：一六五）

そして、「異常性欲」とされるような「口唇・肛門リビドー、同性愛、サディズム、マゾヒズム、スカトロジー（糞尿趣味）、フェティシズム（異性の下着や靴などに愛着を覚える節片淫乱症）等々の非生殖的欲望」から、正常とされる「〝甘い口づけ〟の非生殖性」まで、人間が性をめぐって行うさまざまなことが、文化としての欲望であると主張する（丸山 二〇〇七：一六五―一六六）。

ただし、丸山のようにさまざまなかたちの性的行為に寛容な人ばかりではないのが現実だ。ゲイル・ルービンによれば、社会には「性をめぐるヒエラルキー」が存在しており、人びとは性行為を行う人（異性愛か同性愛か、トランスジェンダーかなど）や関係（ジェンダー、婚姻の有無など）、そして内容（膣ペニスのセックスかアナルセックスかなど）によって、どれが「よいセックス」でどれが「悪いセックス」なのかを価値づけして生きている（Rubin 1984）。つまり特定の性の表われは「よい」ものとして社会に受容されるが、そうでないと、糾弾され周辺化されるものが出てくるというわけだ。ただし、ジョルジュ・バタイユ（1957＝一九六八）が主張するように、タブーの侵犯こそ強烈な性の経験をもたらすのであれば、それを担保する性のヒエラルキーは「悪いセックス」の実践にとっても不可欠なのかもしれない。

ＳＭプレイを看板とするＹ店では、丸山に従えば（丸山本人がそう思っているという意味ではなく）「異常性欲」に分類されるであろう行為が頻繁に行われている。外部の人の目には「どうかしてる」と映るかもしれない。ただし、一旦内部に入ってしまえば、つまり「おんなのこ」の基準からいくと、これくらいは「異常」でもなんでもない。これは、「異常」が「当たり前」になりすぎて、もはや多義的意味を生み出すことなく硬直化している例かもしれない。しかしそんな「おんなのこ」さえを惑わせ（そして笑わせる）客は、Ｙ店の性の文脈に新しい意味づけを持ち込んでいる存在、という解釈も可能だ。第四節で紹介したH氏やI氏がそれにあたる。

こんなとき、「おんなのこ」は、簡単に「腑に落ちる」ような説明をつけて片づけようとはしない。彼女たちはまず、見守り、そこで起こりつつある事態に対して、即興的に対処していくのである。つまり「おんなのこ」にとって、客との共通感覚は二重の意味で存在している。一つは、同じ感覚をコモン・センスとして共有しようとする、あるいは共有しているとパフォーマンスする、という意味として。二つ目は、同じ感覚をコモン・ナンセンスとして共有しようとする、あるいは共有しているとパフォーマンスする、という意味である（cf. 中村・木村 二〇〇〇：四一-四七、丸山 二〇〇七：一三九-一四〇）。コモン・センスとは「常識」と訳されることもあるが、Y店で発露する客の欲望は、しばしばそれとは対置される「ナンセンス」であった（第四節参照）。ナンセンスとは、「常識」における意味のつながりが通じないものなのだから、「ナンセンス」と断定した瞬間に理解する努力を放棄してもよい。しかし「おんなのこ」は投げ出さない。「わからない」とか笑ったりしながら、事後的にでも、何とか make sense しようとし、その運動は決して止まることはない。意味を把握し、いやそうではない、謎は解けない、でももしかしてこういうことなのか、という繰り返しから成る運動こそが、多様な欲望に対峙する「おんなのこ」の「感能」の実践であり、性の空間の官能を実現させるものなのである。

◉引用・参考文献

熊田陽子（二〇一七）『性風俗世界を生きる「おんなのこ」のエスノグラフィ――SM・関係性・「自己」がつむぐもの』明石書店
シュッツ、A／森川眞規雄・浜日出夫［訳］（一九八〇）『現象学的社会学』紀伊國屋書店
田中雅一（二〇一〇）『癒しとイヤラシ――エロスの文化人類学』筑摩書房
中村雄二郎（二〇〇〇）『共通感覚論』岩波書店
中村雄二郎・木村　敏（二〇〇〇）「対談――共通感覚論の可能性」中村雄二郎・木村　敏［監修］『講座生命4〈特集〉共通感覚論の可能性』河合文

化教育研究所、一五-七一頁

丸山圭三郎（二〇〇七）『言葉・狂気・エロス——無意識の深みにうごめくもの』講談社

Bataille, G.(1957). *L' érotisme*. Paris: Les Éditions de Minuit.（＝バタイユ、G／室　淳介［訳］（一九六八）『エロチシズム』ダヴィッド社）

Herdt, G.(1997). Introduction: Sexual cultures and population movement: Implications for AIDS/STDs. In G. Herdt（ed.）*Sexual cultures and migration in the era of AIDS: Anthropological and demographic perspectives*. Oxford: Clarendon Press, pp.3-22.

Rubin, G.(1984). Thinking sex: Notes for a radical theory of the politics of sexuality. In C. S. Vance（ed.）*Pleasure and danger: Exploring female sexuality*. Boston, MA: Routledge and Kegan Paul, pp.267-321.（＝ルービン、G／河口和也訳（一九九七）「性を考える——セクシュアリティの政治に関するラディカルな理論のための覚書」『現代思想』二五（六）：九四-一四四）

3　性文化への道

山田仁史

大学院に進んでから四半世紀がすぎようとしている今、ようやく自らの関心のありかが見えてきた。現代日本では想像もつかないような、不思議に満ちた世界に、どうしようもなく惹かれてしまうのだ。素朴なエキゾチシズムが根底にあることはわかっている。神話や首狩や供犠についてしらべていて、名状しがたい悦楽をおぼえてきた。やがて食文化にも手をのばし、『いかもの喰い』（山田二〇一七）という一書を上梓したが、そこには犬肉食や土喰い、そしてカニバリズムというトピックが並ぶこととなった。はっきりと意識せぬままにこうした主題を選んでしまう、業のごときものを感じずにはいられない。

今私は、食文化とならんで性文化にも興味をいだきつつある。食欲と性欲は、かたや自己保存の欲求、他方は自己複製（あるいは増殖）の欲求として、言うまでもなく動物と人間とに共通している。しかしヒトは、こうした動物性にタブーを課すことで、自分たちの特殊性を担保しようとしてきたかに見える。ことに多くの大宗教においては、肉食妻帯の禁止を挙げるまでもなく、この二大欲求がきびしく制限されてきた歴史がある。その背景と具体相を、もう少し見きわめてみたい。

うっかりしていたが、食と性のアナロジーには石毛直道がすでに気づき、いくつかの卓見を述べていた。たとえば食の方は快楽の主要部分が体外に存するため、人為的操作をしやすいのに対して、性の場合は快楽が人体そのものに依存している。そのため平等の実現はむずかしい。また食物は共同飲食することにより、同時に共通の体験が可能となる。それに対して性の方は、基本的には二人でしかできない。そのため後者の快楽の方が公然と語ることは困難だ、という。さらにまた、食も性もどちらも生物としての人間の本源的なものだから、そんなに簡単には変化しない。しかし、性はイデオロギーの変化により、社会の観念さえ変われば自由恋愛・婚前交渉など、新しい性関係に移行するのが比較的容易である。なぜなら性は人間の身体に内在し、体外の装置というものをほとんど必要としない。また身体的性感もほとんど変化しないからだ。ところが食は、体外の装置に依存する。よって技術・経済条件などにより変化する。味覚も変化する。食の変化の方が、性の変化よりも複雑な様相を示すのはこのためだ、とも指摘した（石毛 一九八二）。

ここにはおそらく、ほかの動物とはちがう、人間における性のあり方も関わっていよう。つまり生殖という目的以外に、快楽を旨とするセックスが、ヒトにとっては大きな部分をしめるという事実がある。他方で、飲食という行為ももちろん歓びをもたらすことに違いはないが、生命維持という基本機能がベースにある点は、性文化と大いに異なっているようにも思われる（この意味で、生命の維持・保存とかかわらないゼロ・カロリーの食品は、リプロダクションを予防する避妊の行為に対応する、のかもしれない）。

こんな見通しをもちながら、このところ読み直しているのはウェスターマルク『人類婚姻史』である。フィンランド生まれの、この独特な人類学者は今まで正当に評価されてきたとは言いがたい。母国とイギリスとを行き来し、モロッコでも綿密なフィールドワークをかさねながら、性や結婚のあり方について思索を深め、膨大な資料をあつめた彼。その大著の第五版（Westermarck 1921）をひもときながら、性文化の多様性を追いかけている。ウェスターマルク自身、謎めいたところのある人物であり、とくに彼が同性愛者だったという私生活なども、今すこし掘り下げてみたい点ではある。

しかし何よりおもしろいのは、具体的な事実の数々だ。たとえば掠奪婚の章を読んでいると、単なる暴力的・強制的な行為というのみならず、婚礼費用を支払えない場合の救済措置といった側面もまた、見えてくる。そしてまた、同様の婚姻形式は日本でも行われていた。つまり婚礼に要する新郎新婦の衣類、調度、および饗宴などの費用を節約する目的で、うわべだけ掠奪を装った婚姻である（中山 一九二八）。エチオピアのマロ社会などでも、やはり婚資が用意できない若者たちによる掠奪婚がかつては存在し、そんな結婚をへた夫婦でも、どこも仲はよさそうだったとの報告もある（藤本 二〇一五）。

とはいえ——今なお世界の各地で、正当化しえない暴力的性関係を伴う掠奪婚に、苦しむ女性たちがいることも確かである。キルギスの現場をあるいて悩み続けたあげく、その場の記録に徹しようと考えはしたものの、それでも女性の意志が無視され、結婚を強制されたり、レイプされそうになったりした場合には介入し救出する、と決意したジャーナリスト、林典子の写真と文章は、雄弁である（林 二〇一四）。

人類がその歴史のなかで、試行錯誤をくりかえしながら獲得し継承してきたものと、放棄し禁止してきたことがらとを区別し、これから進むべき道すじをも考えてゆきたい。私の性文化探究は、まだまだこれからだ。

◉引用・参考文献

石毛直道（一九八二）『食事の文明論』中央公論社
中山太郎（一九二八）『日本婚姻史』春陽堂
林　典子（二〇一四）『キルギスの誘拐結婚』日経ナショナルジオグラフィック社
藤本　武（二〇一五）「親密な暴力、疎遠な暴力——エチオピアの山地農民マロにおける略奪婚と民族紛争」山田仁史・丸山顕誠［編］『喧嘩から戦争へ——戦いの人類誌』勉誠出版、一一七–一三六頁
山田仁史（二〇一七）『いかもの喰い——犬・土・人の食と信仰』亜紀書房
Westermarck, E. (1921). *The history of human marriage, 5th ed., 3 vols.* London: Macmillan.

第八章　男が語るセクシュアリティ

あるいは自閉する欲望の領域

川村清志

第一節　いくつかのトリヴィア、あるいは研究者の素顔

いくつかの都市伝説的な事例から始めることにしたい。

　それでな、ほら、京大のあそこにずっといはったKさん、彼なんかも学生を調査に連れていったら最後に男を集めて、これでお前ら異文化体験してこいって、どんとお金を渡してたんやて。

　僕もな、帰ってから行ったんやで。大阪の方に保険きかへんけど、そういう関係の検査してくれるところがあるんよ。嫌やろ、後から保険の領収書とか出てきて、なんでそんなとこ行ったんや、みたいな話になるし。それでそこの病院の待合室で順番まってたときやけど、まあほんまにいろんな人がおってな。当時やけど、僕らみたいな若い男もおるし、年寄りもいるし、若いお姉ちゃんもいっぱいおったんよ。それでその待合室でな、最初、隣に若い男の子がおって、先に診察を受けてたんよ。しばらくしてでてきたらな、なんかもう顔が蒼白になってしもて、ブルブル震えてたんよ、明らかに診察前とは雰囲気違っててな、あかんわ、これ、ちょっと近づいたら

あかん思って……。

そうそう、Ｆ君知ってる？　知らんか、いやな、これもＣさんから聞いた話でさ。彼、さっき話していたＳさんと付き合っとったんよ。だけど、結局、というかほどなく別れてしまって、その後、Ｃさんと飲む機会があって、その話になったらしいわ［……］。

でさ、俺がすごく納得したことがあって、Ｆ君は他にもＳさんに不満があったんだと。それがさＦ君はセックスのときになめてもらうのが好きだったんだと。つまりあれやな、フェラチオがお気に入りやったと。ところがＳさんは、どうもあんまりフェラをしてくれなかったみたいでな。まあ、それが別れた最終的な原因かどうかはわからんけれども、すごくなるほどと、そういうことだったんやなと得心したわけだわ。だってＦ君、割礼についてあんなに熱心に語ってたやろ。ああ、なるほどなあ、と。

Ｃさんが奥さんのＧさんと一緒に調査にアフリカに行ったときのことや。［……］で、調査してるうちにほら、調査助手みたいなのを雇ったんやて。捕った魚のこと聞いたり、現地語の通訳したりしたんちゃう。でな、ある日、その調査助手がな、漁の報告かなんかでキャンプに来たらしいわ、わざわざ、夜になってから。そしたらな、ちょうど二人がエッチしとったんやて。それがや、その助手がムッチャびっくりしたらしいんよ、っていうのは、そのとき、Ｇさんの方が上になっとってん。つまり、騎乗位や。どうもな、この民族にはそれまで、エッチのときに女が上になるという体位はなかったんやて。それでもう、一気に話題になってな、日本人は、女がエッチのときに上になるみたいな噂が村中で広がってな、んで、それを実際に試してみる現地人までおったらしいわ。後にな、その民族集団では騎乗位のことを、Ｇポジションと呼ぶようになったらしいわ。

最初の語りは、最近、東京を訪れた先輩の研究者に伺った話のはずである。二番目の語りは、この数年以内に交わした知人との会話の一部だろう。三番目は二〇年近く前に居酒屋の席で当時、ＰＤの友人から聞かされたようだ。私の記憶が確かなら、それらにはすべて固有名詞が付着していた。もちろんその真偽も怪しい固有名詞を、そのまま記すわけにはいかない。論集が告訴対象になるか、差し止めになるか、それ以前に小論が没になる可能性が極めて高いからである。諸般の事情への忖度の結果、固有名詞は抹消され、いくつかの詳細な背景知も削除された。あくまで真偽不明なトリヴィアと捉えていただきたい。

この小論は、これらの語りに立ちかえる経路を示すことで、現代日本で男が語るセクシュアリティの位相を反芻することにしたい。

第二節　研究史の断片から、あるいは抑圧と氾濫のセクシュアリティ

多くの規制や停滞があったとされつつも、人類学において性、あるいはセクシュアリティについての研究は、少なからず行われてきた（ミード 一九七六、マリノウスキー 一九六八、須藤・杉島 一九九三）。断片的であれ、包括的であれ、性に関する民族誌的な資料は、さまざまなかたちで残されている。代表的な民族誌データベースであるフラーフ（ＨＲＡＦ：Human Relations Area Files）にも「セックス」の大項目が存在し、セクシュアリティはもちろん、「親族間の性規制」や「婚前交渉」、「婚外交渉」、「同性愛」といった小項目が用意されている。ある意味でセックスに関する資料は、人類学の古典的なコンセプトに適合的だった。かつての人類学が求めた「異文化」とは、西欧近代社会とは対極的な社会、文化である。文明に対する未開の指標ともなる一夫多妻婚やインセストタブー、特異な生殖観などとともに、「彼ら」のセクシュアリティにも関心が注がれたわけである。

対して日本民俗学のような「自文化」を扱う領域では、セクシュアリティが、生業や衣食住、年中行事と同列のも

のとして認知されてはこなかった。赤松啓介のように「性の民俗学」を標榜する者もいたが、その仕事が評価されたのは比較的最近のことである（赤松 一九九四、一九九五）。柳田國男をはじめとした民俗学のメインストリームで、セクシュアリティが研究課題になることはほぼなかった。暗黙のうちに規範化された「自文化」で、セクシュアリティは語られざるもの、検閲と抑圧の対象に他ならなかった。

他方で、フーコーが『性の歴史』で指摘したようなセクシュアリティが饒舌に語られる領域も存在する（フーコー 一九八六）。「自文化」を「近代」に囲い込むことで一元的な言説空間を可能にした社会科学の圏域である。社会学はもちろん、法制度やエコノミーを含めた多様な観点から、セクシュアリティの現場は可視化されてきた。ただしたいていの場合、セクシュアリティは、セックスワーカーや性差別に性暴力、ＬＧＢＴといった異なる課題と結びつけて論じられてきた。より大きな社会問題の一端として、あるいは隣接する社会問題とリンクする話題として、ようやくセクシュアリティは前景化される（プラマー 一九九八）。現代の人類学的な研究も、このような社会科学と視点を共有するところが多い。

結果として研究分野では、人びとの——そして私たちの——日常生活の一端をなすセクシュアリティの検証は、曖昧なまま放置されている。その実態についてはもちろん、それらがどのような言説によって編成され、共有されるのかを論じた研究は、まだ端緒についたばかりである。このようななかで文化人類学のセクシュアリティ研究を牽引してきた田中雅一は、いくつかの重要な視座を提示している。彼はセクシュアリティを呪縛し、検閲する言説と、性のステレオタイプを再生産する言説を包括的に反エロス言説と捉える。反エロス言説に対して彼は、自他や心身の境界を超えうるエロスの可能性を設定する。そのうえで彼は現代日本の性に対する知見が十分ではないとして、その諸実践を課題としていく。それらを身近な「異文化」と捉えることで人類学者の検証の対象に据えると同時に、自文化の反エロス的な眼差しが、異なる文化を遠ざける危険性についても指摘している（田中 二〇一〇）。

このような視座を起点として本章では、現代日本を生きる男性たちが、どのように性を語るのかを、日常的な背景や社会関係の文脈を失うことなく描き出すことを目的の中心におく。日常の襞のなかに生起しては、儚く消えさる性の語りを少しだけ「見える化」することにしたい。

第三節　性が語られる場、あるいは定点観測

長くフィールドに身をおけば、大なり小なり現地の人びとの性の語りを耳にする。酒宴の席での自慢話に武勇伝、祭りで歌われる猥歌のこぼれ話、あるいは夫婦間の悩み相談の延長などでも、この種の語りはことかかない。もっとも、今日ではこのような語りを聞かされたことをセクハラと断じて、フィールドワークを拒む学生もいるかもしれない。確かに私自身が聞いた話のなかにも、ボーダーラインや一線を越えたと感じる話も多い。

ある外国航路の元船員は、自分が東南アジアに三人の妻がいると愛おしげに語った。北の地での馴染みのアイヌ女性との情交を懐かしく語った老人も今は鬼籍に入った。海外での売春の話もあれば、国内でのソープランドの話も多い。後輩をソープランドに連れていっての筆下ろし、デリヘルを呼んだ後に局部が腫れ上がって病院通いした話もある。若い世代からは元カノやセフレとの睦言も繰り返しきかされた。高校時代、日替わり定食と自称する体育館裏でのエッチの毎日、前の彼女に使った大人のオモチャを新しい彼女に使って、一発で振られた話、実家に連れ込んだ彼女とセックスした後、隣の部屋を覗くと、遊びに出かけていたはずの姉がいた話 etc. etc. ちなみに最後の語りのオチは、三つ違いの姉から、「あんたの彼女、ええ声でさえずるなあ」と言われたというものであった。

これらの語りの多くは、対面的な状況や限られた人数のなかで語られた。そのこと自体が、性の語りの特徴を示すものではある。ただし以下では、集団のなかでセクシュアリティが、積極的に語られる事例をみていきたい。そこで語られる経験の信憑性よりも、語り自体が集団内で共有しうる経験であることを重視したい。複数で交わされる会話を通じた相互行為こそが、彼らにとっての日常性の構築過程に他ならないからである。セクシュアリティの語りは、

単に語られることで収束するのではない。語りに対するリアクションや居合わせた周囲の反応などが、各々のケースをどう理解し、納得するかを判断する契機となっていく。以下で示す事例は、いずれも私が長年通ってきた調査地であるが、語られる内容を鑑みてX県W市Z村としておきたい。

会話の概要は、事例1、2に示した通りである。これらのスクリプトについての記号の類は、表8-1（一九八頁）を参照いただきたい。いずれも、会話分析のテキストに依拠したものである（串田ほか二〇一七）。ここで会話分析に沿った表記を利用したのは三つの理由がある。

まず、できるだけ現場に忠実な資料として、事例を提示することを目的とした。冒頭に記したような間接話法で記した内容だけでは、青年たちの相互行為を紹介するには十分ではないと考えた。間接話法では基本的にそれを編集する研究者の視点が優先されがちになる。だからといってそこで語られる物語が意味をもたないわけではない。しかし、ここでは研究者による編集や作為がある程度抑制される表現として、このスクリプトを採用した。

次に対象となる男性たちの複数性を確認できる形式として提示した。以下に述べるように複数の主体がどのように振る舞い、どのように発話するかを通じて、セクシュアリティの受け止め方にも、さまざまな立場や意図が錯綜している。当然のことだが、男というジェンダーを特定したところで、そこに一様な価値観や知識が共有されているわけではない。セックスとジェンダーからLGBTの議論まで、男と女という性の二分法が批判されて久しい。しかし、男性というモノセクシャルの内側においても、その内実は起伏と切断面にあふれている。

最後に、先の指摘と矛盾するようにもきこえるが、複数の主体が会話を中心とした相互行為を通じて、他者の経験の共有化が遂行され、セクシュアリティの理解について一定の平準化がはかられる過程が確認できると考えた。重要なのは過程であり、それで主体間のズレや切断が完全に止揚されるわけではない。微細な会話や身振りによる相互行為のなかで彼らは、他者の経験を受け入れたり、否定したり、保留したりすることになる。ときには個別の経験を重ね合わせながら、より一般的で受容可能なセクシュアリティについての物語が構築されていくこともある。菅原和孝は「会話はその参与者たちが生きている世界全体につながり、その世界の様々な相貌が刻印されて」いると捉える。よってその分析は「その瞬間に生きられているかぎりでの世界をつかみとるとともに、その背後へと通路をうがつことである」（菅原 一九九八：八）と述べている。そのような更新され続ける生活世界を捉え直す橋頭堡として、会話を中心とした相互行為をみていくことにしたい。

事例1は、二〇一九年のゴールデンウィークに撮影された映像に依拠している。私が村内のBの家に宿泊することを知り、地元に居合わせた青年会員たちがBの家に集まってきた。この場にいたのはAからEと調査者Fの六人である。年齢はいずれも三四～三七歳で、調査者を除く全員が妻帯者である。酒が進み、さまざまな話題の後にAが自分の性癖として、乳輪のデカい女性が好きだと言い出した。一体、どれくらいの乳輪が好みなのか、どのような乳輪なら許せるのかが話題になる。Aは具体的な身振り手振りを交えながら、好みの乳輪の大きさを例示する。さらに熟女、性器の臭いへのこだわりなど、自らの性的嗜好について語っていく。映像記録には、Aを中心に写しているために、それ以外の人物は声だけが記録されている。この事例では、基本的にAとBの掛け合いで話が進行している。Aの意見に対して異議を唱えたり、ツッコミを入れたりするのは主にBである。

会話の冒頭、Aは好みの乳輪の大きさをソースのふたをなぞりながら示す。それに対して他の者たちはほぼ全員、爆笑している。大きな乳輪への嗜好がややフェティッシュな好みであることを暗に示している。「それ行き過ぎやろ」とは、一瞬、爆笑が支配した場のなかで唯一確認されるCの発話であるが、そこからもAの嗜好がやや偏向しているという意識が表明されている。

BもAに対して「［……］でもそれなんなん？（.）俺：わからんけ［どー］と違和感を表明する。それは最初、乳輪の大小の程度への問いかけにも聞こえる。しかし、話題が熟女や匂いに入ってくると、「訳がわからんな」と明らかに否定的なニュアンスをのぞかせる。続いて彼は「な：：んか（.）逆にこう（.）°言いつつ°（.）言いつつも自分（.）やられたいんと［°いうことや°］といった独自の解釈を行っている。最終的にBは、Aの「えｰない？.そんな願望ない？」と

事例１　乳輪・ビラビラ・匂い

1A　もっともっ [と
2C?　[これくらい
3D　一緒くらい？
4A　ああこう (.) うんうんうん ((頷きながら、ソースの蓋の上部の縁をなでまわす))
5D　いや [あ hhhhhhhh
6C　[hhh それ行き過ぎやろ
7　(0.6)
8A　お前：：って (.) 言いたい [〈言いたい (.) 言いたい (.) 言いたい〉
9D　[hhhhhhhhhh
10　(0.5)
11C　あっそう [いうことね - そういうことね
12A　[そう (0.6) そう↓そうで (.)[ビラビラも - ビラビラもそこなん [すよ
13B　[え：　[ごめん (.) ど [うなん hhhh
14C　[いじりたいんね？ [いじりたいんね？なるほどね
15A　[そう (.) そうそう
16B　じゃあえ (.) え (.) でもそれなんなん？ (.) 俺：わからんけ [どー
17A　[うぇ：もう俺ら
18B　大きい方がいいが小さい方がいいが (.) ど [っち？
19A　[なんでもでかい方がいい
20B　でかい方がいいが！
21A　そうほんで (.) いうてしまえば俺 (0.4) 熟女に走ったんもそこなんすよ (0.2) °お前°なんやそのみっともない [ない°からだは° hhhhhhhhhh
22D　[hhhhhhhhhh
23　(0.5)
24A　って言いたい hhhhh あ (.) あっ (0.5) °撮ってます？° hhhhh((右手で口を押さえながら))
25F　かまわん (.) やれえ (0.3) もっとやれ：(.) どんどんやれ：：
26B　(・・・・・)
27A　いやいやいやほんともう (.) 乳輪も (0.4) °お前みっともない乳輪しやがって° [hhhhhh
28C　[hhhhh
29B　お前がこ (•••　[••••)
30A　[そうな 〈そうやって〉 (.) 言いな - 言いながら (0.4) °顔が見たい°
31　(1.6)
32C　困っとる顔↓
33　(0.6)
34A　そうそう [そう (0.6) いや (.) はずかし：↑はずかしめたい [hhhhhhhhhhhh
35B　[わけが分からんよな (.)　[はずかしめたい：：な：：んか (.) 逆にこう (.) °言いつつ° (.) 言いつつも自分
(.)　やられたいんと [°いうことや°
36A　[いいいやいやちゃう (.) に：匂いもそう (.) あ (.) でも (.) 確かに (0.3) そうなんすよ↓やられ (0.3) やら (.) やら [れたい
37B　[hhhh い=
=いやいやいやあ , そこは認める [んや=
38A　[いや=
39E　=ちょ：待って (0,4) ちょ：待って (0,5) 匂いの場合どうなん？
40A　匂いも言うよ=
41E　=お前くっせえ：なって言う [の hhh
42A　[ち：がう >違う違う < (0.5) お前 (0.9)<す：：っごい >エッチな匂いするなあ↓
43 複数　hhhhhhhhhh
44　(0.5)
45A　そうやって ((左手を相手に振り下ろすような仕草)) (0.7) お前こんな可愛い顔して (0.3.) ↓お前なんやこのエッチな匂い ((左手についた匂いを口と鼻に押し付けて嗅ぐ仕草))
46 複数　hhhhhhhhhh
47A　もう、ベラベラあ匂ってて [hhhhhh((吸気音、もう一度、右手でまず愛撫のそぶりの後にその手を口の周りになすりつける仕草)) =
=おんあ hhhhhh((吸))：：お前　すっ：：：：ごいなっ (0.5) てい (0.3) わからん ?(0.5) ↑え - ない？そんな願望ない？
48 複数　[hhhhhhhhhhhhhhhhhhhhh
49E　ないないない
50A　ないの？
51B　ごめん (.) あの：理解者ここに少ないわ：(.)[ほんまに：
52A　[え：そ：なん
53C　に - においは (.) ないわあ

いう問いに対して「ごめん(.)あの：理解者ここに少ないわ：(.)［ほんまに：」と明確な不同意を表明している。

もっとも、一連のやりとりにはいくつかの起伏がある。たとえば、乳輪やビラビラ（小陰唇）の大きさへの質問に「［なんでもでかい方がいい」と答えたAに対して、Bは「でかい方がいいが！」とリフレインする。もちろん、この反復は同意を示すものではない。その後に続く異議を表明する布石ともなるのだが、それでも相手の言ったことを繰り返すことで、表明された嗜好自体は認識し、共有している。他方でAは、Bが「自分(.)やられたいんと［°いうことや。」と返したことに対して、「確かに(0.3)そうなんすよ↓やられ(0.3)やら(.)やら［れたい」とその部分では同意する。乳輪や小陰唇の特徴をあげつらうというサディスティックな欲望が、自分も同様に詰られたいというマゾヒスティックな願望と表裏の関係にあることが肯定されている。

では、B以外の参加者はどうだろうか。まず、Cは序盤でAの説明に追随するような応答をしている。「お前：：って(.)言いたい」というAに対して、「あっそう［いうことね-そういうことね］」と納得の応答を行う。彼の回答は、「［いじりたいんね？［いじりたいんね？.なるほどね」というものである。ここでは乳輪の大きさを指摘して、相手の女性を「いじる」ことが性的嗜好として共有されているわけである。実際、この後の会話では、この「いじる」行為の具体的な側面が語られていった。Aは「［そうな＜そうやって＞(.)言いな-言いながら(0.4)°顔が見たい。°」と答えると一秒以上の沈黙の後に「困っとる顔」と応答している。言葉での「いじり」は実際の乳輪や小陰唇の大きさに関係なく共感しうるものかもしれない。ただしこのCにしてもAの匂いへのこだわりについては、「に-においは(.)ないわあ」と引き気味に語っている。

もう一人、会話の後半ではEが登場する。実は彼の問いかけから匂いについての話が始まっていることがわかる。もともとEはAの横にいて発言しやすいポジションにいたが、かなり酔いが回っており、横になって聞いていた。しかし、後半部では、「ちょ：待って(0.4)ちょ：待って」とやや強引に会話に加わり、「匂いの場合はどうなん」と尋ねている。これはかねてからAが女性器の匂いフェチであることを公言していたからでもある。その事実は居合わせた全

事例２　ジャングルファイヤー・ハザード・コーヒー

1J　俺らの時代は (.) コンパ行ったら (.) やっとったよ
2複数　hhhhhhhhhhhhh(1.8)
3J　まずカラオケボックス [行ったらー
4I　[ほんでお前 (.) 婚期遅かったんやわい
5複数　hhhhhhhhhhhhhhh
6J　受けた (0.3) め：っちゃ受けた！
7I　めっちゃうけた .=
8J　= カラオケボックスで電気消して (0.5) ジャングルファイヤー [(((拍子)) ファイヤー ((拍子)) ファイヤー ((拍子))]
9F　[やった (0.5) < や っ た や っ た ： > ((拍子))]
ブル [ルルル：： ((両手の平を下腹部に据えてヘソの方まで上げていく))
10J　[ブルルル：：：って火いつけて . ここの火いだけがカラオケボックスでこうやって燃えとん (.) ジャングルファイヤー ((拍子)) ファイヤー ((拍子)) ファイヤー ((拍子)) ってみんな燃えとったんね
11F　°すんません (.) 俺もやってたわ°
12J　やっとったでしょ (.) 俺らのねんだ－俺らの時代はジャングルファイヤー°してたんや°
13J　やってたでしょ？
14I　いや (.) やってない やってな [いやってない (.) 世代が違うんよ (.) 俺は (.)
15B　[え：：：hhhhhhh そんな hhhhhhh
16J　「えーー私い (.) そんなあ (.) シモムリ」とかっていう女の子も：(.) 電気消して火が (0.8) 燃えた瞬間に (0.3) もう > 本当 <(1.1) エロい女になる
17複数　hhhhhhhhhhhh
18B　ほんとっすか：ま [じっすかああ？
19F　[引いてただけちゃうの ?hhh
20I　ドン引きや [わ
21B　[すごいわあ：(.) ↑ドン引きい：hhhhhh
22J　「どうなん (0.7) どうなってるの？どうなってるの？もっと見せて (.) 見せて：」
23複数　hhhhhhhhhhhh
24H　興味津々やあ
25E　俺がドライブ：：女の子とドライブしとって (.) ラブホの前へついてハザード焚くのと一緒やな .
26複数　hhhhhhhhhhhh
27I　それなんや、ちょお (.) 聴き始めやぞ
28E　いや , ドライブして：あの：いい感じに (1.2) 面白くなって (0.5) あの：：ラブホの前へ (0.4) ついてハザードたいて (.) 女の反応どう (.) =
=みるんすよ (1.0)「↑ええいやあ：：：ん」って言った場合は (.) もう早くに指示器に変更や .
29複数　hhhhhhhhhhh
30N　右、右にい？
31I　エヌ：エヌジーの場合は
32E　エヌジーの場合はその反対側の指示器出して (.) そのまま (.) さいなら：：って
((44 秒中略))
33E　ちょお待って：(.) ちょお待って：(.) ちょっとお：(.) 聞きたいわ (.) お前の女の [：：
34複数　[hhhhhhhhhh
35I　そうやろ ?(.) こういうとこでしか聞けんやろ
36B　話をききたいよね＝
37M　＝女の人って (0.4) 同意を求められて自分でいいよっていうの嫌いねんて (0.3) 基本的に (0.4)
38複数　おおおお：：[お
39M　[エッチせんけっいうて「いいね」っていう女，おらんやろ (.) エッチ [する？って
40E　[いや (.) おるって
41複数　hhhhh[hhhhhhhhhhh
42M　[めったにおらんやん
43G　まあ (0.3) ここは兄弟で意見 [が違 [う
44H　[°見解 [の違い°
45J　[↑え [えっ
46M　[↓で：
47E　[< まあまあまあまあ > (0.3) [で？でで？
48H　見解の [違い
49M　いくぞっていう (.) こっちに決定権を預けるのが
50E　うん
51　(0.5)
52M　女の人が楽ねん .
53E　ううん

員に共有されていた。そのことを受けてAは匂いも同じように言葉にすると語る。「お前(0.9)∧す：：っごい∨エッチな匂いするなあ」。

この後彼は、身振り手振りを交えて、実際に匂いについてのいじり方を紹介してみせる。その語り口は爆笑を誘うが、同時に他の参加者との嗜好の差異を明確にしたともいえる。彼の一連の願望は、BやCによって明確に否定されてしまうのである。

事例２は、同じ地区の青年会の二〇一八年の四月の春祭り前夜の様子である。映像にはB、C、E、F、G、H、I、J、K、Lの一〇人が映っており、他に声から確定できるのは、M、Nの二人である。このうちBからFは事例１と同一人物である。年齢層は三〇から四二歳とやや広がる。独身者は調査者を除けば、HとNの二人だけである。映像は、突然Cが尻を出す様子から始まる。自分のペニスを陰嚢部に挟み、さらに尻の後ろにひっくり返していく。するとCに対抗するようにKが自分のズボンを下ろし、尻を突き出した。彼の肛門周辺には体毛が密集していた。撮影していたEをはじめとして、見てしまった数人が歓声をあげる。さらにKの兄弟であるLがライターで火をつける。体毛が燃え上がり、Kが飛び上がった瞬間、一同が大爆笑する[1]。

事例２に示された一連の会話は、この後から始まる。体毛が燃えるのを見てJは、自らのジャングルファイヤーの経験を語り始める。ジャングルファイヤーとは、陰毛にライターなどで火をつけて燃え上がらせる一発芸である。かつての合コンの席では、必ずジャングルファイヤーをしていたとJは話す。話の序盤では、話の腰を折るようにIがツッコミを入れる。「ほんでお前(.)婚期遅かったんやわい」。IはJの二つ歳上で、席もJの隣にいたため、発言し

［１］当初、私は三脚を立ててこの宴会の様子を定点で撮影していた。会が盛り上がった頃を見計らい、Eが三脚から取り外して一連の映像を記録したようである。私は火を燃やすシーンには気づいていたが、それが自分のカメラに記録されていることはまったく気づいていなかった。私が映像をはじめて見たときの衝撃をぜひ共有したいと考え、問題となる場面をトリミングしたのだが、編集の過程で却下されたことは本章の結論を追認するものである。

事例２　ジャングルファイヤー・ハザード・コーヒー（つづき）

54M　だからその勢いでいけば (0.3) その方が楽
55　(0.8)
56I　ハザード [なしか
57M　[こっちから誘う－と うん (0.3) 拒否権を与え [ると駄・・・・
58G　[お前の車にはハザードついてないん＝
59J　＝↑まあまあ (.)E はハザードやったけど俺なんかホテル使うことないやん (.) 俺一人暮らしやから (.) とりあえず (.) コーヒー (0.3) 飲んでみる？
60G/B　hhhhhhhhh
61J　コーヒーを飲まし : ながら (0.3) どう反応するかっていうのが＜ハザードやね >hhhhh
62 複数　hhhhhhhhhhhhhhhh
63E　そうそうそうそう (0.4) そうです (.) だから (0.4) ハザード大事なんすよ
64J　でええちょっと、コーヒー美味しい ?((と言いながら、右隣の I の肩に手を回す))
あじゃあもっとあっためよか [あ ((と言いつつ、回した手で I の肩を数回叩く)) って肩に回した瞬間にピクってなったら (.) 無理やなあって
65G　[hhhhhhhhhhhhhh
66　(1.2)
67E　ハザードっていうのは，どっちでもいけるんすよ
68 複数　hhhhhhhhhhhhhh
69E　イエス (.) ノーイエス (.) ノーイエス (.) ノー ((両手を上にあげた万歳のポーズで腕を左右にふる))
70 複数　hhhhhhhhhhhhhh
71J　でも (.) 俺で (0.3) それ (.) でえ
72E　イエス？ノー . イエスノー . ってずっといっとんやん
73I　ワイパーみてええや
74E　あ (0.3) ワイパーワイパー
75J　でもそこねようわ [からへ
76F　[E：：が正解 (0.4)　[大正解
77J　で [それ (0.6) それがわからんのは (0.6) 一回は断る女 (0.5) おるやん
78E　いますね (.) でも (.) 顔見りゃ分かるんすよ

表 8-1

[	オーヴァーラップの開始位置
]	オーヴァーラップの終了位置
＝	前後の発話が切れ目なく続いている。または行末にこの記号がある行から行頭にこの記号がある行へと間髪を入れずに続いている。
(数字)	沈黙の秒数。丸括弧内にドットの場合は、その位置にごく短い沈黙（おおむね 0.1 秒前後)。
「文字」	発話者が誰かの語りを直接話法で引用していると見なせる部分。
文字：	発話中のコロンは、直前の音が引き延ばされている。コロンの数が多いほど長く伸びている。
文字－	ダッシュは、直前の語や発話が中断されている
文字.	ピリオドは、尻下がりの抑揚。
文字？	疑問符は、尻上がりの抑揚。
文字,	コンマはまだ発話が続くように聞こえる抑揚。
文字！	声が弾んでいる
↑文字	直後の音が高くなっている。
↓文字	直後の音が低くなっている。
文字	強く発音されている。
°文字°	弱く発音されている。
hh	息を吐く音、h の数が多いほど長い、笑いの場合もある。
.hh	息を吸う音。
＜文字＞	前後に比べてゆっくりと発話されている。
＞文字＜	前後に比べて速く発話されている。
？：	発話発話者が誰であるかまったく分からない音声が聞こえる場合。
(発話者名)：	発話発話者の同定に疑問がある場合。
(文字)	はっきりと聞き取れない部分。
(……)	まったく聞き取れない部分。
X／Y	X か Y かいずれかに聞こえる
((文字))	データについてのさまざまな種類の注釈・説明。

串田ほか（2017）を元に作成

やすい立場にあった。もっとも、Jは、彼のツッコミにも応対しながら、自分の経験についての物語を語り続ける。この芸をすると女性の方が俄然、乗り気になり、「エロい女になる」という。

この後Iは、中心となる語り手が変わる際にも、その順番を決定する役割を負うことになる。会話がEに移る際にも、「女の子とドライブしとって(.)ラブホの前へついてハザード焚くのと一緒やな」という発言に対して「それなんや、ちょお(.)聴き始めやぞ」と発話のターンをふっている。ここでEの発言を見直すと、何がジャングルファイヤーと「一緒」なのかがよくわからない。「ハザードを焚く」という表現から、男女の関係を盛り上げるために、炎や車の指示器のような赤い光をつけることが似ている、ということだと考えられる。

Eはラブホテルの前で車のハザードをつけ、彼女の反応を伺った。反応がよければハザードは指示器に変わり、ホテルに直行したという。この後、ハザードと関連づけるかたちで、女性を口説く際の手際についての話題が続く。

ここで省略した部分でEのターンが終わった後もIがMに対して話をふる。一旦、話は混ぜ返しになりそうになるが、ここではEが、「ちょお待って：(.)ちょお待って：(.)ちょっとお：(.)聞きたいわ(.)お前の女の」と割ってはいり、Mに発話を求めている。すぐ後にIも「そうやろ?(.)こういうとこでしか聞けんやろ」と彼のEの発話に同意し、Mに語りを求めている。EはMの兄にあたり、そのことは全員にとって周知の事実である。兄が弟の性的嗜好を尋ねることは「こういうとこでしか聞けん」ことなのである。いくつかの解釈可能性があるが、この話題は各々の実家で語りうる話題ではない、と捉えられていることは間違いない。肉親や妻、あるいは子どもがいる領域で、セクシュアリティは暗黙のうちに排除されているわけである。

では、Mはどのように対応したのだろうか。Mは、「エッチせんけっいうて「いいね」っていう女、おらんやろ」と語る。これに対してEが「いやおるよ」と返して話題が滞りそうになるが、E自身が話題を修正して、Mの発話を促す。彼は女性が依存心が強いため、男性に決定権を与える傾向があり、そこにつけこめばうまくいく。「こっちに決定権を預けるのが［……］女の人が楽ねん」という。

この後、再び、Jが自らの話題を話し始める。彼は自分が一人暮らしなのでラブホテルは使わない。女性とデートした際には、「とりあえず(.)コーヒー(0.3)飲んでみる？」と自分の部屋に誘うわけである。自分の住むアパートに誘った女性に、コーヒーで誘いをかけ、ボディタッチしながら様子をみた経験を語っている。中心となる語り手はJからE、Mと続き、さらにJに戻ることになる。

事例2では、この後一〇分近くにわたり、セクシュアリティの話題が続くことになる。ただ笑いの回数だけでいうと、徐々に盛り上がりは収束していったようにみえる。中心的な話題はJの発話で閉じられたと考えていいだろう。この話題の閉じられ方で興味深いのは、一連の語りで話題となった「ハザード」がその初出と後半では、明らかに意味が変容している点である。

すでに記したように最初にハザードが想起されたのは、男女間の盛り上がりで用いられる明かりという類似性であった。しかし、話題の後半では、ハザードの点滅が男女の駆け引きを暗示するものとして語られている。その端緒は、Eの話すエピソードに現れていた。彼は、ハザードを焚いた状態で女性の様子を伺う。女性のノリがよければラブホテルの方に指示器を出し、NGなら「反対側の指示器出して(.)そのまま(.)さいなら」である。ハザードは様子を伺う保留の状態を示すメタファーとなる。Mの話題でも、女性が男性に依存する状況を利用することに対して「ハザード［なしか］」というツッコミが入る。保留の段階を飛び越したことを言い当てたものだろう。

さらにJはコーヒーを飲ませながら、手を回して相手の反応を伺う。その際の「どう反応するかっていうのが＜ハザードやね＞」という。これを受けてEも「そうです(.)だから(0.4)ハザード大事なんすよ」と返答し、ハザードの点滅はイエスかノーの振幅を示すものとして再提示される。このようにキーワードの意味をずらしながらも、一連の会話全体を緩やかに結びつけ、男女間のセクシュアリティを想起するものとして語られている。言い換えれば各々の経験がこの言葉を通じて、一つのストーリーにまとめられているともいえるだろう。

さて、わずか二例だが、ここでは男が集う場でのセクシュアリティの語りの特徴をみることができる。まず、中心的な語り手が特定される傾向にある。言い換えれば、セックスを語りたがる男がいることになる。事例１でいえばＡにあたり、事例２でいえばＪやＥにあたる。このような語り手の存在は、男の集団内でセクシュアリティが注目され、盛り上がる話題であることを端的に示している。

しかし、集団での会話では、より重要な点を指摘できる。両方の事例で積極的な語り手に対して、ツッコミを入れる者がいた。事例１ではＢにあたり、事例２ではＩにあたる。彼らはしばしば語り手の発話を中断したり、その内容に異議を申し立てたりする。他方で語り手に話を促し、会話に同調したり、反芻したりすることもある。この段階で語られたセクシュアリティの位相が、受容可能か不可能か、ノーマルかアブノーマルかの一次的な判断がなされていることになる。

さらに多くの者は、聞き役に回り、相槌ないしは疑問を含んだ間投詞、さらには笑い声で参加している。構文的には意味をもたないようにみえるこれらの表現も、一連の日常性の構築においては、重要な役割を果たしている。居合わせた多数による反応は、集団が語りの内容を共有したことを確認する工程ではないだろうか。なお、以上の会話からは明示できなかったが、沈黙や意味ありげな笑みといったものが、独特のニュアンスを含むこともある。何も語られないことが、不可知の可能性を想起させるケースである。

セクシュアリティの内容は、エスカレートしていく傾向がある、という点も指摘できる。事例１ではＡが、乳輪の話から熟女へのこだわりを語り、さらに性器の臭いフェチであることまで表明している。匂いへのこだわりがないか、というＡの問いかけには、ほぼ全員が否定的な発話と身振りを示している。紙面の都合で割愛しているが、事例２の一連の会話の後に、スワッピングの経験を語る者まで現れた。それに対しては「まるでＡＶみたいやな」といった感想や「それ、言わん方がよかったと思うよ」といった返答が記録されている。どうやら、これらの話題はエスカレートしすぎて、集団からは距離化された話題と捉えることができそうである。セクシュアリティの話題では、「あり」か「なし」か、ノーマルかアブノーマルかの境界は、会話の文脈のなかで、その都度更新されていくのである。

第四節　リ・トリヴィア、あるいは今後の課題

このようなセクシュアリティに関する会話や言説を、どのような研究分野に着地させることができるだろうか。たとえば口承文芸研究には艶笑譚、バレ噺という領域がある（成田 一九八八、真下 二〇一二）。一連のセクシュアリティの語りには、オチをつけるエピソードもみられ、一定の形式性を備えることが多い。それらと近世以来の艶笑譚を類比することで、伝統的な語りの構成や定型との比較検証ができるかもしれない。この作業は、民俗学の周縁で蓄積された性慣行に関する研究の再考を促すことになるかもしれない。

社会学的な視点からは、このような事例を持続的に収集することで、日本の家族制度におけるセクシュアリティの位相、とりわけリプロダクションから乖離したセクシュアリティの位置づけを、批判的に捉える端緒となるかもしれない。制度としての近代家族は、しばしばセックスワーカーや婚外交渉によって補完されている。断片的に記した事例や会話表現の端々からも、そのことを追認することは可能だろう。もっともこれらを検証するための素材なら、すでに無数のルポルタージュやドキュメントが記されている。

むしろこだわるべきは、会話の事例に示されたセクシュアリティをめぐる「日常性」の構築過程とそれらを内在化していく個々の主体の実践のあり方かもしれない。自らのセックスを饒舌に語る立場とそれに応じる各々の役回り、エスカレートする語りとそれからの距離化の戦術が展開する会話自体を掘り下げるべきである。彼らが会話を通じて遂行していく差異化や秩序化の過程から、男らしさやジェンダーイメージの再生産過程や、彼らにとってセクシュアリティとは何か、を検証できるはずである。

しかし、本章では、はじめに記したトリヴィアを参照することで、一つの方向性を暗示してみたい。それは、「彼ら」ではなく「私たち」にとってのセクシュアリティの位相を見つめ直す視点である。同時にここでは、前述したような議論への接続が、男性によるセクシュアリティについての言説を正当化できるわけではない、という点に注目す

る。最初の視点は、セクシュアリティを分析する研究者のポジショナリティを問い直すことにつながる。後者の指摘は、セクシュアリティが内包する袋小路を逆説的にあぶり出すことになるだろう。

最初に記したトリヴィアは、各々がフィールドサイエンスとしての専門領域とセクシュアリティとの接点を暗示している。最初の話題が暗示するのは売春である。フィールドワーク、とりわけ海外のフィールドワークには、現地の女性を「買う」行程を潜在させていた。私たちより上の世代では、このようなエピソードは枚挙にいとまがない。もちろん、当時の社会的な状況を無視して、即座に批判するべきではないかもしれない。しかし、この種の「逸脱行為」を過ぎさりし過去として不問に伏すことも、少しばかり危険ではある。この国の国民が、ネガティブな歴史事象に対して行ってきた、いや現に行いつつあることと、パラレルな事態だからである。

より錯綜した意図や歪められた権力性が見え隠れするのは、二番目や三番目の事例である。たとえば二番目の語りでは、ある研究者のかつての恋愛とその破局の理由が遠回しに語られる。キーワードはフェラチオである。どうやらこの研究者は、割礼について研究を行っているらしい。現在も多くの民族集団で行われる割礼儀礼は、しばしばその暴力的側面や人権の蹂躙が批判の対象とされてきた。このようなテーマへのこだわりが、彼の性的嗜好と結びつけて語られている。

三番目の話題は、とある研究者夫妻の性行為が、現地に与えたインパクトを語っている。夫妻の行為が、これまでなかった騎乗位という体位を現地人に知らしめることになる。その結果、現地人同士の性交渉でも、それまで存在しなかった様式が挿入された。現地の文化に介入しないはずの研究者が、調査目的から無関係な場で、不可逆的な変化を引き起こしたことを皮肉っているようにもみえる。

これらの語りは、いずれも真偽のほどは定かではない。とくに三番目の事例には到底、客観的な裏づけがあったとは思えない。同じ調査地に複数の研究者やグループが入っていたとしても、特定の性行為が広まったことを検証できる者など、そうそういないだろう。

紹介したトリヴィアからは、セクシュアリティの語りの背後に研究者のポジショナリティを茶化し、侮慢する視点が垣間見える。そのことは間違いない。ただし語りが孕む多義性は、暗示的な語りや仄めかしにおいてとりわけ顕著に現れる。実際、自身の身体感覚に根ざし、その経験を動因とする二番目の事例などは、人類学者ならば強く共感しうるものかもしれない。暴力への批判や人権の尊重といった標語がどれほど政治的に正しくても、個々の身体が被った痛みや傷をすくい取ることは難しい。話者の被傷性に寄り添う一つの方途は、調査者自身の身体的な経験に他ならないだろう。それならばこの語りは、研究者による遠回しな揶揄や侮慢を逆手にとった、柔らかでしなやかでしたたかな抵抗の言説へと読み替えることも不可能ではない。

もちろんこのような言挙げは、この語りが、一種のトリヴィアであり、その背景に透けてみえる社会構造やその非対称性を注意深く腑分けする限りにおいて可能となる。たとえば本章の起点となった田中は、反エロス言説の只中に切り込むことで支配的な言説を内破し、その臨界にエロスを見出そうとする。彼が志向するエロスとは既存の社会制度や権力装置を無化する個々の欲望の自由な発露であり、自他の境界を揺さぶり、融解し、刷新するものである。

田中の視点は一貫している。彼が異文化としてインドの女神信仰に言及する際にも、そこに西欧の主体概念を相対化する契機を見出していた（田中 二〇一九）。ポルノグラフィーやAV、女体盛りといった表象を読み解く際にも、平板なテクストの亀裂や過剰さを逆手にとるようにその権力的な布置を攪乱している（田中 二〇一〇）。さらにセックスワーカーへのインタビューを主軸とした議論でも、彼女らのポジショナリティを危うくする言説——セックスワーカーを社会的な犠牲者とみなしたり、職業とは認めない眼差しをずらしたりしつつ、官能労働というカテゴリーのなかに彼女らの言説を再補足するための迂回路を見出していく（田中 二〇一四）。彼は常に近代的な主体や制度化された自己を内側から揺り動かし、解放する仕掛けとしてのセクシュアリティの可能性に注目する。

では、本章が示した男たちの猥談にはいかなる迂回路を見通すことができるだろうか。まず彼らによる語りは、男性によって語られたものでありながら、いわゆるパブリックな領域には属さない。また、ドメスティックなそれでもない。本来、パブリックとドメスティックは、フェミニズム人類学者たちが、通文化的にみられる男性と女性の非対称性を究明するために分節化した社会領域であった。男性は、広範な社会的紐帯とつながる統合的な立場としてパブリックな領域を占有し、女性は子育てや家事といったドメスティックな領域において活動してきた。しかし、パブリックな領域はドメスティックな領域を包摂する構造を有するため、男性が女性に優越する社会が普遍的にみられると考えられた（アードナーほか 一九八七）。また、この領域を無化するためには、女性がパブリックな領域に進出し、男性がドメスティックな領域に参加することで解消されるとも提起された。このような視座は、理論的には批判されていくものの、先進社会の多くは、彼女らのモデルに沿うような社会制度をプラニングしているといえる。

ここであの「ここでしか聞けんやろ」という言挙げが反芻される。男たちは、それが家庭内に持ち込めない話題であると熟知している。同時にこれを職場や学校といった公の場で語ることも通常、不可能である。どちらにも回収されず、どちらからも忌避された領域として、男が語るセクシュアリティは存在する。彼らの語りはいかなる立場からも、正当化されることはない。[2]

もっともこのような言説を、パブリック領域の裏面と捉える視点はあるかもしれない。男たちが公の場においては発言しえないことは確かにある。しかし、セクシュアリティのような語りえない話題、有り体にいえば秘密や隠しごとの共有が、その集団内での信頼感を増し、紐帯をバックアップする可能性はある。実際、複数の調査地での聞き取りのなかで、地方の役場や消防団での打ち上げなどにコンパニオンを呼び、ハメを外したエピソードを聞かされたことが何度もある。しかし、セクシュアリティの語りの機能や構造を明らかにしたところで、現代日本でその正当性が

[2] これが明治期までの一定以上の階層ならば、妾の存在や婚外交渉が公然とドメスティックな領域で語られていた可能性はある。たとえば津田梅子の伝記には、家庭内で妾の話を公然とする伊藤博文の姿が批判的に記されている（大庭 一九九三）。その意味で公私の領域からの逸脱もまた、歴史的に構築されたものともいえる。

認知されるわけではない。彼らの語りは、どこまでも差別する側、搾取する側の眼差しであり続ける。

　では、彼ら男性もまた、ジェンダーとセクシュアリティについての支配的な言説に絡め取られた存在として捉える視点は可能だろうか。男らしさに付着するセクシュアリティの強調、「英雄色を好む」のステレオタイプの延長上に、自らの性遍歴を饒舌に語る男たちを設定するわけである。男たちも呪縛された存在であり、そこからの解放のストーリーを想定すべきだろうか。正直、この設定には相当無理があるし、少なくともここでそのストーリーに依拠したいとは思わない。その他にもたとえば、男性間での言説の多様さを拠点とするにも限界があるだろう。

　人類学周辺で語られたトリヴィアが、このような場と相互行為の広がりと根深さを示唆することになる。そもそも人類学者は異文化に知悉し、多様な社会を縦横無尽に走破したはずではなかっただろうか。文化の相対性を前提としつつ、各々の異なる立場や価値観を尊重し、理解する専門家ではなかっただろうか。その彼らの実践として語られるトリヴィアは、異文化での性の搾取であり、個人のリビドーの昇華であり、異文化への不用意な性的介入であった。それらの語りは、トロブリアンドで書かれた日記よりもはるかに隠微で胡散臭い。有り体にいえば正当化できる代物ではない。これらの正当化しえないセクシュアリティの語りは、立場や経験を超えて共有されているようである。

　よってここでは、正当化されない相互行為が、日常生活の延長上で、更新され続けているという事実を確認する以上のことはできない。ひょっとしたら彼らの集まりが接触領域なのかもしれないし、中心を活性化しうる周縁なのかもしれない。しかし、少なくとも現状での視座からは、隘路のない一種の袋小路のようにみえる。そこでは淀みのような欲望の断片が揺蕩い、渦巻き、沈殿していく。もっとも、そのような領域に縁もゆかりもない者など、ほぼ存在しないだろう。人が生きることの根源は、たぶん、あの忌まわしき欲望に通底するものだからである。

◉引用・参考文献

アードナー、Eほか／山崎カヲル［監訳］（一九八七）『男が文化で、女は自然か？――性差の文化人類学』晶文社

赤松啓介（一九九四）『夜這いの民俗学』明石書店

赤松啓介（一九九五）『宗教と性の民俗学』明石書店

大庭みな子（一九九三）『津田梅子』朝日新聞社

串田秀也・平本　毅・林　誠（二〇一七）『会話分析入門』勁草書房

菅原和孝（一九九八）『会話の人類学――ブッシュマンの生活世界Ⅱ』京都大学学術出版会

須藤健一・杉島敬志［編］（一九九三）『性の民族誌』人文書院

田中雅一（二〇一〇）『癒しとイヤラシ――エロスの文化人類学』筑摩書房

田中雅一（二〇一四）「「やっとホントの顔を見せてくれたね！」――日本人セックスワーカーに見る肉体・感情・官能をめぐる労働について」『コンタクト・ゾーン』六：三〇-五九

田中雅一（二〇一九）「セクシュアリティ・ジェンダー体制とその宗教的撹乱――デーヴァダーシーと子宮委員長はるをめぐって」『宗教研究』九三（二）：一〇七-一三四

成田　守（一九八八）「艶笑譚目録」『東洋研究』八九：一一五-一四二

フーコー、M／渡辺守章［訳］（一九八六）『知への意志（性の歴史Ⅰ）』新潮社

プラマー、K／桜井　厚・好井裕明・小林多寿子［訳］（一九九八）『セクシュアル・ストーリーの時代――語りのポリティクス』新曜社

真下　厚（二〇一一）「艶笑譚の一話型とその変容――口承説話における「主人公の交替」に及んで」『口承文藝研究』三四：四七-五九

マリノウスキー、B／泉　靖一・蒲生正男・島　澄［訳］（一九六八）『未開人の性生活』ぺりかん社

ミード、M／畑中幸子・山本真鳥［訳］（一九七六）『サモアの思春期』蒼樹書房

第九章　ジェンダー／セクシュアリティ再考

クィア人類学的視点から

砂川秀樹

第一節　性的マジョリティとは誰か

本章は、近年、日本でもマスメディアで頻繁に取り上げられ、企業や行政においても広く意識されるようになったＬＧＢＴ（レズビアン、ゲイ、バイセクシュアル、トランスジェンダー）など性的マイノリティのセクシュアリティについて考察することから、ジェンダー／セクシュアリティを分析対象とする際の新しい視座を提供することを目的としている。

いうまでもなく、性に関する個々人の具体的な性行動や欲望のあり方、関係のもち方などを考えれば、単純にマイノリティ／マジョリティに二分されるわけではない。一人ひとりの多様性を考え、「ｎ個の性」という表現で人の数だけ多様であるという表現もある。しかし、ここでは、社会において力をもつ分類や枠組みとして大きな影響をもつ性別（恋愛や性的欲望の対象としての性別を含む）を軸として、マイノリティ／マジョリティと位置づけている。よって、性的マジョリティとは、生まれたときに振り分けられた性別に違和感をもつことなく、その性別で生きるシスジェンダーであり、異性愛者である人のことである。

以下に、本章の流れを示す。まず、日本の近年のＬＧＢＴをとりまく変化について触れ、その後、田中雅一が提起するジェンダー／セクシュアリティを調査分析する際に必要な三つの視点、「当事者の声を聞く」「常識を疑う」「性を問う」を筆者の立場から敷衍する。そして、敷衍した三つの視点、「muted group（沈黙させられている集団）の声を聞く」「ヘテロジェンダーの常識を疑う」「社会的、政治的問題として問う」について具体的に説明する。その後、セクシュアリティの構成と流動性について、ドラマ『おっさんずラブ』を例に分析し、最後は、ジェンダー／セクシュアリティの構築性について述べたい。

この一連の論は、ジェンダーに関するフェミニストを中心とした問い直しと、マイノリティの視点からセクシュアリティ研究を行ってきたゲイ／レズビアン研究などの融合として誕生した「クィア人類学」的といえるかもしれない。クィア人類学は、マジョリティの視点、支配的な価値観をはみ出す領域からジェンダー／セクシュアリティの再考をうながすものである。

第二節　セクシュアリティをどう研究するか

一　遅れてきた大学のとりくみ

ＬＧＢＴという語は、日本のマスメディアでも頻繁に用いられるようになり、二〇一八年には、『広辞苑』（第七版、岩波書店）に見出し語として掲載されるなど定着した。

一九二五年創刊の雑誌『家の光』が、二〇一九年九月号で初めてＬＧＢＴ特集を組んだことは、この語への関心の広がりを印象づけた。『家の光』は、「ＪＡグループのファミリーマガジン」と銘打っているように、地方で農業を営む人たちを主な読者層とする。この特集では、三重県伊賀市で農業を営むゲイカップルの実名と顔写真を伴ったインタビュー記事も掲載されており、用語の広がりだけでなく、都市部に限らないＬＧＢＴ（この場合は、ＬＧＢＴのなかのゲイだけだが）の顕在化を示している。

日本では、二〇〇〇年代に入り、アクティビズムや学問においてＬＧＢＴという語が用いられ始めたが、私が二〇〇二年に『民博通信　特集：性を問う／性から問う』（No.99）でこの語を使用し始めた頃には、日本語文献ではほとんど目にしない状況だった。その後も、主に性的マイノリティ、性的少数者、クィアという語の方が用いられ、ＬＧＢＴという語の使用頻度は低かった。そのようななか、ＬＧＢＴが人口に膾炙するきっかけをつくったのは経済界だ。二〇一二年、『東洋経済』と『週刊ダイヤモンド』が、同じ七月一四日号でそれぞれ初のＬＧＢＴ特集を組んだ。そして、二〇一五年には、「電通ダイバーシティ・ラボ」が、「ＬＧＢＴ調査」を実施。その調査結果として発表されたＬＧＢＴを含む性的少数者層七・六パーセント（二〇一八年の調査では八・九パーセント）、ＬＧＢＴ市場規模約五・九兆円という数字は、学問的な立場からは調査や分析の方法に疑問が向けられてもいるが（石田二〇一九：二二六―二三三）、行政や企業がＬＧＢＴのテーマに取り組む後押しとなってきたことは間違いない。

また、二〇一三年に、「東京二〇二〇オリンピック・パラリンピック競技大会」の開催が決定したことも、ＬＧＢＴへの差別が社会的問題の一つであるという共通認識を広げる一要因となった。それは、二〇一四年、オリンピック憲章に性的指向を理由とする差別の禁止が盛り込まれ、それを受けるかたちで、「東京二〇二〇オリンピック・パラリンピック競技大会　持続可能性に配慮した調達コード」では、サプライヤーが遵守すべき項目として、「性的少数者（ＬＧＢＴ等）」などの社会的少数者の人権が挙げられていることに起因する。

オリンピックにおいて性的指向に関する差別が禁止される動きは、国連のなかでも進められてきた国際的なＬＧＢＴ人権運動の成果の一つといえるが、オリンピック誘致の背景には経済的利益への動機がある以上、やはり経済界の動きとしても位置づけることができる。

こうした動きが始まる以前から、性的マイノリティに関する市民運動や、社会に向けてカムアウトしながら発信してきた個人の動きがあり、それらが、日本でＬＧＢＴという言葉が定着していく土台を形成してきた。また、学問世界でも、「当事者」も含めさまざまな立場から、ジェンダー／セクシュアリティ研究の分野を中心に、性的マイノリティに関連したテーマで調査、思考、発信がなされてきた。

大学でも、ＬＧＢＴの学生への対応に関する方針の決定、ＳＯＧＩ（Sexual Orientation and Gender Identity：性的指向・性自認）の多様性に関する宣言などが出されるようになったが、経済界に遅れをとった感は否めない。日本で初めてゲイであることをオープンにした文化人類学者として、また、日本の文化人類学界ではほとんど関心をもたれない性的マイノリティを主な研究／教育のテーマとしてきた者として、私は、驚きをもってその動きの差をみてきた。それは、単に大学の制度の問題だけに留まらない。その意識のあり方は、学問において性的マジョリティ中心の理論の土台を形成してきたといえる。

よって、逆にいうならば、性的マイノリティについて考えるということは、ジェンダー／セクシュアリティ研究に一つ題材を加えることに留まらず、セクシュアリティについての見方を変えるということである。

二　ジェンダー／セクシュアリティ研究の三つの視点

私は、「ジェンダー／セクシュアリティの文化人類学」という題を掲げて講演や授業で話す際に、よく冒頭で「ジェンダーとセクシュアリティの文化人類学」（田中 二〇〇五ａ）に記されている人類学的事例と、田中が提示しているジェンダー研究を進めるうえで重要な三つの視点を紹介する。

それを導入に用いるのは、そのなかで引用されている、Ｅ・Ｅ・エヴァンズ＝プリチャードの『ヌアー［ヌエル］族の親族と結婚』（一九五一年）に記された「女性同士」の結婚の事例により、結婚やセクシュアリティの多様性をわかりやすく伝えることができるからだ。それは、単に、「女性同士」の結婚であるという意味だけでなく、女性が亡くなった兄に成り代わり結婚するという習慣の存在や、その二人のあいだに子をもつために、近親者の男性が妻として迎え入れられた女性と性的関係をもつことなどを含めての多様性だ。「一夫多妻制」の存在など、結婚の形態が文化によりさまざまであることを漠然と想像している人でも、こうした事例を具体的に知ると大きな衝撃を受ける。

ここで「女性同士」と鍵括弧をつけるのは、この婚姻の場合、亡くなった兄に代わり妻を迎えるというかたちをとる以上、「女性同士」とすべきかどうか議論の余地があるからだ。しかし、もしその二人を「女性同士」とみなさないならば、兄に代わって妻をとる側は男性ということになり、性別を移行したことになる。それは、性別違和を伴うかたちではないが、社会現象としては広義のトランスジェンダーともいえる。

人類学では、こうした例も含め、さまざまな社会の「同性間」の性的関係や婚姻関係、ジェンダーの越境について民族誌的な知が蓄積されてきた。しかし、一般的には、同性婚やジェンダーの越境は、近現代の欧米的な価値観のもとに生まれた（あるいは、江戸時代までの日本や古代ギリシャだけが例外的に昔から同性間の関係を認めてきた）と考える人たちも多く、そうした人たちにとっては、このような関係や現象が、近現代の欧米以外の社会においても広くみられるという想像は生まれないようだ。こうした人類学の研究成果は、そうした先入観を崩す力を発揮する。しかし、それでも人類学者の視点によっては、自分が内面化した支配的なジェンダー／セクシュアリティの枠組みで対象を切り取ってしまう。

そこで、田中は研究者に、ジェンダーやセクシュアリティについて研究するうえで、「当事者の声を聞く」「常識を疑う」「性を問う」という視点の必要性を説いている。「当事者の声を聞く」とは、周縁に置かれる人たち（とくに女性）の声を聞くことであり、「常識を疑う」とは、男性偏重の「常識」を批判的に検討すること。そして、「性を問う」とは、取るに足りないテーマとされてきた性に関して問いを発していくことを重要視することである。

この彼の視点を紹介したうえで、私は、主にゲイコミュニティについて研究し、ＬＧＢＴの運動や、性に関する具体的な問題の教育に深く関わって来た立場から、それらを敷衍し、「muted group（沈黙させられている集団）の声を聞く」「ヘテロジェンダーの常識を疑う」「社会的、政治的問題として問う」ことの重要性を説明している。

以下、それぞれについて詳説し、ＬＧＢＴなどの性的マイノリティに学問が目を向けることの意味を論じたい。なお、muted group は、以下、便宜的に「沈黙化層」と書く。この訳語には、「沈黙〈させられている〉集団」という表現に含まれる使役的側面が表現されないが、力関係があるなかでの抑圧や抵抗による沈黙、あるいは自己保護としての沈黙であることを確認しておきたい。

三　沈黙化層の声を聞く

ここで沈黙化層と訳す muted group は、エドウィン・アードナーが、人類学者の調査で女性が語らない、語れないと論じたこと（アードナー　一九八七）に始まる語である。彼のその視点は、社会のなかの女性の位置づけを固定的にみていることや、人類学者との力関係について考えていないことが批判されているが（マチウ　一九八七）、その後、彼の指摘が教育学やコミュニケーション学のなかで概念化され用いられるようになっている。

私が人類学的には古めかしい印象のあるこの論を使用するきっかけとなったのは、ある大学の教職課程の授業で、教員志望の学生に向けて、「ＬＧＢＴＱの生徒」というテーマで講演を依頼されたことだった。ちなみに、ＬＧＢＴＱのＱは、クィア／クエスチョニングの頭文字であり、「区分ができない／したくない」「揺れる」人たちなど、より幅広く性的マイノリティを含むための語である。

性的マイノリティを沈黙化層として説明した理由は、二つあった。第一に、「ＬＧＢＴＱ」という言葉の枠だけでは捉えきれないセクシュアリティの多様性があること、第二に、教師は、自分が気づかない沈黙化層としてのマイノリティが（ＬＧＢＴＱに限らず）目の前にいる可能性を意識する必要があると考えたからだ。よって、この表現には、セクシュアリティ研究の視点と教育学的な観点から求められることが融合している。

児童・生徒が低学年であればあるほど、そのセクシュアリティには、ＬＧＢＴＱといった属性、あるいはアイデンティティを示す言葉では把握できない面が存在する。教師は、ＬＧＢＴＱについて、その言葉の意味やそれぞれが置かれがちな立場を一通り知っておく必要があるが、そのうえで、出生時の体で振り分けられた性別への違和／不合の感覚があることや、同性に対する恋愛感情や性的な欲望、あるいは、同性との性行為があることと、ＬＧＢＴであることはイコールではない、ということを踏まえておかなければならない。性別違和があったり、性的指向が同性に向いたりしている生徒自身は、まだそうした言葉で自分を理解していないことも多い。

見方によっては、そうした生徒は、Ｑ＝クィア／クェスチョニングという、揺れや不定義性を示す言葉で表現されているとも考えられる。だが、Ｑも、基本的にはシスジェンダー・異性愛とＬＧＢＴの区分から生じた言葉であり、その区分に基づいて揺れるという意味では、ＬＧＢＴというカテゴリーを前提としている。しかしながら、実際には、そこに至らない未分化で曖昧なマイノリティ性を経験している生徒も多い。曖昧であればあるほど、その生徒はその経験を言語化することが難しいだろう。おそらく未分化で曖昧な感覚でも、それがマイノリティ性を帯びていなければ、断片的に語りながら（外に対しての語りでなくとも、自分の内的な語りとして）言語化していくことがあるかもしれない。だが、マイノリティ性を帯びている事柄は、意識的、無意識的に抑圧されがちで、一層、言語化から遠のく。そして、言語化したとしても語ることは難しい。それは、シスジェンダー・異性愛が前提とされているなかで自分のことを口に出せないからである。

ただし、ここで注意を加えておきたいのは、逆に、生徒がＬＧＢＴＱのいずれかに自らを一致させ、その語を使っている場合に、教師など周りの人が「まだ自分をそう決める必要はないのでは」といった言葉で、本人のアイデンティティを否定するかのようなことを言うことは慎むべきであるということだ。また、文化人類学などの学問分野的感性から、「それは欧米的な枠組みである」として、そうしたアイデンティティをもつことが、あるいは「アイデンティティ」というものそのものが、「欧米的な」仮構であると考え、生徒に再考をうながす向きもあるかもしれない。しかし、アイデンティティは、往々にして、マジョリティのあり方が当たり前なものとして押しつけられる社会において、マイノリティにとっては生きるための立ち位置であり、拠り所となっている。よって、社会のなかで否定感を感じている場合など、そうした「アカデミック」な言葉が刃にもなることを念頭におく必要があるだろう。

自分のセクシュアリティを言語化できないということ、言語化しても規範により口に出せないこと、アイデンティティ化しても、それを否定されることを敏感に感じ取るなかで（また、その否定を内面化することで）、性に関するマイノリティは沈黙化層となってきた。そして、同じことがフィールドでも起きていることを意識しなければならない（話が広がりすぎてしまうので、ここでは詳述しないが、大学という場でも、研究者の世界でもそうである）。

　私が大学院で研究を始めて間もない頃、東南アジアのある国の村で三年ほどフィールド調査を重ねていた研究者に、その地域での同性愛者などの状況を尋ねたことがある。そのときの彼の返事は、彼がフィールドとする村にはそういう人たちはいない、ということであった。それから一五年が過ぎた頃、その国の首都で、プライドパレード（ＬＧＢＴＱなどのパレード）が初めて開催されたというニュースを目にした。むろん、村と都市の違いはあるだろう。また、一五年という年月の影響もあるかもしれない。しかし、ＬＧＢＴが都市部だけに存在し、一五年間で「誕生」し、存在を主張し、顕在化するほど増え、集団化したと考えるのには無理がある。

　おそらく、その研究者に限らず、村人の多くも、そうした人たちの存在を身近に認知せず、身近にいることを想像もできなかったのだろう。多くの地域で、性別違和をもつ人や同性と性的・恋愛的関係をもつ人たちは、そのことを隠してきたのであろう。性別違和に基づきジェンダー移行を実行する人は可視化されるが、違和そのものや同性愛は自らが何らかのかたちで明示しない限り知られることはないからだ。

　沈黙化層としての性的マイノリティの存在を意識することで、ときに、フィールドでの人びととのジェンダーやセクシュアリティに関する規範とその再生産のサイクルから外れるものと、そこから生み出されるものへの気づきが得られるはずだ。それは、次の考古学における近年の発見の話ともつながるものだ。

四　ヘテロジェンダーの常識を疑う

　田中の提示する、「男性偏重の「常識」を批判的に検討する」というジェンダー研究において必要な視点を、私は、「ヘテロジェンダーの常識を疑う」と表現し直している。ここでいう「ヘテロジェンダー」とは、異性愛を前提としながら、二項対立的に規範化されているジェンダーのことだ。それは田中の言う「セクシュアリティ・ジェンダー体制（レジーム）」のなかの支配的な価値観といえる。「ヘテロジェンダーの常識を疑う」ことにより、これまでみてきたものが違ってみえてくることがある。そのわかりやすい例が、近年、考古学の分野で行われている性別の再判定だ。遺跡などで発掘されてきた人骨の性別が、これまで想定されていた性別と異なることが遺伝子調査によって明らかになっている。

たとえば、これまで埋葬の様子から高位のバイキングのものであり、よって、男性のものであると判断されてきた遺骨が女性として再判定された事例（Price et al. 2019）や、まるで手を繋ぐように埋葬されているため、男女のものと想定され「マデナの恋人」と呼ばれてきた有名な人骨が、男性二人のものであると再判定された事例（Lugli et al. 2019）がある。

これらが、ヘテロジェンダーを前提とした視点によって事実を見誤っていた結果であることは言うまでもない。そして、同様に人類学者が赴くフィールドにも、同じような見誤りが存在する可能性は否めない。こうした指摘は、単に、これまで調査の対象となってきた異性愛の関係に、同性愛についての調査を加える、あるいは、シスジェンダーとしての性別の構築に関する調査分析に、トランスジェンダーを加えるといったことだけを求めるものではない。

それは、人類学において女性の視点や経験が看過されてきたことへの批判により、男性を中心とした経験や語りに基づいて調査分析されてきた民族誌に女性の経験や語りを付け加える「女の民族誌」の導入に留まらず、性別の（再）構築と社会の構造の再生産、あるいはそのなかでの変化の関係性に目配りしながら、民族誌を書き、人びとの実践や構造を分析していくことが求められ、ジェンダーという視点が導入されるようになってきたことと同型である。そういう意味でも、「ヘテロジェンダーの常識を疑う」ということは、これまでのフェミニズムの主張、ならびにその蓄積と成果の流れのなかにあり、クィア人類学的な視点でもある。

だが、ここで注意しなければならないのは、フェミニズム人類学と同様、クィア人類学という名は、そう名乗る／名づけられる人たちだけが、「特別なポジション」に立っているわけではないということだ。その表現は、誰しもがそれぞれ何らかのポジションからしか調査研究はできないことを指し示すためのものである。このことはこれまでも繰り返し言われてきたことであるが、常に言い続ける必要があることを私は痛感してきた。そうしたそれぞれのポジションからの視点に基づいた議論や理論により、多面的に社会を理解していくことにこそ、学問の意味がある。

五　社会的問題として問う——政治的な問題

三つ目の「性を社会的問題として問う」において、私は、かなり異なる二つのことを含めている。その一つは、「政治的」な態度と行動の問題だ。たとえば、同性婚についてどう考え、どういう意志を表明するかということなどがある。

二〇一九年二月一四日、同性どうしの結婚を認めないのは憲法に反しているとして、同性カップルが東京、大阪、札幌の裁判所で国を訴える一斉提訴を行った。東京での第三回口頭弁論において、国は、「結婚制度を「伝統的に生殖と子の養育を目的とする男女の結合であった」「婚姻はつねに親子関係を予定し」といった過去の文献を引用して説明」したうえで、「結婚とは生殖と密接に結びついて理解されてきているので、異性間のものであることが前提だ」と結論づけている（安田・坪地 二〇一九）。

こうした国の主張は、二〇〇四年に米国で、ブッシュ大統領（当時）が、同性間の結婚を文明への脅威とし、結婚を「男女間のもの」と定義する憲法修正案を求めたときのことを思い出させる。そのとき、米国人類学会理事会が、反対声明を出している。そこには、次のように書かれている。

> 文化人類学は、一世紀以上にわたり、世帯、親族関係、家族に関する通文化的、通時代的な調査を行ってきた。その調査結果には、文明や社会秩序が、異性愛制度のみの結婚の上に成立するという見方に根拠を与えるものはない。むしろ、人類学の調査は、同性間のパートナーシップも含めた、かなり幅広い家族形態が安定した人道的な社会に貢献するという結論を支持している。（American Anthropological Association 2004）

また、二〇一五年に、同性婚を認めないのは米国憲法に反するという判決が連邦政府から出されたときには、米国人類学会の名でその判決を祝うメッセージを発表している（American Anthropological Association 2015）。

日本と米国では、ＬＧＢＴの政治的な位置づけや、人類学界における「当事者」の顕在化などが違うとはいえ、先の声明に記されているように、親族や家族、婚姻といったテーマに関しての研究蓄積のある学問分野として、このことに関して発信があるべきではないだろうか。日本の婚姻に関する研究を専門分野とするか否かにかかわらず、婚姻の意味づけや、制度は変化すること、それらは社会によってさまざまであり、学問的には、一義的に定義づけることはできないことなど、文化人類学の知見からいえることが少なくないはずだ。学会などによる組織としての声明を期待するわけではないが、十分に人類学的なテーマといえる、そうしたイシューを授業などで取り上げることは可能だろう。

そうした知見を自らが身を置く社会にいかに還元できるか、つなげられるか、そこに学問としての存在意義が問われていると私は考えている。

六　社会的問題として問う――性行為の社会的構成

そして、「社会的問題として問う」ことのもう一つは、性が、最後に述べるような性別という言語的な区分の問題としてだけでなく、具体的な性行為の内容に至るまで、個人の主体性のみに還元できない社会的な構成から逃れ得ないということだ。それは、これまでも、異なる社会間の差異――文化によって禁忌とされる性行為が違うなど――として語られることもあった。

しかし、私は、ここで「同じ社会」のなかでも、あるいは、「同じコミュニティ」のなかでも性が違ったかたちで構成されることを意識している。私が、その「同じ社会」「同じコミュニティ」における違った性の構成へ目を向けるようになったのは、ＨＩＶ／ＡＩＤＳと性行動の関連「問題」に長らく関わってきたことが背景にある。

私は、一九九〇年から民間団体や厚労省のＨＩＶ／ＡＩＤＳに関する研究班に関わってきた。日本のＨＩＶ感染報告は、二〇一八年に新規に報告されたＨＩＶ感染者九四〇人、ＡＩＤＳ患者は三七七人、合計一、三一七人となっている。この数字は、二〇一三年の一、五九〇人をピークとし横ばいからやや減少となっている。この数字のうち、ＨＩＶ感染者のなかでは、男性同性間性的接触（両性間性的接触を含む）による感染が全体の七一パーセントを占め、この割合は長らく変わっていない。男性同性間での感染が異性間に比べて多い理由の一つに、ＨＩＶに感染し治療を行っていない人の体液では、ＨＩＶが多く含まれるものが血液と男性の精液であり、女性の膣分泌液はそれらに比べてかなり少ないことがまず挙げられる。また、異性間では避妊のため、膣性交においてはコンドームを使用する傾向が高いことも関係している。

しかし、日本においては、男性同性間でのＨＩＶ感染が多いことや、挿入行為などでコンドームを使うことで感染が防げることを、男性と性行為を行う男性の多くが知っている。よって、これらの事実は、知識が広がっても、おそらくどのような層や集団でも、予防行動を十分に取らないという人が一定数現れるということを示している。このことに苛立つ公衆衛生関係者や、医師たちもいる。そうした人たちは、知識によって合理的に判断するという人間観に基づきながら、性行動を個人の意識の問題に還元しがちだ。

確かに、強制的な関係性を除き、最終的な行動は個人が「選択」するものである。だが、その「選択」には、避妊の必要のない「男同士」を意識したジェンダー観や、禁忌ゆえに意味が強まり動因になるといった、意識だけでは語れない側面がある。また、一九九〇年代終盤以降、欧米では、男性同性間の挿入行為においてベアバック（bareback：コンドームを意識的に使わない性交）を行うベアバッカー（barebacker）と呼ばれる／自称する層が顕在化しており、人類学を含む人文・社会系の分野でも研究が行われている。そのなかでは、同性愛嫌悪的な社会のなかでの精神的な傷に原因を求める心理学的な説明（Halkitis, et al. 2005）のほか、公衆衛生への抵抗という視点からの分析がなされている（Rofes 2002）。

この背景には、一九九〇年代後半からＨＩＶ感染症の治療方法が格段に進歩し、ＨＩＶに感染しても薬でコントロールできれば、平均余命が、感染していない人と大きく変わらなくなっていることや、ＨＩＶが検出限界値以下におさえられれば、他の人にＨＩＶをうつすことがないことが研究で明らかになっていることがある。また感染していない人が毎日、ある種類の抗ＨＩＶ薬を服用することにより九九パーセント、セックスにおける感染リスクを減らせるＰｒＥＰ（Pre-Exposure Prophylaxis：曝露前予防）という方法が一般化していることも、その層の顕在化と関係があるだろう。

こうした治療による変化のなか、ゲイコミュニティのなかでベアバッカーがサブカルチャー化しているという指摘もある（Dean 2009）。むろん、こうした層は、男性同性間で性行為をする人のなかでもかなり限られたごく一部であることは強調しておかなければならない。しかし、こうした行為が生じることに対する考察は、ベアバッカーという「限られた」人、あるいはゲイ／バイセクシュアル男性だけに意味をもつわけではない。

これらの研究は、ある規範が広がっていくなかで、それを内面化する人たちが現れると同時に、抵抗する人たちが現れるということ、性行為自体が、幾重もの意味や力関係の配置のなかで構成されていくこと、またそのなかで、性行為の選択により、新しいネットワークや「カルチャー」が形成されるということを明らかにしている。それは、社会により構成された性行為が、今度は、社会的な効果をもつということを示す。異性愛のなかでは、ジェンダーの非対称性により、性行為の規範に対する抵抗のあり方、ネットワーク化はまた異なった様相を示すだろう。しかし、異性愛と同性愛、また両方をまたぐ両性愛で起きていることと、そのなかで経験されていることを照らし合わせるなかで、セクシュアリティとジェンダーの相互構築的な関係がみえてくるだろう。

セクシュアリティの社会的構築という意味では、性的マイノリティであるかどうかによって経験の枠組みに大きな違いがある（もちろん、ＬＧＢＴＱのそれぞれも違うし、同じ属性でも違いはあることは前提であるが、さらに大きな差異を生じさせがちな区分として）。そのときに、マイノリティの経験を特別なものと位置づけセクシュアリティの理論化から外すのではなく、その経験も含めたセクシュアリティの理論化が必要であろう。

そうした意識に基づき、以下では、二〇一八年に話題になったドラマ『おっさんずラブ』を題材として、指向性別について論じたい。

第三節　ドラマからセクシュアリティを考える

一　『おっさんずラブ』とは

二〇一八年、『おっさんずラブ』（テレビ朝日）という男性同士の恋愛を中心に描くドラマがヒットし、翌年には映画化され、続編も放送された。このドラマでは、広範な人びとの共感を得やすくすることを意識し、異性愛／同性愛という固定的なイメージを回避しながら、男性同士の恋愛を描いている。これは、もちろん完全なフィクションではあるが、意図せずセクシュアリティ、とくに指向性別の複雑な一面を描くとともに、近年、英語圏のＬＧＢＴの文脈で耳にする流動的なセクシュアリティ（fluid sexuality）について示唆するものとなっている。

なお、指向性別という言葉は私が提唱しているもので、一般的に性的指向（sexual orientation）と呼ばれているもののことだが、「性的」という形容が、性行為だけをイメージさせてしまうこと、また、性的指向という言葉に、性別以外の特徴（相手の年代や体型等）への指向も想起する人が少なくないため、私は指向性別という言葉を提唱している。性別への指向を、その他の特徴に対する指向と分けるのは、社会全体でみたときに、性別がセクシュアリティに関してもっとも強固な意味をもっているからである。

『おっさんずラブ』のストーリーは次のようなものだ。

もともと「巨乳好き」を自称し、男性に惹かれることなどイメージしたこともない「はるたん」こと春田創一（役者：田中圭）は、上司である黒澤武蔵（吉田鋼太郎）や、本社から新しくやってきた後輩、牧凌太（林遣都）から恋愛感情をもたれ、アプローチを受ける。黒澤の好意に気づくと、春田は黒澤が身体的に接近してくることにおののき、激しく動揺する。また、自分への思いに気づかないまま、仮住まいに住んでいた牧を、自分の家に招きルームシェアを始めた春田だが、ある日突然、牧にキスされ強い拒絶感を示す。だが、ともに住み続けるなかで、春田は、次第に牧に心惹かれ、牧から付き合いを求められると、戸惑いながらも承諾する。

　これまで同性に恋愛感情を抱いたことのない春田は、自分は相手にとって彼氏なのか、彼女なのかと疑問に思いながらも、付き合いを続けるなかで、牧への思いを深めていく。春田の牧への恋愛感情が深まっていることは、牧が別れを言い出した際に、泣きながら別れたくないことを告げるシーンで表現されている。

　この春田の感情の変化を捉えて、「同性愛に目覚めた」と表現したり、あるいは「ゲイになった」と思ったりする視聴者も少なからずいただろう。そうした、「同性愛」とはあるとき何かのきっかけで目覚めるもの、といった見方は、異性愛者が同性愛に対して抱きがちなイメージであり、実際の同性愛者の実感との大きなギャップだ。ゲイやレズビアンなど同性を好きになる人は、その思いに「気づいた」と表現することが多く、同性愛に「目覚めた」、ゲイやレズビアンに「なった」などと表現されることに違和感をもつ傾向にある。

　また、これまで、指向性別は変えられないということが、ＬＧＢＴなどについての知識を広げる活動をしてきた人たちによって強調されてきた。私も、講演などでは、「基本的に変化しない。また意志によって変えられるようなものではない」と説明している。

　実際に、過去においてさまざまな精神医学などの分野で、同性に対する指向性別を「治療」しようという試みが行われてきたが、それはできないばかりか、そうした試みが本人の精神を破壊することにつながってきたことから、指向性別は「治療」できない、その必要もないということが国際的な共通認識となっており、また、国や地域によっては、そうした治療を法律で禁じている。

　では、この春田の同性への恋愛感情をもつに至る変化は、単なるフィクションのファンタジーなのだろうか？

二　指向性別を三つに分ける

このドラマは、結果として、指向性別の複雑さを表現している。

一九九四年に米国で発表されたセクシュアリティに関する質問紙調査では、指向性別が、欲望、行動、アイデンティティの三つに分けて調査され、分析されている（Laumann et al. 1994）（図９-１）。

欲望に関しては、「同性との性行為がどれだけ魅力的か」「性的にどちらに惹かれるか」という質問によって、また、性行為に関しては、性行為の経験の相手の性別を問う五つの質問によって、アイデンティティについては、「自分をどう考えるか」という質問によって分析されている。

二五年近く前に出されたものであることから、その結果の数値自体は、今は参考にできないが、男性の数字を用いて分析方法を説明すると次のようになる。

先の質問で、同性への欲望、同性との性経験、同性愛者あるいはバイセクシュアルとしてのアイデンティティのいずれかについて「ある」と回答した人は、調査対象者全体の一〇・一パーセントおり、円のなかの数字はそのなかの割合である。

同性への性的な欲望があり、実際に同性と性行為の経験があり、同性愛者あるいはバイセクシュアルというアイデンティティのある人は、一〇・一パーセントのなかの二四パーセント。同性との性行為に魅力を感じながらも性行為の経験はなく、アイデンティティもない人は四四パーセント。同性との性行為がありながらも、同性への欲望はなく、アイデンティティもない人が二二パーセント。アイデンティティがあるとだけ回答した人は二パーセント。後は、それぞれの重なりとなっている。

つまり同性への欲望を感じる人がすべて同性と性行為をするわけではないし、同性と性行為のある人もすべてが同性愛者やバイセクシュアルというアイデンティティをもつわけではない。

この調査は、性行為に関して分析されているが、性的欲望を恋愛感情に、性行為を「付き合う」といった関係性に

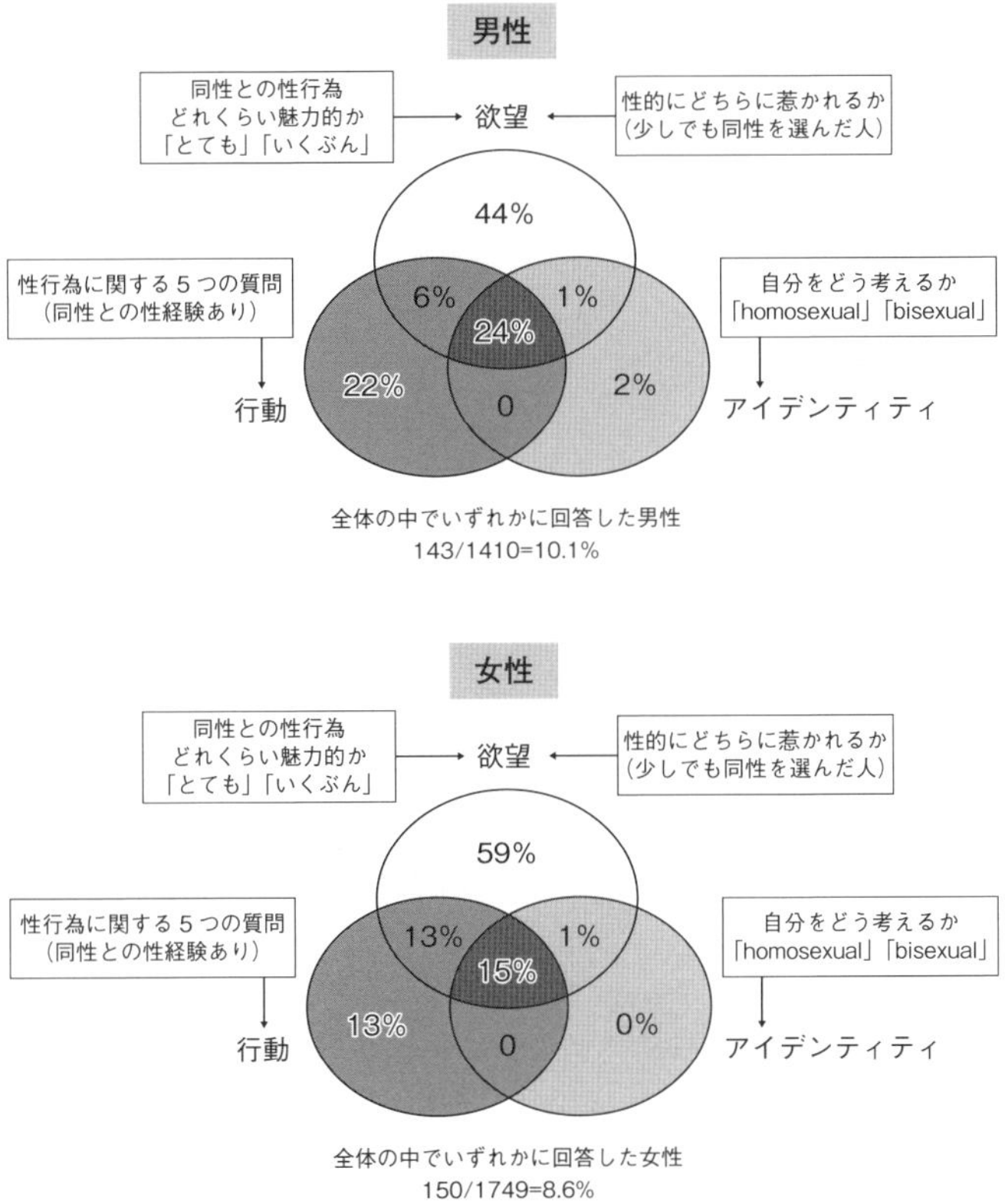

図 9-1　指向性別の３項目（Laumann et al. 1994）

置き換えて考えるなら、今回のドラマの春田のセクシュアリティは理解しやすい。

もともと、同性への恋愛感情をもっていなかったが、付き合うという行動が始まる（付き合い始めでは恋愛感情はさほど明確になっていない）、もちろん、アイデンティティはない。だが、そのうちに恋愛的な欲望が生じてくる。よって付き合うという行動と恋愛的欲望の重なりに移行する。それでもアイデンティティはない。

しかし、現実社会では、パートナーの選択という関係性には、往々にして社会の制度や規範、周囲の期待が影響を及ぼす。日本では同性カップルは結婚できないし、まだ否定的にみる人も多い。そんななか、結婚ができ社会的に認められる異性関係を選ぶ人もいる。物語世界ならば、現実社会で起きることとは異なる選択が示されてもいいはずだ。過去に話題になった同性カップルが主人公のドラマでは異性愛関係に回収されるものが多かったが、このドラマでは最終的に春田と牧が結ばれ、映画もその後の二人の生活が描かれている。

ここで、先の指向性別の三つに関して強調しておかねばならないのは、この調査では同性愛をめぐってのみ分析されているが、当然ながら、異性愛も同じように分析できるということだ。同性愛だけが三つの要素に分けられるということではない。

おそらく異性愛に関しては、社会的に当然であるとみなされているがゆえに、異性への性的欲望がないまま、あるいは、同性への欲望を抑圧したまま、異性と性行為を行い、そして結婚に至ったという人も多いことだろう。実際に、結婚して子どもをもつことが当たり前のことだと思い、そうしてきたものの、子どもが就職し独り立ちしたのち、ふと自分の気持ちを見つめ直したときに、自分は同性の方が好きなのだと気づいたという人たちと、私自身、さまざまなかたちで出会ってきた。そうして抑圧してきたものに気づくとき、その人の指向性別は変化したようにもみえる。

三　流動的なセクシュアリティ

『おっさんずラブ』で、結婚して妻と仲睦まじく暮らしてきた黒澤がひょんなきっかけで春田に恋する様子は、同性に対する欲望をどこかにもちながらも、その感情に蓋をしてきたのではないかと解釈できなくもない。

だが、それは、厳密な意味では「変化」とはいえない。では、人の指向性別は変化しないのか。誤解のないように繰り返し記しておきたいのだが、指向性別は意志では変化させられないし、基本的に変化しない。しかし、柔軟なセクシュアリティをもつ人たちがおり、指向性別が変化する人たちも存在する。そのように指向性別の変化を経験する人を、英語で「流動的なセクシュアリティ（fluid sexuality）」という。

むしろ、春田は、これまで同性への欲望を抑圧してきたというよりも、この流動的なセクシュアリティをもつ人物のようにみえる。

流動的なセクシュアリティをもちながらも、それまで同性との恋愛をイメージすることがなかったゆえに、「まったくの異性愛者」として生きてきた。そして、純粋に自分に思いを寄せ、また生活をともにする牧に心惹かれていくことになる。

こう書くと、これまで「まったくの同性愛者」だった人が、異性に惹かれることも同様にあると思われるかもしれない。もちろん、その可能性はないとはいえない。しかし、その可能性は、春田のパターンよりもかなり低いだろう。なぜならば、自分をまったくの同性愛者として意識する人は、生まれたときからずっと、異性愛が当たり前で、同性愛は好ましくないものとして否定される社会のなかで、異性愛感情をもつことを押しつけられながらも、その感情をもたなかったからだ。基本的に、さんざん、その感情をもつことを試した（頭のなかでのシミュレーションとしても）結果である。

欲望の発見と発露は、社会の力関係のなかで行われるのである。また、より具体的な性行為は、社会のなかで構成されるという側面もある。それは、先に述べた「性を社会的問題として問う」ことともつながるテーマだ。

ここでみてきた、指向性別を三つの構成要素としてみること、流動的なセクシュアリティ、そして、性行為の社会的構成の問題は、最終的に、セクシュアリティの普遍性と社会的構築性という根本的な問いに結びつく。最後に、その問いをめぐる論で本章を締めたい。

第四節　性の普遍性と構築性

一　カテゴリーとしてのジェンダー

本章のセクシュアリティの説明に関して、本質主義的と構築主義的という両方の説明が混ざり、気になった読者もいることだろう。どこにでも必ず性的マイノリティはいる、フィールドにも必ずいる、という説明は本質主義的な響きをもつし、性行為などに関しては社会で構成されることを強調してきた。

ＬＧＢＴの権利運動のなかでは、ＬＧＢＴであることは生得的なものであり、それゆえ通史的、通文化的に一定割合存在するという、生物本質主義的な主張が聞かれることがある。確かに、五〇〇種以上の動物において、オスとメスのあいだで生殖をもたらす行動と同様な行動が、オス同士、メス同士のあいだでもみられる（Bagemihl 1999）ことを考えるなら、人間においても、同性間での性行為が、異性間での性行為と同様に普遍的に存在すると考える方が自然だ。よって、どこにでも同性間の性行為は存在する。

だが、動物のオスメス間の性行動と人間の同性間の性行為を同列に扱うことはできない。人間の性別は、ジェンダーという文化的区分だからである。しかし、だからこそ、どの文化にも必ず同性間の性行為や欲望、あるいはジェンダー越境が存在するともいえる。それは、それらを遺伝子や脳にすべて還元する、生物学的本質主義的立場とは異なる方向からの論である。

ジェンダーは、その差異の根拠を何に求めようと、人をカテゴライズする仕組みである以上、言語による構築である。それは、差異が生得的なものか生育環境によるものかという議論とは異なるレベルのものである。ある差異に基づこうと、あるいは差異を発見するかたちであろうと、女／男に分けることは、その名を付与しながら二項対立的カテゴリー分けを行うことであるがゆえ、言語的な行為であり、文化的な行為といえる。

その二項対立的なカテゴリー分けとともに、多くの社会のなかで、「第三の性」として位置づけられる人たちが存在してきたことは歴史的、民族誌的研究で明らかにされてきた。また、近年、日本語では「Ｘジェンダー」、英語では「ノン・バイナリー（非二項的）ジェンダー」という言葉で、女／男のいずれにも所属しない性別意識を表現する人たちが顕在化している。こうした「第三の性」「Ｘジェンダー」「ノンバイナリー・ジェンダー」の人たちが、「どちらでもある」「どちらでもない」と自分の性別を意識、経験しているということは、女／男の二項対立的カテゴリー分けと異なる現象ではなく、その結果である。なぜなら、二つの記号に分けることは、論理的には、必ず、二つそれぞれの項目に加え、二つが重なる項目（どちらでもある）、そして、それら以外の項目（どちらでもない）を生じさせるからだ（集合Aと集合Bが一部重なるベン図をイメージするとわかるだろう）。

そして、女／男のジェンダーは、カテゴリーのラベルであるだけではなく、それぞれに性質や役割、意識、規範、象徴、欲望のあり方など、さまざまな意味が付与された複合体でもある。男性の性的な欲望や恋愛感情は女性に、女性のそれらは男性に向けられるもの、という自然化された信念も、カテゴリーに付与された意味の一つだ。

そして、カテゴリーラベルであると同時に、意味が付与されたこの複合体は、人の実際のありようとずれを生じざるを得ない。まず、実際に人びとがもつ性質などは個別的であるからだ（女／男に振り分けられる体にもバリエーションがある）。そして、また、複合体の一部を成す役割や規範は、それぞれの社会のさまざまな装置を通して再生産されるわけだが、役割や規範は、ジェンダーに関するものに限らず常にそうであるように、社会全体に同じようにあまねく浸透することはなく、個々人も皆が同じように内面化することはないからだ。力をもつ支配的な枠組みや意味の配置がどんなに圧倒的なものだったとしても、それしか存在しないことはありえず、さまざまな意味の枠組みや配置が存在している。支配的な枠組みや意味と異なるそれらは、越境や逸脱と位置づけられるが、その視点は、あくまで支配的な枠組みのものであるにすぎない。そして、支配的な枠組みは常に抵抗も生む。それは支配的な枠組みを脅かすだろう。だからこそ、支配的なジェンダーやセクシュアリティの枠組みも、日々の実践も含め、さまざまな装置を通して、また規範によって常に（再）構築されるのだ。

そうした、（再）構築の方向性には、文化による違いがある。田中は、さまざまな社会の儀礼の分析から、ジェンダーの構築の多様性を提示しており、たとえば、必ずしも二項対立的に他方の性別性を排除するかたちではない、「両性具有的な存在を真の大人とする社会」などについても触れている（田中 二〇〇五b：二一一）。さらにいえば、おそらく、そうしたそれぞれの社会でのジェンダーの構築からも逸脱した存在が必ず、それぞれの社会にあるであろう。

ここで述べた意味の複合体は、田中の言う、「可塑性や多様性こそ人間のセクシュアリティの特徴」、「ジェンダーの可塑性と多様性」という主張と重なるものである。

二　生殖はセクシュアリティの目的か？

しかし、そこから田中が論じる、セクシュアリティには「生殖という目的」が初めにあり、そこから「快楽を求める行為へ変貌した」という説（田中 二〇一九：一一〇）に対して、私は、逆なのではないかと考えている。

　生物全般に広げて考えるとき、生殖は、あくまで、さまざまな行動のなかに（それこそ、オス同士、メス同士の「性行動」にみえる行動も含め）、個と種の再生産が発生するものがあったという結果に過ぎず、「目的」として存在しているわけではない。「目的」というものが、因果を意識したうえで、その因果を再生させる意志を土台にしている以上、生物全般に想定することには無理があるからだ。そして、だからこそ、その結果が生じるには、その行動に快楽が含まれていなければならない。よって、先に快楽があり、結果としての生殖がある。ただし、人間が、もともと結果として存在していた生殖を、知性の発達のなかで「目的化」し、目的化された生殖が支配的な枠組みとなってきたことは確かだ。だが、先のジェンダーの話で論じたように、常に支配的な枠組みに入らない意味が存在している。また、支配的な枠組みは同時に抵抗も生む。よって、生殖の目的化と、その意味づけから脱する行為は同時発生的だ。先の動物の研究からも明らかなように、快楽が伴う行為として、もともと、「同性」間（と解釈される）性行為は存在していただろう。生殖が目的化されるなかで、同性間の性行為や、同性に向ける欲望は、異性間のそれと切断されることになる。

　このようなジェンダー区分や、生殖の目的化／脱目的化の具体的経緯は社会や時代によって異なるがゆえに、そうした同性愛やジェンダー越境を、ＬＧＢＴとまったく同じものとして位置づけることはできない。それは、呼称の問題だけでなく、社会全体のセクシュアリティのなかでの配置や意味づけが違えば、そのあり方もまた異なるからだ。とくに、そうした欲望や越境を基盤としてセクシュアリティが属性化されるか、アイデンティティ化されるかによる差異は大きい。だが、人類学が、社会によって呼称や規則が異なっても親族や婚姻に共通性をみながら比較分析してきたように、それらのセクシュアリティのあいだに共通性、連続性をみる視点を放棄すべきではないだろう。そこに共通性がなければ、ＬＧＢＴという言葉が世界に広がり、もともとローカルに存在していた概念枠組みと接合されることを説明できない。

セクシュアリティが社会のさまざまな要素の付置のなかにあるということを考えるならば、異性愛と同性愛、シスジェンダーとトランスジェンダーを別のものとして扱い後者を無視することは、その社会のセクシュアリティについて十分に考察していないということになるだろう。それは、ある集団について研究する際に男性だけをインフォーマントとすることと同じことである。

第五節　ワイルドサイドの人類学を歩む

本章では、「沈黙化層の声を聞く」「ヘテロジェンダーの常識を疑う」「社会的、政治的問題として問う」という視点からセクシュアリティ／ジェンダーを論じた。そのうえで、同じ集団のなかでも具体的な性行為が社会的な価値観の力関係のなかで異なるかたちで構成されることや、指向性別を「欲望」「性行為」「アイデンティティ」の三つの視点からみることで、セクシュアリティの複雑さが理解できること、しかし、それに固定されない流動的なセクシュアリティという存在が顕在化していることなどについて取り上げた。繰り返しになるが、これらは性的マイノリティを事例としながらも、マジョリティも含んだセクシュアリティ論である。そして、最後に、同性間の性行為の普遍性をジェンダー／セクシュアリティの構築性と結びつけ、また、生殖がセクシュアリティの目的であるという論に対しては、違う見方を提示した。これらは、ゲイの文化人類学者として周縁的な位置で「ワイルドサイドへの飽くなき好奇心」（田中二〇〇五ａ：一一六）をもち続けてきた立場から示した、私のジェンダー／セクシュアリティ再考論である。

◉引用・参考文献

アードナー、E／三宅良美［訳］（一九八七）「信仰と「女性問題」」アードナー、Eほか／山崎カオル［監訳］『男が文化で、女は自然か？――性差の文化人類学』晶文社、三一–四八頁

石田　仁（二〇一九）『はじめて学ぶLGBT――基礎からトレンドまで』ナツメ社

エヴァンズ＝プリチャード、E・E／長島信弘・向井元子［訳］（一九八五）『ヌアー族の親族と結婚』岩波書店

田中雅一（二〇〇五a）「ジェンダーとセクシュアリティの文化人類学」田中雅一・中谷文美［編］『ジェンダーで学ぶ文化人類学』世界思想社、一–一〇頁

田中雅一（二〇〇五b）「女になる、男になる――ジェンダー儀礼」田中雅一・中谷文美［編］『ジェンダーで学ぶ文化人類学』世界思想社、二一〇–二二七頁

田中雅一（二〇一九）「セクシュアリティ・ジェンダー体制とその宗教的攪乱――デーヴァダーシーと子宮委員長はるをめぐって」『宗教研究』九三（二）：一〇七–一三四

マチウ、N／越智慶子［訳］（一九八七）「男性は文化で、女性は自然か？」アードナー、Eほか／山崎カオル［監訳］『男が文化で、女は自然か？――性差の文化人類学』晶文社、一一九–一三四頁

安田聡子・坪地　順（二〇一九）「「結婚は子を作って育てるため」。国の主張に同性婚訴訟の原告が反発「こういう時代を終わらせたい」」『ハフポスト』二〇一九年一〇月一六日〈https://www.huffingtonpost.jp/entry/same-sex-marriage-hearing-3_jp_5da67751e4b062bdcb1a7026 二〇二〇年四月二〇日閲覧）〉

American Anthropological Association (2004). Statement on marriage and the family. 〈https://www.americananthro.org/ConnectWithAAA/Content.aspx?ItemNumber=2602（二〇二〇年四月二〇日閲覧）〉

American Anthropological Association (2015). AAA celebrates Supreme Court decision on marriage equality. 〈https://s3.amazonaws.com/rdcms-aaa/files/production/public/FileDownloads/pdfs/issues/press/upload/AAA-Celebrates-Supreme-Court-Decision-on-Marriage-Equality.pdf（二〇二〇年四月二〇日閲覧）〉

Bagemihl, B. (1999). *Biological exuberance: Animal homosexuality and natural diversity.* New York: St. Martin's Press.

Dean, T. (2009). *Unlimited intimacy reflections on the subculture of barebacking.* Chicago, IL: University of Chicago Press.

Halkitis, P. N., Wilton, L., & Drescher, J. (eds.) (2005). *Barebacking: Psychosocial and public health approaches.* New York: The Haworth Medical Press.

Laumann, E. O., Gagnon, J. H., Michael, R. T., & Michaels, S. (1994). *The social organization of sexuality: Sexual practices in the United States.* Chicago, IL: University of Chicago Press.

Lugli, F., Di Rocco, G., Vazzana, A., Genovese, F., Pinetti, D., Cilli, E., Carile, M. C., Silvestrini, S., Gabanini, G., Arrighi, S., Buti, L., Bortolini, E., Cipriani, A., Figus, C., Marciani, G., Oxilia, G., Romandini, M., Sorrentino, R., Sola, M., & Benazzi, S. (2019). Enamel peptides reveal the sex of the Late Antique "Lovers of Modena." *Scientific Reports 9* 〈https://doi.org/10.1038/s41598-019-49562-7（二〇二〇年四月二〇日閲覧）〉

Price, N., Hedenstierna-Jonson, C., Zachrisson, T., Kjellström, A., Storå, J., Krzewińska, M., Günther, T., Sobrado, V., Jakobsson, M., & Götherström, A. (2019). Viking warrior women? Reassessing Birka chamber grave Bj.581. *Antiquity.* 93 (367): 181–198.

Rofes, E. (2002). Desires as defiance: Gay male sexual subjectivities and resistance to sexual health promotion. *Health Education Journal. 61* (2): 125–137.

4　ＶＲ時代のアダルトビデオと男性身体

馬場　淳

数年前、個室ビデオ鑑賞施設がヴァーチャル・リアリティ（以下、ＶＲ）装置の導入によって密かに／にわかに活気づいていた。その個室では、ヘッドマウントディスプレイとヘッドホンを装着した男性が、ズボンをおろしてスタイリッシュなジョークグッズ（いわゆるオナホール）を握りしめている。もし誰かがドアを開けても、彼は気づかないだろう。なぜなら、彼は、狭く薄暗い部屋ではなく、ＡＶ女優が微笑みかける艶やかな部屋に「いる」のだから。

ＶＲは、よりリアルな疑似体験をもたらす。視聴者は、映像に映し出される（本来はＡＶ男優の）身体があたかも自らのものであるかのような感覚を得て、ＡＶ女優と向き合う。視線を下げれば、ＡＶ女優の舌はあたかも自分の舌と絡み合い、その手は自分の股間や足を触っているかのような臨場感である。もちろん、舌や手の感覚はない。あるのは、ジョークグッズがペニスに与える人工的な刺激である。

私たちの発情が脳に多くを依存する以上、このリアルな映像体験がオナニーに寄与するのは確かであろう。しかしそのオナニーは、きわめて即物的かつ貧弱なものと言わざるをえない。オナニーとは、上野千鶴子（二〇一〇：七六）が言うように、「自己身体とのエロス的関係」を築く行為ではなかったか。その身体とは何もペニスのみを意味するものではない。乳首や前立腺など、男性身体にも官能部位は無数に存在する。「オトコのカラダはキモチいい」はずだ（二村ほか二〇一七）。それらは「発見」されたり「開発」されたりして、オナニーに資することのほ

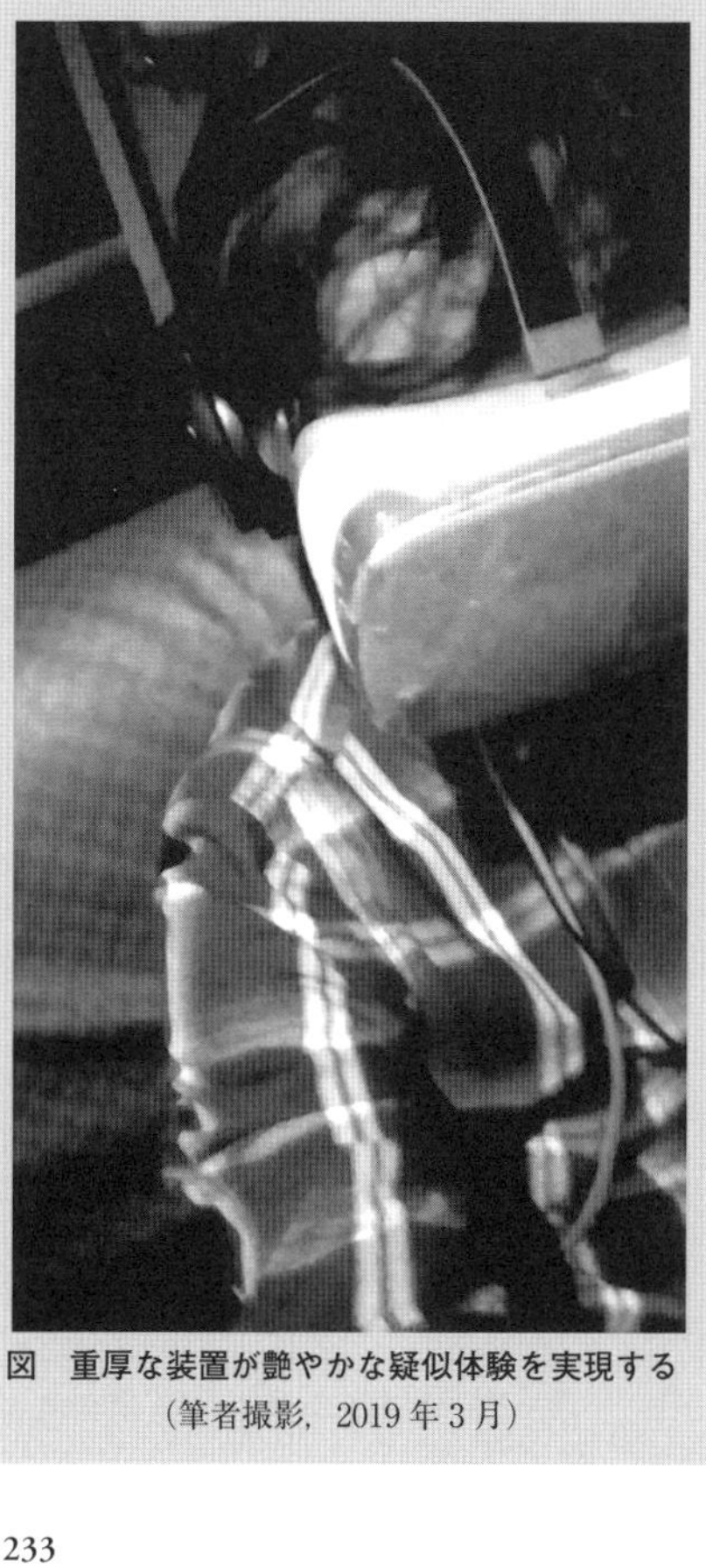

図　重厚な装置が艶やかな疑似体験を実現する
（筆者撮影，2019年3月）

か、やがては他者との身体的つながりの官能的結節点ともなっていくだろう。現段階のVR鑑賞は、それとは真逆の方向にあると言わざるをえない。なぜなら、ヘッドマウントディスプレイとジョークグッズを装着して行うオナニーでは、身体の探索は難しく、ペニスを通してでしか己の身体を感じられないのである。身体がペニスへと還元されていくこの経験は、ペニス中心主義をさらに強化するものとなろう。

また、VR鑑賞では、身体の物質＝記号としての精液が「消去」されている点にも留意すべきだろう。精液が単に生殖機能だけではなく、人間（主に男性）にとって身体や関係性を明示的／暗示的に表わす記号――男らしさ、強さ、生命力、ホモソーシャルな絆、支配従属関係など――でもあることを思い出そう（e.g. 馬場二〇一七）。VR鑑賞では、ジョークグッズ内で射精するため、精液はモノとしてすら認識されず、その記号作用ももたないまま、ゴミとなり捨てられてしまう。この精液の「消去」は、没入感を倍加させる巧みな置き換え――視聴者の精液が映像に映し出される（AV男優の）精液にとって代わること――を狙ったものというよりも、事業者および視聴者双方の効率性からくるものだろう。VR鑑賞にジョークグッズ付きのパッケージ料金が設定されているのは、ジョークグッズが性的刺激を与えることのほか、射精に伴う精液の飛散を効率的に防止できることにもよる。飛び散った精液をふき取る面倒臭い事後処理の手間は省かれるため、視聴者はヘッドマウントディスプレイを装着したまま安心して射精することができるわけだ。VR鑑賞でも、射精中心主義は前提であるものの、ここで留意しておくべきなのは、商業主義と効率性のもとで、射精が物質＝記号性をもたない純粋で機械的な生理感覚に切りつめられていってしまう特異性である。

「臨場感に浸りながら、ヌケればいいだろう！」。どこからか、そんな声が聞こえてくる。確かに、性犯罪に手を染めるくらいなら、VR鑑賞をしてくれていたほうがまだマシだ。ただ一つ筆者が懸念するのは、頭＝脳とペニスのみが身体から遊離し、肥大化していく先の男性の性である。そこにあるのは、身体に根差した――情動も含む――豊かな官能を知らない貧弱な男性の性なのではないか。エロスの人類学からすれば、ペニス＝射精中心主義を推し進めるVR鑑賞は、どんなにリアルであっても性を媒介に「自他の融合や変容」へ向かう契機にはなりえず、それどころかそんな契機すら否定する反エロスでしかないのではないか（田中二〇一〇：一六）。やはりAVの宿命から逃れられないのだろうか。

だが科学技術には、その宿命からの解放も託されている。テレディルドニクス（遠隔性交）などと称される、身体間の感覚を架橋＝再現する研究は、その第一歩かもしれない（クラーク二〇一五：一七五）。実に、VR装置が感覚信号の送受信機能を備えたオナホールとディルド（張り形）、ボディースーツなどと連動することで、身体間の感覚的つながり、ひいては「他者身体とのエロス的関係」（上野二〇一〇：七六）の再現を模索する試みは始まっている。無論、このサイボーグ的な世界の到来にはまだまだ時間はかかるだろうし、それをもって男性身体が豊かな官能を取り戻したり、反エロスの問題が即座に解消されるわけでもないだろう。ただそれでも、身体をめぐるテクノロジーの発展にAVとオナニーをめぐる革命の可能性を夢想してしまうのは、筆者だけだろうか。

◉引用・参考文献

上野千鶴子（二〇一〇）『女ぎらい——ニッポンのミソジニー』紀伊國屋書店

クラーク、A／呉羽 真・久木田水生・西尾香苗［訳］（二〇一五）『生まれながらのサイボーグ——心・テクノロジー・知能の未来』春秋社

田中雅一（二〇一〇）『癒しとイヤラシ——エロスの文化人類学』筑摩書房

二村ヒトシ・金田淳子・岡田 育（二〇一七）『オトコのカラダはキモチいい』KADOKAWA

馬場 淳（二〇一七）「喚起されるホモソーシャリティ——アダルトビデオの行為論、あるいは精液の社会的エージェンシー」『和光大学現代人間学部紀要』一〇：一七九-一九四

第一〇章　性愛のポリティクス

米国南カリフォルニアのポリアモリー社会を事例に

深海菊絵

第一節　ポリアモリーという愛のかたち

マット（五〇代男性）はＩＴ関連の仕事をしており、ロサンゼルスとサンディエゴのあいだに位置する閑静な住宅街で暮らしている。マットには、妻ダイアンの他に、パティという恋人がいる。パティはマイケルと結婚しており、マイケルとダイアンは交際している。マットからすると、妻が自分の恋人の夫と交際している状況である（図10－1）。マットとダイアンは結婚三〇年になり、二六歳の子どもがいる。パティとマイケルは結婚一五年になり、九歳の子どもがいる。マットとパティ、ダイアンとマイケルは交際一〇年になる。

二組の夫婦の家は車で一二分くらいのところにある。マットとパティ、マイケルとダイアンは平日に一度会う日を設け、週末は四人と九歳の子どもで会う機会を設けている。マットとマイケルが二人で出かけることはほとんどないが、年に一度、野球の試合を二人で観に行くことが恒例となっている。マットに将来のプランについて尋ねると、「私たちはいま、人生をともに過ごしています。末長く一緒にいたい」と即答した。マットたちは自分たちの関係を「ポリアモリー（Polyamory）」と表現し、「私にとってポリアモリーは趣味などではなく、私の生き方そのものです」と言う。

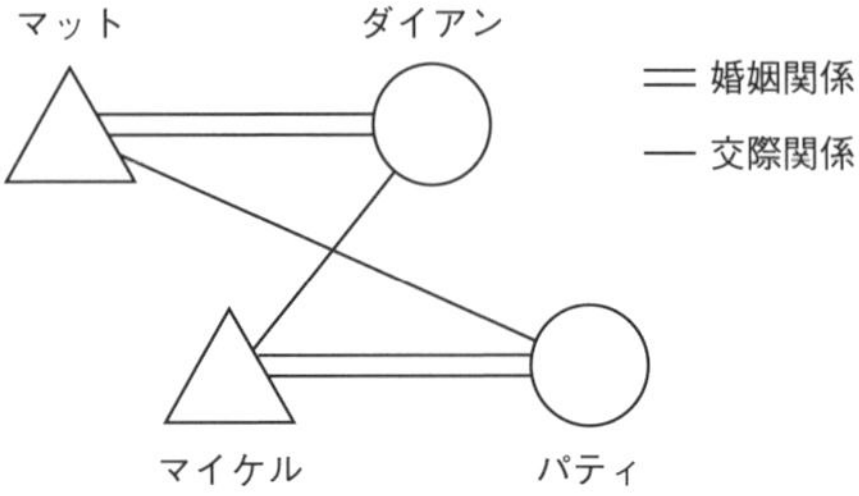

図 10-1　マットらの相関図

一　ポリアモリー

ポリアモリーとは、ギリシア語の「複数（Poly）」とラテン語の「愛（Amor）」に由来する造語で、合意に基づいて複数の性愛関係を築く実践を指す。ポリアモリーは一九九〇年代以降、アメリカを中心に世界で展開されている。「合意のあるノン・モノガミー（非一夫一婦）」の一つとされるポリアモリーは、パートナーの合意を得ずに隠れて他の人と性愛関係をもつ行為と区別されている。ポリアモリー実践者や共鳴者の数を正確に特定することは難しいが、「合意のあるノン・モノガミー」を調査したテリー・コンリーらは、アメリカ人のおよそ四パーセントから五パーセントの人が、なんらかの「合意のあるノン・モノガミー」を実践していると報告している（Conley et al. 2012）。

ポリアモリー実践によって作られる関係のバリエーションは多岐に渡っている。ポリアモリーの指南書から、いくつかの形態を例として紹介しよう。（一）「オープン・マリッジ」は、夫婦が性愛パートナーを一人に限定しないことに合意している状態を指す。（二）「オープン・リレーションシップ」は、カップルが性愛パートナーを一人に限定しないことに合意している状態を指す。（三）「トライアッド（Triad）」とは三人から構成される性愛関係で、三人それぞれが性愛関係にある状態を指す。（四）「クワッド（Quad）」は四人から構成される性愛関係で、二組の夫婦やカップルがそれぞれのパートナーをパートナーとしている状態を指す。冒頭で取り上げたマットらは、オープン・マリッジを実践する二組の夫婦から成立したクワッドを形成している。こうしたクワッドのなかにも、性愛関係をクワッド内に限定する場合と、個々のメンバーがクワッド以外の人とも性愛関係を築くことを認めている場合がある。マットらの場合は後者にあたる。

二　クワッドの成立経緯と現在のルール

それでは、マットらはどのように現在のクワッドを形成するに至ったのだろうか。マットとダイアンは高校の同級生で、二人は一五歳から交際し、二〇歳で結婚した。結婚して一年が経つ頃から、二人はスウィングのパーティーに参加するようになる。スウィングとは、夫婦やカップルが合意に基づいて、レクリエーションの機会として認められる社会的状況において、性的パートナーを交換する行為を指す。マットとダイアンは、あるスウィングのパーティーで当時結婚五年目になるマイケルとパティに出会う。マットとパティは恋に落ち、ダイアンとマイケルも恋に落ちた。「彼らと出会い、自分たちに起きていることを理解しようとしました。パーティーに行って、セックスして、家に帰ってくる、というスウィングとはなにか違うことが起きていると思いました。彼らとは連絡をとり続け、継続的に関係を築いていきたいという思いがありました。セックスに関することだけではありません」。

マットらは、クワッドをうまく機能させるために、「ずいぶんと試行錯誤を重ねてきた」と言う。マットたちはルールを設けて書面化しており、それらは三ページに及んでいる。その一方で、「ルールはただのボックスである」と述べ、問題が生じたときには話し合いによってルールを変化させることが重要であることを強調した。マットらのルールのなかで、とりわけ興味深いのは、他の人とデートする際のルールである。マット、ダイアン、マイケル、パティは、クワッドを形成した初期の頃、「個々人は好きなように他の人とデートしてもよい」という考えを共有していた。各々が自分のしていることを伝え合うという誠実さがあれば、誰と会っても問題にならないと考えていたからである。

しかし、あるときマットはパティから自分の知らない人とデートしてきたことを後から聞き、ジェラシーや不安に襲われたことがあった。その出来事をきっかけに四人は話し合い、「新しい人とデートするときは、一人ではなく必ず二人のペアで行く」というルールを設けた。たとえば、マットが新しい人と初めてデートするときは、妻のダイアンか恋人のパティを同伴させなければいけない。デートに配偶者や恋人が付き添うという状況は、モノガミー関係では想像し難い。しかしなぜ、パートナーの一人がデートに付き添うことがジェラシーや不安を取り除くことにつながるのだろうか。これに対するマットの答えは、デートの相手にポリアモリーという状況をきちんと知らせることができるからだと言う。というのは、デートの相手が、複数のパートナーがいる人とデートしているということをきちんと理解していない場合には、パートナーを独占したり、「あたかも自分一人の恋人」であるかのように扱う危険があるからである。また、パートナーのデートの相手がどのような人物なのかを実際に会って確かめることも、安心に繋がっている。ポリアモリー実践者のなかには、パートナーが誰と交際してもいいわけではなく、自分が直接会って承諾した人物のみ交際してよい、といったルールを設けている人もいる。

　マットらの「新しい人とのデートは必ず二人で行く」というルールは、複数のパートナーをもつことに合意しているポリアモリーにおいても、他のパートナーによって自分たちの関係が壊されてしまうかもしれない、といった不安があることを示唆している。ポリアモリーでは、このような不安が人びとをルールへと導くこともあれば、パートナーを占有しようとする試みに結びつくこともある。本章では、ポリアモリー実践者の相互交渉を他者への受動的な関わり、とりわけ傷つきやすさに着眼して考察することを通して、ポリアモラスな関係の緊張を描き出したい。

第二節　非対称性に基づいた他者との関わり

　人類学における性愛研究は社会規範や社会構造を基軸として考察されてきた。また、近年の性愛研究では、ジェンダーの視点から社会規範に対して積極的に働きかける女性の主体性に着眼する傾向が際立っている。これらの先行研究では、社会構造と個人を対立させたかたちで性愛を捉えようとする点で共通している。そのため、社会規範を超えて築かれる性愛関係は看過されてきた。しかし、人間が取りうる性愛関係は、婚姻制度を介した関係ばかりではない。また、たとえ夫婦のような婚姻制度を介した関係であっても、義務や権利によってのみ築かれているわけでもない。このような現実を踏まえるならば、性愛領域における人びとの関わりを義務や権利を超えて検討することは重要である。

ポリアモリーを主題とする先行研究は、社会規範を超えて築かれる人びとの関わりや、ポリアモリー実践者たちを取り巻く権力構造に目を向けている。たとえば、ポリアモリー実践における工夫や葛藤に着眼したエリザベス・シェフの研究は、家族関係の複雑性やジェラシーの問題、ポリファミリーに付与されるスティグマの問題を取り上げ、問題を「乗り越える」ための戦略を考察している（Sheff 2005, 2013）。これらの先行研究では、自律的な個人像が前提とされており、人びとが経験する困難と彼らが用いる戦略は「問題 - 解決」ないし「問題 - 回避」として提示されている。ここでは、自律性の獲得が問題を解決し、自律性の喪失は問題を生むという二者択一となり、自律性の喪失を要するような性愛固有の経験が捉えにくい。ここでいう性愛固有の経験とは、たとえば他者に身を委ねることや他者を契機として自己を変容させることなどが挙げられる。

このような問題を乗り越え、性愛固有の経験に接近を試みる際に、田中が提唱する誘惑論やエロスの人類学は参考になる（田中 二〇一〇、二〇一八）。田中は受動と能動を逆転させることのできる稀有な概念である誘惑概念を導きとして、性を媒介とする人間関係に着眼することで、他者による誘惑が生み出す創造的関係、すなわち社会規範を超えた人びとの関わりを捉える視点を提起している。誘惑論において誘惑は、一方的な権力関係を攪乱する批判的実践として位置づけられており、「誘惑における当事者両者の関係はより平等的である」（田中 二〇一八：五五）。誘惑論のこの側面は、全体化の視点からは看過されてきた他者との共生の可能性を提示するという重要な視点を提起している。実際に、誘惑が目を向けさせるのは、一方的な権力関係を前提とするものではなく、より平等な関係における人びとの駆け引きや絆である。

誘惑論の意義や重要性を確認したうえで、一つの問題点に注意を促したい。それは、性愛という観点から考えたとき、平等や相互性に基づいた相互交渉として人びとの関係を捉えることにより、他者に囚われてしまう場面における「非＝自由」な側面や、他者のために行為する場面における寛容さがみえにくくなるという点である。たとえば、他の人とデートしているパートナーのことを考えずにはいられない状況は、自分の頭からパートナーを追い出すことができない状況である。あるいは、愛の関係を生きるなかで、他者のために妥協したり、自ら進んで自己を犠牲にすることもある。これらの状況は、ある意味では、他者に囚われた「非＝自由」な状態や、他者に「従属」している状態である。つまり、自己よりも他者が優位な立場であり、対他関係は非対称的である。これはエマニュエル・レヴィナスが倫理的主体形成における議論において前提とする対他関係と一致する（レヴィナス 一九九〇）。

レヴィナスが倫理的主体形成において、対称性ではなく、非対称性に基づいた自己と他者の関係を出発点とするのは、次のような理由からである。私とあなたが互いに平等で、相互性に立脚した関係だとする。しかし、相互性を期待しつつ、「私」が寛大でなければならないとすると、その関係はもはや寛大さには属さず、商業的関係や相互儀礼に属することになる。これに対して、責任に立脚した「他者のために」という無償性を強調するためには、非対称的な自己と他者の関係を前提とする必要がある（レヴィナス 二〇〇一）。

レヴィナスは、こうした非対称性に基づいた対他関係から傷つきやすさを捉え、独自の可傷性概念を提起している。レヴィナスの可傷性概念は、他者の暴力によって傷つけられてしまう可能性だけではなく、他者が被った傷や他者の苦痛によって傷ついてしまう可能性をも含意している（港道 一九九七）。

性愛をめぐる人びとの相互交渉のプロセスには、他者の存在に促されて自ずと他者のために行為するような場面がある。あるいは、意図せず他者に囚われることもある。本章では、レヴィナスの議論を手がかりとしながら、性愛固有の経験からポリアモリー実践者の行為や感情を検討することを通して、人びとが生きる緊張をより動態的に把握することを試みる。本章の構成は以下の通りである。第三節では、ポリアモリー実践者の語りから、人びとがいかなる関係を理想としており、いかなる不安を抱えているのかを考察する。第四節では、不安に対処するための工夫や絆を強くするための試みを取り上げる。第五節では濃密な絆をつくるための試みが、逆説的にも葛藤を生じさせてしまう事例を紹介する。第六節では人びとの関わりのなかに応答がみられる事例を取り上げる。応答関係が成立していたとしても、問題が完全に解決されるわけではなく、また応答関係が暴力的な関係へと転化する危険があることを指摘する。第七節では性愛研究において他者への受動性や対他関係に目を向ける意義について述べ、人類学的な性愛研究が課題とすべきことについて付言する。なお、本章で用いるデータは、二〇一二年から二〇一八年にかけてカリフォルニア州ロサンゼルス市近郊において断続的に行った、計一年五か月の聞き取り調査によって収集した事例に基づいている。

第三節　「もし……」という不安

ポリアモリーでは、他者に過度に依存しない自律した個人が理想とされる傾向がある。また、自分の考えや願望を率直に伝えるコミュニケーションが、愛を支えるうえで重要とされている。次に紹介するティナの語りにもそれらが示されている。ティナ（四〇代女性）は同性婚をして三年になり、妻には恋人がいる。

> 妻は私よりも性欲が強く、それに応えることができずに、申し訳ないと感じることがありました。それに、私は頻繁に旅行に行きますし、趣味も多く、自分の時間が必要です。ですから、妻に恋人がいた方がちょうどいいと思っています。
>
> 〔ジェラシーを感じたり不安はないのかと尋ねると〕ありません。満たされていますから。多くの愛を交換し合うことのできる友人がいることも関係しているかもしれません。〔……〕妻が恋人の家を週に一、二回訪ねて、私も彼女たちのデートにたまに参加し、一緒にご飯を食べることもあります。
>
> 〔なにかルールなど作っていますか、と尋ねると〕妻と私が唯一取り決めていることは、本音で話すということだけです。〔……〕離婚した元夫とは、きちんと話し合うことができていませんでした。互いに自分が思っていることを率直に伝え合うというコミュニケーションが成立していれば、関係はうまくいくものです。いまの関係は

> 理想的かもしれません。

ティナの語りからは、自分の時間を楽しむことができ、自分の感情を管理することができる、自己充足的で自律的な個人像が浮かび上がる。ティナによれば、妻もまた、パートナーに依存するタイプではないと言う。このように自律した個人同士が、本音を伝えるコミュニケーションをすることによって、互いの願望や希望を満たすかたちで関係を継続することを理想とする語りは、ティナ以外のポリアモリー実践者にもみられた。

ティナが現在の妻との関係を理想的と語る背景には、離婚した元夫との関係がある。ティナと元夫はポリアモリーに挑戦したことがあったが、元夫は常に自分の願望を優先させ、ティナの希望を聞き入れなかった。また、自分の思い通りに物事が進まないと不機嫌になるため、ティナは次第に本音を話すことができなくなったと言う。元夫と一対一の関係に戻った後も関係はうまくいかなかったが、子どものために離婚は避けたいと考えていた。ある晩、元夫と喧嘩したティナは、元夫と同じ空間にいることに耐えられず、家を抜け出してバーに行こうとした。「そのとき、ふと、子どものために離婚を我慢しているのに、子どもを置いて夜にお酒を飲みに行こうしている自分の行動はおかしいのではないかと思った」。これが離婚を決心するきっかけとなった。ティナが元夫との話を回顧するなかで「私は惨めだった」という言葉を何度も口にしたのが印象に残っている。

筆者は、これまで妻の恋人に対してジェラシーを感じたことはないと話すティナに、この先もジェラシーを感じることはないと思いますかと尋ねた。ティナは少し間をおいた後、「もし、妻がヴィーガン（完全菜食主義者）の恋人を作ったら、ジェラシーを感じてしまうかもしれません」と話し始めた。

> 妻はヴィーガンで、私は肉もチーズもなんでも食べます。妻にとって、私が肉を食べることを受け入れるのは大変でした。妻はもともとパートナーをヴィーガンで探していました。というのも、妻にとってヴィーガンであ

> ることは極めて重要な位置を占めているからです。生き物を殺して食べることを、穢らわしく、モラルに反すると感じています。私はヴィーガンにはなれないと妻に伝えてありますが、不安になることもあります。ですから、妻がヴィーガンの彼女を見つけたら、おそらくジェラシーを感じてしまうでしょう。

このティナの語りからは、もし妻の恋人がヴィーガンの場合には妻にとって自分がもっとも重要なパートナーであるという状況が脅かされる可能性がある、という不安を抱えていることがわかる。ポリアモリー実践者たちの語りからは、パートナーの自分以外のパートナーの存在によって、自分のポジションが脅かされる不安、パートナーが自分の元を去るのではないかという不安、パートナーが自分たちの関係にフォーカスしなくなることへの不安が垣間見られた。

第四節　より安定した絆、より濃密な絆を求めて

前節で述べたような不安に対処するために、ポリアモリー実践者たちはさまざまな工夫を設けている。冒頭で紹介したマットらの「新しいパートナーとのデートは二人ペアで行く」というルールも、その一つである。不安に対処するための対策は、ポリアモリー実践において問題となりやすいスケジュールや性的身体をめぐる問題を回避するための工夫とも重なる。

工夫のなかでも、ポリアモリー全般に広く共有されているものとして、「プライマリー（Primary）／セカンダリー（Secondary）」という独自のパートナー区分がある。プライマリーは「配偶者」に対応するような概念であり、たいていの場合は長期的な関係で、金銭や住居を共有する関係を指す。セカンダリーは、プライマリーと同様に感情的なコネクションを共有しているが、金銭や住居は別であることが多い（Sheff 2013）。基本的にプライマリーはセカンダリーに対して優先権をもつと考えられている。他方、セカンダリーはプライマリー関係に支障をきたさないよう、自

身の行動を管理することが求められる。こうした「プライマリー／セカンダリー」区分は、複数のパートナーへの時間配分の問題や感情問題に対処する際に役立っている。とりわけ、一対一の関係を築いていた夫婦やカップルがポリアモリーに挑戦する場合に、自分たちの関係が壊れないように「プライマリー／セカンダリー」区分を採用するケースが多い。

また、多くのポリアモリー実践者が問題の解決や濃密な絆をつくるために重視しているのが、本音を曝け出すコミュニケーションである。前節で紹介したティナも、「互いに本音を正直に伝えるというコミュニケーションが成立していれば、関係はうまくいく」と言っていた。筆者は調査のなかでティナと同様の考えを数多く聞き、そのなかでしばしば「ラディカル・オネスティ」という言葉を耳にした。ラディカル・オネスティとは、心理療法士のブラッド・ブラントンによって提起された概念で、自分の考えや感じたこと、過去や計画について正直に伝えることが濃密な絆を作り出すという考えである（Blanton 1994）。ポリアモリーでは、「ありのままの自分」を曝け出すことが他者との深い結びつきを促す、という文脈で用いられることが多い。ある実践者は私に「ラディカル・オネスティとは他者のネガティブな反応を気にして本心を隠すのではなく、言いがたいことであっても正直に伝えること」と説明した。たとえば、ポリアモリーに挑戦したいこと、パートナーの新しい恋人が好きになれないこと、話し合いに疲れたこと、努力を重ねても不安が消えないこと、ＢＤＳＭ[1]に関心があること、子どもが欲しくないことなどを正直に打ち明けたことが、パートナーと新たな関係や強い絆を築く契機となった、という語りがある。

ラディカル・オネスティという言葉が用いられない場合でも、率直に話すことを重視するポリアモリー実践者は多く、本音を話すことを約束しているケースもある。たとえば、ポリアモリー実践者であるピーターの自伝には、「透明性の協定（Transparency Agreement）」について記されている。これはピーターがパートナーの一人であるリズと、二回目のデートの際に独自に交わした協定で、悩みを抱えたときに独りで塞ぎ込んだり、相手をうわべだけで判断したりせず、大事な問題について相手に伝え、一緒に精査するという約束である。ピーターは、透明性の協定は心に長く引っ掛かっている悪い感情を共有するのに役立つと述べている。相手が「透明性の協定の精神に基づいて話したい」と切り出せば、言いにくいことを話そうとしていることを察することができ、相手の感情を充分にケアすることができるからである。

実際に、ピーターは透明性の協定によって自分が抱えていた勃起障害の問題をリズと共有することができた。他のパートナーとセックスするときには問題にならないが、リズとセックスするときはなぜか勃起が継続せず、挿入すると柔らかくなってしまう。ピーターは緊張によるものだと考えていたが、それで片づけてしまうのではなく、この問題についてきちんと話し合うことが必要だと感じた。ピーターをそのように促したのは、まさに透明性の協定であった。ピーターはなんでも話し合うことを可能にする透明性の協定こそが、自分とリズの関係をより高次なものにしたと述べている（Crowell 2017）。

第五節　ラディカル・オネスティをめぐる緊張

パートナーに本音を伝えることで濃密な絆や信頼、あるいはこれまでとは違う新たな関係が築かれる可能性がある。その一方で、本音を伝えることにより関係が悪化してしまうことや、自身が傷ついてしまうこともある。

たとえば、アニー（四〇代女性）は、まさにそのような状況で悩んでいた。アニーは夫のマークから、恋人のルナが新しい引越し先を見つけるまでのあいだ、自分たちの家の使用していない一部屋を貸してあげてほしいと相談され、承諾した。ルナが家にきてから一か月が経過した頃から、アニーはしばしば嫌な思いをするようになる。ルナは

［1］ＢＤＳＭとは、拘束（Bondage）、調教（Discipline）、支配（Dominance）、従属（Submission）、サディズム（Sadism）、マゾヒズム（Masochism）の頭文字をとったものであり、これらに関連する事柄の総称である。

アニーがマークと二人で出かけるのを快く思っていないようで、二人の時間を邪魔するかのように、何度もマークの携帯にメッセージを送ってくる。マークとルナは「メッセージを確認したら返信する」という約束をしているため、マークは外出先で常に携帯電話を介してルナとやりとりをしている状態になる。外出中に頻繁にメッセージを送ることを控えてほしいとアニーはルナに頼んだが、状況は変わらなかった。

　また、ルナの態度から、自分に敬意が払われていないと感じることがしばしばあった。さらに、ルナは新しい部屋を探している様子もみられない。アニーは自分の家にもかかわらず、居心地が悪くなっていた。とはいえ、アニーは自分の気持ちをマークに言い出せずにいた。というのも、自分はルナに不信感をもっているが、マークはルナといると幸せそうにみえたからである。また、アニーは以前、自分のパートナーとうまくやってほしいとマークに伝えたことがあったからである。状況を変えたいと考えたアニーは、意を決して夫に自分の想いを打ち明けた。すると、新しい恋人の存在によって不安になっているだけだと言われてしまう。アニーは、マークがルナには配慮をするが、自分の気持ちや自分たちの関係については配慮していないと感じた。

　ラディカル・オネスティに基づいたコミュニケーションは、可傷性に充ちた領域に、不安や期待とともに自ら飛び込む行為である。この行為は相手を信じること、すなわち、他者に身を委ねるという行為と結びついている。アニーとマークはポリアモリーを実践して五年が経過しており、これまでマークのジェラシーの問題をはじめとして「一緒に乗り越えてきた」という経緯があった。だからこそ、アニーは信頼して心境を打ち明けたわけだが、アニーの痛みは見過ごされてしまう。「新しい恋人の存在によって不安になっているだけだ」というマークの発言を、傷への応答の仕方の一つとして捉えることもできるかもしれないが、それはアニーが望むかたちの応答ではなかった。この事例からわかるように、相互交渉のなかで自分の傷を開示しても、見過ごされてしまうこともあれば、望むようなかたちで応じてもらえないこともある。こうした予測不可能な他者との関係のなかで、ラディカル・オネスティをめぐる緊張が生成されているのである。

この事例を他者への受動的な関わりから眺めると、他のパートナーと出かけることへの不満、夫の彼女からの嫌がらせによってもたらされる不快、夫に本音を伝えたときに自分の痛みを受け止めてもらえなかった悲しみ、などの傷つきやすさが確認できる。これらは、愛する人や愛する人のパートナーから傷つけられてしまう可能性である。次節では、これらの傷つきやすさに加えて、他者の被った傷や他者の痛みによって自分が傷ついてしまう可能性についてもみていきたい。

第六節　傷つきやすさとともに生きる

一　ピーターとリズ

第四節において、透明性の協定を結んでいたピーターとリズについて紹介した。彼らの他のエピソードを、再びピーターの自伝から取り上げたい。ピーターとリズが交際を始めたのは、ピーターがポリアモリーの生き方を歩んでから二五年が経過した頃だった。ピーターとリズは長いあいだ友人関係であり、年に二、三回ハイキングをするような間柄であった。交際のきっかけは一八年来の友人であるリズからの告白だった。ピーターとリズは透明性の協定によって、話しにくい事柄も共有することのできる関係を目指していた。リズが世界中でワークショップを開催していたため、二人はリズの旅の合間を縫ってデートをしていた。

六週間ぶりにリズが帰国し、ピーターとリズはベッドで幸福な時間を過ごした。二人で夕食の準備をしているとき、「タントラの大会[2]で、一年ほど前から私に好意を抱いているという男性に会ったわ」とリズが話を切り出した。ピー

[2] 瞑想によって、己を中心に世界が展開していると考える自己中心的な視点を破棄し、宇宙中心の視点に転換することを目的とした現実的な方法や体系（松長 一九八一）。

ターは、その男性はどこに住んでいるのか、彼もポリアモリストなのかと訊いた。リズはその男性がハワイに住んでいて、彼もポリアモリストで恋人がいると答えた。そして、彼が自分と交際したいと思っていることにも言及した。リズは次にアイルランドで開催されるポリアモリーの会議に出席する予定である。リズは、同じ時期にその男性もヨーロッパにいるといった。それを聞いたピーターは、彼は君に合わせてそれを計画したのかと尋ねた。リズは「偶然よ。彼も驚いていて、喜んでいた」と答え、「彼に一緒に旅行ができるかもね、と言ったわ」と伝えた。

　ピーターは平静を装っていたが、リズにはピーターが穏やかでないことが伝わっていた。「何か思うことがあるようね」とリズが言うと、ピーターはジェラシーを感じていると伝えた。すると、リズは「正確には何にジェラシーを感じるの？」と親身になって尋ねた。ピーターは「彼は君と旅行をして素晴らしい時間を過ごすことができる。僕は君が旅行から帰国して、疲れている時間に君と一緒にいる」と答えた。リズはピーターのそばに行き、両手をピーターの胸において再び同じ質問を尋ねた。

「何がジェラシーを引き起こしているの？　私と彼がセックスするかもしれないこと？」。リズの質問に対してピーターは、「いや、そうではない。それに関しては、僕たちは初めから経験してきた。僕が思うに、彼が一番いい時間を君と過ごすことが問題なんだ」と答えた。すると、リズは表情を変え、「そうね。でも、あなたにはパートナーがいて私とは旅行できないわよね」と辛辣な口調でいった。ピーターは驚いて彼女を見た。すぐにリズは自分の発言に対して謝罪した。ピーターはリズを腕に抱きながら伝えた。「オーケー、オーケー。僕はただ、ジェラシーを感じたんだ。君を失いたくない。とくに勃起が長く続くような精力のある若い男性にジェラシーを感じた。でも心配しないで。君のためにベストを尽くすよ」。

　レヴィナスの可傷性概念を踏まえてこの事例を振り返ると、パートナーの行為によって被る傷だけではなく、他者の痛みによって自分が傷ついてしまうような可傷性が垣間見られる。たとえば、リズはピーターの傷に無関心ではいられないからこそ、「何か思うことがあるようね」といって、ピーターが想いを伝えるきっかけを用意した。またリズが声色を変えると、ピーターはリズの傷つきやすさを敏感に感じ取り、抱擁した。このような可傷性は、ポリアモリー実践者たちが、他者の痛みや不安に寄り添い、話し合いを介してルールを設定する試みのなかにも、読み取ることができる。

さて、「ベストを尽くす」とリズに伝えたピーターはどうなったのだろうか。このエピソードをもう少しだけみてみよう。リズが旅行に出かけてから一か月半が過ぎた頃、ピーターは不安を抱えながらリズからの連絡を待っていた。ピーターはそのときの心境を以下のように記している。

> 私たちは難しいことについてもきちんと話し合うことができる。だから、安心するべきだ。どんな新しい人も私たちの関係に入り込んで彼女を持ち去ったりはしない。どんな新しい人も私たちの歴史を終わらせることなんてできない。こうした考えは、私を安定させるのに役立ちました。けれども、不安を感じてもいました。それはジェラシーのパワーです。ジェラシーをいかに扱うかに関する本を数多く読んでいたにもかかわらず、痛みや不安をどうすることもできませんでした。問題は彼のペニスに関することではありません。それはもっと他のことのようでした。私はジェラシーに関して誰よりも学んでいるという自負がありましたが、ジェラシーを前にして、自分をちっぽけな存在だと感じました。（Crowell 2017: chapter5, section3-4）

ピーターの言葉からは、リズのことを考えずにはいられないピーターの姿が浮かび上がる。いくら透明性の協定を交わしていようと、ジェラシーを管理するための知識を有していようと、ジェラシーや不安をどうすることもできなかった。さらにこの事例は、パートナーの傷に応答する関係があるとしても、二人のあいだの問題を必ずしも解決することができるわけではないということも示唆してもいる。

ポリアモリーにおいて他者の傷に応じる関係は、パートナー間だけではなく、パートナーを介した間柄にもみられる。次に紹介するのは、パートナーを共有する二人の関係が、応答性のある関係から暴力的な関係へと転化したケースである。

二　モニカとサンドラ

モニカ（二〇代女性）とサンドラはアーサーを共有する関係で、三人は一緒に暮らしていた。モニカ曰く、サンドラとは「血縁関係にある姉妹よりも親しい関係」にあったという。サンドラは両親からの「早く結婚しなさい」という圧力に悩んでいた。その状況をみかねたモニカは、サンドラとアーサーに結婚することを提案した。「たとえサンドラとアーサーが形式上結婚しても、三人の関係は変わらないと信じていた」からである。しかし、サンドラとアーサーが実際に結婚すると、三人の関係に変化が生じた。サンドラは自分の友人や両親が家に来るたびに、「外出してほしい」とモニカに頼むようになる。次第にサンドラは、自分とアーサーの関係を「優先すべき関係」として言及するようになる。モニカはサンドラがアーサーを独占するようになったと感じ、自分もアーサーと二人の時間を確保する権利があると主張するようになる（深海 二〇一五）。

モニカが結婚を提案したのは、親からの圧力に悩むサンドラの痛みに無関心ではいられなかったからである。言い換えるなら、モニカはサンドラの痛みを感じ取り、サンドラのために提案した。こうしたモニカの配慮は見返りを期待したものではない。しかし、均衡が崩れてからは、もはや互いに対する配慮はみられない。サンドラがアーサーを独占するようになったと感じたモニカは、自分もサンドラと同じ権利を有していることを主張している。ここには、ジュディス・バトラーが自己保存の原理と呼ぶもの、つまり他者への配慮を犠牲にして断固として自己を主張することによって「道徳的ナルシシズム」が助長される事態、がみてとれる（バトラー 二〇〇八：一九五）。

ここでのモニカとサンドラの関係は、他者のために行為するような非対称性に基づいた関係から、「私の他者に対する関係は、他者の私に対する関係に等しい」とする対称性に根ざした関係に変化している。対称性に基づいた関係では、「やられたら、やり返す」ことが正当化される。この事例は、ポリアモリーにおいて他者の傷に応じる関係が、自己保存を目的とした暴力的な関係に転ずる可能性があることを示唆している。また、そうした緊張に社会規範が複雑なかたちで作用していることも示している。

第七節　性愛と倫理の民族誌に向けて

本章では、ポリアモリー実践者たちの関わり合いを、他者への受動性、とりわけ可傷性に着眼しながら考察した。そのなかで浮かび上がった人びとの姿は、先行研究が前提とするような自律的にふるまうことで完全に問題を解決できるような人びとの姿ではなく、傷ついてしまう可能性を抱えながらも他者とともに生きる姿であった。以下では、本章で明らかとなったポリアモラスな関係の緊張を、他者への受動性と対他関係に着目して整理したい。

本章で取り上げた事例は、ポリアモリー実践において、パートナーが自分の元を去るのではないかという不安やパートナーが自分たちの関係を配慮しない悲しみ、パートナーにとって自分が一番大切な存在でなくなることへの不安などがあることを示していた。これらは、愛するゆえに生じる痛みや苦しみでもある。こうした不安や問題に対処するために、ポリアモリーではさまざまな工夫や試みがみられる。しかし、パートナーとの絆を強くするための工夫や試みが、逆説的にも葛藤を引き起こしてしまうことがある。パートナーを信じ、身を委ね、自らの傷を開示しても、その傷に応じてもらえない、ということも生じてしまう。

その一方で、パートナーの傷を敏感に感受し、その傷に寄り添う人びとの姿も垣間見られた。ここではパートナーの被った傷に自らが傷つくという可傷性を指摘することができる。パートナーの傷に無関心ではいられずにパートナーのために行為する場面において、対他関係は他者を優位とする非対称に基づいている。

だが、応答性のある関係においても、不安やジェラシーの問題が解決されるとは限らない。また、応答性のある関係が、不安やジェラシーを介して暴力的な関係へと転化してしまう危険もある。モニカの事例では、「サンドラがパートナーを独占しようとするから、自分もパートナーを独占する」というように、モニカとサンドラの関係は対称性に基づいたものであり、そこには他者のために行為する自己は見当たらない。このようにポリアモリー実践者たちは、可傷性を避けられない社会的な存在として、倫理的な関係とエゴイズムを揺れ動きながら、関係を維持、変容させていた。

　以上を踏まえ、性愛研究において他者への受動性や対他関係に着目する意義をまとめたい。まず、他者に傷つけられてしまうこと、他者の傷に無関心ではいられないこと、他者を所有したいという衝動に駆られること、他者に身を委ねること、他者のために自らを犠牲にすること、他者を契機として新しい自己を見出すこと、といった性愛に特徴的にみられる経験に光を当てながら、人びとが生きる緊張関係を考察することを可能にする。

　そして、人びとの相互交渉を他者への受動的な関わりから考察することで、他者の傷つきやすさを感知し、それによって他者のために行為するように促される人びとの姿を浮かび上がらせることができる。これにより、強い絆を築くために人びとが用いる工夫や戦略をすべて意図的な努力に還元するのではなく、意志や理性を介さない領域を視野に入れて考察することが可能になる。また、他者に促されて他者のために行為するような愛の諸相を分析する際に、非対称に基づいた対他関係を前提とすることで、他者への寛大さを際立たせながら考察することが可能になる。

　さて、本章ではレヴィナスの哲学的議論を手がかりとして論を進めてきたが、実際にどのような可傷性がどのような応答関係へと人びとを導くのかはフィールド調査によらなければ明らかにならない。したがって哲学的な議論だけでは不十分であり、現実世界において人びとの応答関係の内実を具体的に検討する作業が欠かせないと思われる。自らが葛藤の只中にいるときでさえ、他者の傷つきやすさに応じるような関係は、どのような状況において確認されるのか。あるいは、どのような他者のいかなる傷つきやすさが応答すべきものとみなされ、どのような他者のいかなる傷つきやすさが無視され、見過ごされるのか。人類学者がフィールドにおいて意識的にこれらの問いに目を向けて考察することは、性愛の問題領域だけではなく、倫理や責任の問題領域にも新たな可能性をもたらすと考える。

付記

本章は二〇一九年に一橋大学大学院社会研究科に提出した博士論文と一部重複しています。調査は公益信託澁澤民族学振興基金「二〇一一年　大学院生等に対する研究活動助成」から助成を受けて実施しました。

◉引用・参考文献

田中雅一（二〇一〇）『癒しとイヤラシ――エロスの人類学』筑摩書房

田中雅一（二〇一八）『誘惑する文化人類学――コンタクト・ゾーンの世界へ』世界思想社

バトラー、J／佐藤嘉幸・清水知子［訳］（二〇〇八）『自分自身を説明すること――倫理的暴力の批判』月曜社

深海菊絵（二〇一五）『ポリアモリー――複数の愛を生きる』平凡社

深海菊絵（二〇一九）「性愛と倫理――米国南カリフォルニアのポリアモリー実践に関する人類学的研究」一橋大学大学院社会学研究科、博士論文

松長有慶（一九八一）「序文　タントラの夜明け」ムケルジー、A／松長有慶［訳］『タントラ――東洋の知恵』新潮社

港道　隆（一九九七）『レヴィナス――法-外な思想　現代思想の冒険者たち16』講談社

レヴィナス、E／合田正人［訳］（一九九〇）『存在するとは別の仕方であるいは存在することの彼方へ』朝日出版社

レヴィナス、E／合田正人・松丸和弘［訳］（二〇〇一）『他性と超越』法政大学出版局

Blanton, B.(1994). *Radical honesty: How to transform your life by telling the truth*. Stanley, VA: Sparrowhawk.

Conley, T. D., Moors, A. C., Matsick, J. L., & Ziegler, A.(2012). The fewer the merrier?: Assessing stigma surrounding consensually non-monogamous romantic relationships. *Analyses of Social Issues and Public Policy*, *13*(1): 1–30.

Crowell, A.(2017). *Priesthood to polyamory: A journey*. Kindle Edition.

Sheff, E.(2005). Polyamorous women, sexual subjectivity and power. *Journal of Contemporary Ethnography*, *34*(3): 251–283.

Sheff, E.(2013). *The polyamorists next door: Inside multiple-partner relationships and families*. Lanham, MD: Rowman & Littlefield.

第一一章　ＢＤＳＭと性暴力

同意と痛みをめぐって

田中雅一

〔ＳＭを通じて〕私たちの身体を様々な快楽のあり得べき源泉として使う可能性はとても重要なものです。（フーコー 二〇〇二：二五八）

以前彼女ら（レズビアンＳＭの実践者）は幼児虐待という亡霊や「お前は本当に病んでいるよ」とささやく政治的に正しいレズビアン・フェミニズムの亡霊につきまとわれていた。〔……〕だけど今は、自分たちを責めるモノローグに代わって、セラピーや恋愛を通じて内的なダイアローグが育まれることになった。彼女たちは、「それが興奮させるの、それこそ生きてることが実感できるの」〔……〕「私はヘンタイ、あばずれ、でも大好き」と言えるようになった。幾重にも年月を重ねた死の床から、結束、生命力、真正さの核となるものが生まれたのだ（Kleinplatz 2006: 334）

第一節　ＢＤＳＭは性暴力の代替物なのか

日本語の性には、セックス（生物学的な性別）、ジェンダー（社会的な性別）、セクシュアリティ（性的指向）、性行為、性交など多様な意味が含まれ、相互に複雑に絡み合っている。ジェンダーやセクシュアリティの流動性が指摘されて久しいが、性行為にも、生殖から切り離され、人間特有とみなされている多様な性的実践が認められる。本章で取り上げる「暴力を伴う性行為」、いわゆるサドマゾヒズムも、そうした実践の一つである。

本章の目的は、「暴力を伴う性行為」における同意と痛みを考察することで、「性行為を伴う暴力」すなわち性暴力との相違を明らかにし、両者についての理解を深めることにある。表題のＢＤＳＭとは、これまでサドマゾヒズムと呼ばれていた性的行為やその実践者を指し、Bondage（拘束）／Discipline（調教）、Dominance（支配）／Submission（従属）、Sadism（サディズム）／Masochism（マゾヒズム）という言葉の頭文字をとったものである。英語圏では一九九〇年代から当事者間だけでなく学術的研究においても使用されている。ＢＤＳＭは、上記の言葉で表されるさまざまな行為や、それらの行為を通じて性的な興奮や快楽を得る人びとを意味する。ＢＤＳＭには、通常二人のあいだに、拘束などの行為を行う者とこれを受ける者、調教する者とされる者という対照的な役割が認められる。能動的にふるまうのはトップ（top）とかドム（dom）、受動的にふるまうのはボトム（bottom）とかサブ（sub）と呼ばれる。これらは、エス（サド、サディスト）とエム（マゾ、マゾヒスト）にほぼ対応する。

ＢＤＳＭは、クィア（queer）やキンキー（kinky）に含まれる。どちらももともとは性的倒錯や変態を意味するが、とくに前者は性的少数派の総称として肯定的に使用されることになった。クィアの多数派は同性愛者である。ＢＤＳＭの実践者たちは、文化規範に順ずるセックス、すなわち「ヴァニラ・セックス（vanilla sex）」の実践者たちと対比しているが、ここに同性愛者も含まれることに注意したい。

さて、つぎに表題の二つ目の言葉である性暴力について説明したい。本章では、「〔性暴力とは〕同意の伴わない性的接触、性的侵入、性的関心、性的内容を含む働きかけなどによって、自己の性感覚を侵害されること」という包括的な定義に従い、具体的には「痴漢、強制わいせつ、強かん、ストーキング、セクシュアル・ハラスメント、パートナーからの強かんを含むＤＶ、子どもの性虐待、売春業・性風俗営業および買春・人身売買・ポルノ等で利用すること、を含めた性的搾取、盗撮などの非接触型性暴力」（性暴力禁止法をつくろうネットワーク 二〇一一：八一、藤岡 二〇〇六：三一－四三）を挙げておく。

性暴力は、ほとんどの場合男性が女性や一部の男性に対して加える暴力の一種である。性的同意（以下、同意）のない性行為は犯罪であるという考えが世界の主流になりつつある。同意のないまま、男性が女性の胸を触ったらそれは性暴力となる。そこでは優しく触ったか乱暴に触ったかは問題ではない。同意なき性交はレイプだが、同意があればセックスが苦痛でも犯罪ではない[1]。

さて、筆者は、ＢＤＳＭのなかでも日本由来の緊縛を五年以上にわたって観察し、実践者たちの話を聞く機会に恵まれた。緊縛は、縄で主に女性の身体を拘束するＳＭの一形態である（マスター〝Ｋ〟二〇一三）。緊縛のショーでは、緊縛師が相手を縛って拘束するだけでなく、天井から吊るしたり、鞭を打ったり蝋燭を垂らしたりする。海外の緊縛師と接することで、縛る方が男性で、縛られる方が女性というふうに、性別役割が固定されているわけでないことがわかってきた。とはいえ、女性の緊縛師は少なくないが、縛られる方は（第三者が実際に見ることのできるような場所では）圧倒的に女性が多い。男女のこうした不均衡な分布（ジェンダー・アンバランス）は、性暴力を連想させてけっして居心地のよいものとはいえなかった。ＢＤＳＭの場合もボトムの多くが女性であることから、女性というのは乱暴に扱われるセックスが好きなんだ、「イヤよイヤよも好きなうち」なんだという考えを世の男性たちに植えつけ、

［1］ただし、最近改定された日本の刑法では、以下のように記載されていて、同意の有無は問われていない。
第百七十七条（強制性交等）　十三歳以上の者に対し、暴行又は脅迫を用いて性交、肛門性交又は口腔性交（以下「性交等」という。）をした者は、強制性交等の罪とし、五年以上の有期懲役に処する。

極端な話、性暴力を促進し正当化することに寄与することにもなる。ボトムの女性の多くがプライベートでは特定のパートナーとの関係を維持しているにもかかわらず、相手が誰かに関係なく、たんに暴力的なセックスが好きな女性というレッテルを貼られることになる。こうして性暴力はなかったことに（無化）されるのである。

また、白人による黒人女性の縛りも過去の奴隷制を想起させる。オーストリア人の緊縛師から、ナチスによるホロコーストを想起させるような緊縛はタブー視されているという話を聞いたことがあるが、これは実際に拷問されたあげく殺されたユダヤ人たちを侮蔑しているかのような印象を避けるためと考えることができる。

このように、筆者に限ったことではなく多くの人が、ＢＤＳＭから性暴力や性暴力を一部とするような人種差別や奴隷制を連想するのではないだろうか。[2] 女性が性犯罪の加害者の場合もあるわけだから、ジェンダーが逆転していれば問題ないというわけにはいかないだろう。ＢＤＳＭでは無力化された相手に対して一方的に暴力が加えられるのであるから、暴力を振るう側が男性であれ女性であれ、やはり性暴力を喚起する可能性があるのである。ＢＤＳＭは性暴力を喚起しこれを正当化しているというＢＤＳＭ批判を突きつめていくと、ＢＤＳＭは日常的に女性が置かれている従属的な関係を端的に表し、これを正当化している、したがって否定すべきであるという意見に辿りつく。このような立場については第二節で紹介する。

セックスワーク（売春）が、性暴力の抑止になっているから必要だ、という意見をしばしば耳にするが、同じように、金を払えばＢＤＳＭが実践できるＳＭクラブには性暴力を抑止する働きがあるという考えがあってもおかしくないだろう。ゾーニングのおかげで、サディストが一般女性を餌食にすることが避けられているというのである。[3] セックスワークやＳＭクラブがあるから、ヴァニラ・セックスを好む一般の人は、枕を高くして眠ることができるというわけである。

ボトムのほとんどが女性であるということは、女性が一般的に暴力的なセックスを好むという考えを促進する一方で、ゾーニングの存在はこうした考えがかならずしも正しいわけではなく、むしろクラブを利用する男性たちの問題であることを示している。とはいえ、促進するにせよ、抑止するにせよ、ＢＤＳＭは性暴力の代替物にあるという考えに変わりはない。[4]

本章では、以上のようなＢＤＳＭと性暴力との（非）連続性をめぐる問題意識を念頭に、あらためて両者の関係を考えたい。まず、同意について争われたレズビアンＳＭをめぐる論争を検討し、同意の重層性を指摘する。つぎに痛みをめぐる議論を取り上げ、ＢＤＳＭにおける暴力が性暴力と異なることを明らかにする。それが、性暴力を促進・正当化したり、あるいは抑止しているという誤った考えを否定するのに一番有効だからである。

第二節　ＢＤＳＭと同意

病的なサディストの場合と異なり、[5] トップとボトムのあいだには同意がなされている。この同意は、両者の信頼関係に基づく。同意のもとで、トップはボトムに暴力を振るい、あるいは屈辱的な言葉を浴びせる。[6]

同意が重要な問題として浮上してきた契機になったのが、一九八〇年代前半に始まったレズビアンによるＳＭをめ

[2] ナチス以外に、イエスの磔刑を想起するような緊縛もタブー視されているという。奴隷制やナチスを想起させるＢＤＳＭについては Schotanus（2017）、Weiss（2011: 191-219）が詳しい。

[3] サディストが性犯罪の潜在的な加害者であるという偏見についてもあらためて再考する必要があろう。

[4] セックスワークについても、それが女性の商品化や女性蔑視を促し、性暴力に寄与しているという考えが存在する。性産業で働く女性をふしだらとみなすことで、セックスワークが性暴力を促進し同時に抑止しているという矛盾が回避される。しかし、貞淑かふしだらかを区別する基準は曖昧であるし、性暴力の被害者がしばしばふしだらだからだという非難にさらされることを考えると、性暴力の抑止にセックスワークが役立っているとは思えない（田中 二〇一九）。上記の「ふしだらな女性」を「被虐好きの女性」や黒人女性（Schotanus 2017）に置き換えてみても事態は同じである。「彼女たちに同意は不要だ。したがって性暴力の被害にあうこともない」とみなされる。性暴力は正当化されるというより無化されるのである。

[5] 本章ではマゾヒズムを医学的な治療を必要とする障害とはみなしてはいない（Thompson 1994）。

[6] マゾヒストが男性か女性かによっても加虐行為は異なる（Baumeister 1988）。

ぐる論争であった。[7]一九七九年にレズビアンＳＭの実践者たちの書物、『あなたのハンカチの色は何？――レズビアンＳ／Ｍセクシュアリティ・リーダー』（SAMOIS 1979）が出版され、一九八二年に分厚いエッセー集『力に到達する――レズビアンＳ／Ｍについての記述と描画』（SAMOIS 1987(1982)）が世に出る。他方、レズビアンＳＭに対する批判は、雑誌などで展開された後、一九八二年に『サドマゾヒズムに反対する――ラディカル・フェミニズムによる分析』（Linden et al. 1982）が出版されている。その後も、レズビアンＳＭについての論争をまとめたものやレビューが続くが、もはや論争というかたちを取ってはいない。

　サンフランシスコを拠点とするＳＡＭＯＩＳというレズビアンＳＭ集団はつぎのように主張する。レズビアンについてはある程度社会的認知も生まれ、フェミニストたちの支持も受けている。しかし、ＳＭ[8]については、まだまだ世間の理解も遠い。ＳＭ実践者についても、同性愛者と同じく性的なマイノリティと認めるべきだ。また実践者は女性であるから、フェミニストたちが支援するのは当然である。それだけではない。ＳＭは性行為の優れた実践なのである。

> マゾヒズムは、性表現の高度に発展し、洗練された形式である（動物が真似できない唯一の「逸脱」である）。［……］それは人間のジレンマを超えるある種の超越性を表す。また私たちの性質のなかでもより人間性が認められるものである。（Kolb 1979: 20）

　これに対し、「ラディカル・フェミニスト」たちは以下のように主張する。ＳＭの典型的なイメージはサディスト＝男性とマゾヒスト＝女性という関係が一般的であり、性的な文脈における男性による女性への暴力の典型とみなされる。ＳＭは性暴力の常態なのである。したがって、女性のセクシュアリティを抑圧から解放し、男女平等社会を実現するというフェミニストの目標とＳＭは矛盾する。フェミニズムにおいては、レズビアンなどの性的マイノリティへの差別を廃し、多様な性を認めることが解放の具体的なプログラムであったが、ＳＭについては、多様性の承認と抑圧からの解放という課題が矛盾するのである。

> サドマゾヒズムは、個人の「性的な好み」やライフスタイルと同じように社会状態を表す。他に還元できることがらではない。実際、サドマゾヒズムは私たちの社会関係の多くに埋め込まれている力の非対称性を反映しているのだ。（Linden 1982: 4）

> 私は、鞭と鎖がＳＡＭＯＩＳのシンボルであることに深い悲しみを感じる。それらは、武力と恐怖で支配する人たちの道具だからだ。私はＳＡＭＯＩＳによる二重思考（doublethink）の言葉使いに混乱し動転してしまう。痛み／快楽、同意／奴隷化、拘束による／自由な、遊び／現実、ロールプレイ／平等など。屈辱や痛みの実演がカタルシスをもたらすという主張に反対する。なぜなら、行為の反復、とくに官能的な反復は、カタルシスというより慣れあるいは中毒を引きおこすからだ。（Meredith 1982: 97）

レズビアンＳＭは同意や契約のもとに成立していると、当事者たちがいくら繰り返し主張しても、同意の信憑性が批判されている。また、一歩譲って、「同意」に基づくＳＭ行為を認めるとしても、支配‐従属関係や暴力、さらに拘束や従属が寝室の外でも実施されるとしたら、それは許されることがらではない。実際に、パートナーと日常的に一緒にいる機会が多いと、そうした空間的あるいは時間的な制約を維持することは難しいであろう。性的関係を日常

---

[7] レズビアンＳＭについて詳しくは、Lewis & Adler（1994）、O'Sullivan（1999）、Hart（1998: 36–82）を参照。また、フェミニズムによるセクシュアリティについての考えが保守的になる傾向についてはRubin（1987（1982））、フェミニズムとＢＤＳＭ一般についてはWeiss（2011: 154-186）を参照。

[8] 当時は、sadomasochism（本章ではＳＭ）が一般的で、ＢＤＳＭという言葉は使用されていない。

的な人間関係から区別することはほぼ不可能なのである。ＳＭは女性の性の解放の証とみなされるのではなく、男性中心の、家父長的な性の無批判的な模倣とみなされて批判対象となるのである。

たとえば、自身、同性愛者であるジュディス・バトラーは、ミシェル・フーコーに倣ってセックスと力が密接に結びついていることを認めるが、女性同性愛は異性愛にまつわる力を否定し、新しい創造的な力を認めることだと主張する。

> 私たちの多くにとって、女性同性愛とは、〔異性愛に典型的に認められる〕支配（domination）としての力概念に反対し、新しい愛し方を拡大することであり、創造としての力を再‐提示することを意味するのである。（Butler 1982: 169）

異性愛に認められる男女の力関係を排除した解放区としての女性同性愛という観点からみれば、ＳＭはとうてい容認できない性的実践であろう。そして、レズビアンＳＭが新しい、創造的な力なのか、それとも男根中心的な（phallocentric）力が新しい形式をとっているのかと問うている（言うまでもなく、バトラーにとってレズビアンＳＭは後者である）（Butler 1982: 170）。それは、他のＳＭと同じく、政治的には受動的で諦観の様相を示していて、現状維持を強化するにすぎない。そして、レズビアンＳＭの実践者たちが、自分たちの欲望をセックスの外部に存在する権力関係から自由であることを素朴に信じているとバトラーは批判する。

以上の批判から明らかなように、レズビアンＳＭに認められる当事者の力関係は、異性愛にしばしば認められる男女間の力関係と同じであるとみなされた。このため、それは本来こうした力関係を否定し、解き放たれるべき女性同性愛の理想に矛盾するわけである。女性同性愛者においては、女性たちは創造的にふるまうことができる。フェミニストが同性愛を実践すると、それは「優れた性行為の形式（a superior form of sex）」（Rubin 1987（1982）: 215）となる。

そこに異性愛的な要素を含めるべきではないのである。

レズビアンＳＭに対する以上の批判については、ＳＭを含む多様な性的実践の日常化によって声を上げる人物も減っている。今では同意が自発的である限り、フェミニストであることと、ＢＤＳＭの実践者であることとは矛盾しないという主張が認められてきたようだ（Weiss 2011: 164–165）。

女性同性愛者たちのあいだでもＤＶ（家庭内暴力）が存在することが報告されて久しい。暴力のない世界を実現することが重要なことに変わりはないが、暴力にどのように対処すべきかが現実的な課題として求められている。この点について、私たちはＢＤＳＭからむしろ学ぶべきことは多いはずだ。しかし、なによりも大事なのは、私たちが他者をみるまなざしが取り締まりになっていないか、そして、他者に生の実感を与えるセクシュアリティを否定していないか、ということについて自覚すべきだということであろう（本章冒頭の二番目の引用を参照）。

第三節　同意の現場へ

『サドマゾヒズムに反対する』に収められている論考の執筆者たちには、ＳＡＭＯＩＳと異なりＳＭの経験がない。このため、ＳＭの実態が問われることなく、同意が問題視されている。そのようななか、唯一自身の経験に基づく批判は、エリザベス・ハリスによる「サドマゾヒズム――個人的な経験」（Harris 1982）である。そこで、彼女は自身の体験、感覚について以下のように述べている。

ハリスは、子どもの頃からマゾヒズムを想起させる性的な妄想を抱いてきた。六歳のときの妄想は、自分が黒い美しい馬となって、悪い男たちに捕まってひどい目にあうといったものである。成人してレズビアンの関係が生まれてからは、バイブ挿入時の苦痛を通じてオーガズムをはじめて経験する。ある週末、セックスはこれまでにないほど暴力的になり、オーガズムに達したときはヒステリックに泣きわめいていた。その後、パートナーと別れ、今度は男性と関係をもつ。

痛みを与えてくれるようにと彼にお願いしたが、これははじめから自発的なものだった。私は興奮して、オーガズムに達しそうになり、胸をぶってほしいと頼んだ。その痛みは衝撃的で、熱さの後の氷水のようなものだった。それは心地よいものだった。（Harris 1982: 94）

あるとき、グラス一杯の冷たい水でからかわれた後、その水を顔にかけられると、息切れして苦悩にとらわれ、突然泣き出してしまう。その後も長いあいだすすり泣いていた。やっとのことで泣きやむと、彼との関係がしっくりいかなくなったと感じた。ＳＭにも関心がなくなったが、しばらくのあいだこのゲームを続けた。そして、そのうち別れてしまった。

ハリスにとってＳＭは、自身の心の深みに潜む感情に必要なものではなかった。ＳＭのおかげで、代替的な強迫（substitute obsession）によって、初恋が終わったことについての悲しみを無視できたし、彼女自身の妄想をドラマ化し心の傷と屈辱をコントロールできた。しかし、ＳＭは真の解決にはならなかった。痛みであれ権力であれ、現実には統御できるとは限らないからだ。最初にＳＭ的な関係をもった女性に、身体的な痛みを伴う性行為を求めていたのは感情のかたまりを解放したかったからだと、ハリスは述べている。

ＳＭは真の問題解決にはならない。ハリスがそう思うきっかけになったのは、冷たい水を顔にかけられるという軽いサディスティックな行為だった。この行為は、本来なら、いつものＳＭ行為へと移行するきっかけになったかもしれない（この場面は、男性との最初のSM行為について語った際の「熱さの後の氷水」という表現を想起させる）。しかし、ここでは反対にＳＭの拒否へと大きく展開する事態が生まれる。

ハリスが言及する二人のパートナーとのあいだに同意があったのは事実であろう。しかし、それは長期的かつ広義の同意であって、個々の行為についての同意とはいえない。「グラス一杯の冷たい水を顔にかける」行為は、同意のもとでなされたわけではない。

ハリスの事例から明らかなことは、同意の多重性である。同意なき一方的な性行為が性暴力であるのは疑いの余地がない。問題は同意の性格である。まず、お互いが性的なパートナーであるという長期の同意（性的パートナーになることについての同意）が存在する。これに加え、毎回の性行為についての短期的な同意（今から性行為をするかどうかについての同意）がなされる。

しかし、ハリスの事例は、短期の同意で始まる性行為においてもさらに細かい同意（個々の行為についての同意）が必要であることを示唆している。長期的観点に立てば、パートナーたちはいちいちセックスの際に同意を取る必要はないはずだ。しかし、性行為を始めるに当たっても同意が必要である。夫婦間での性暴力が問題になるのは、このような同意をとる必要はないと夫が思い込んでいるところに由来する。こんな夫には、夫婦間の性行為がレイプになり得るということなど想像できないはずだ。さらに、たとえ性行為の同意が得られたとしても、具体的な行為（たとえばオーラルセックスやアナルセックス）についてもさらなる同意が必要なのである。ＢＤＳＭの実践が参考になるのは、この三番目の同意についてである。

ＢＤＳＭにおいては、ボトムがトップの加虐行為に耐えられなくなるときに発する言葉（セイフワード、safewords）や、言葉が発せられない場合、信号（safe signals）をあらかじめ決めておく。これが発せられると、トップは即座に行為をやめなければならない。レッド（赤）やブルー（青）などの色、パイナップル、バナナ、オレンジなどの果物などの「セイフワード」（Emery 2018; Weiss 2011: 81）こそが、ＢＤＳＭにおける事故の防止や性暴力への抑止として作用しているのである[9]。

［9］厳密に言えば、セイフワードは身の安全に関わる言葉であって、同意の有無を表明するものではない。

その意味で、通常の性行為においても、同意を得ているかだけでなく、途中で行為を中断することの同意もまた重要と思われる。性行為を開始するにあたっての同意はもちろん重要だが、やめることの同意も同じくらい必要なのである。しかしながら、同意なきセックスはレイプであるという言葉には、性行為の最中に起こる「レイプ」は想定されていない[10]。このように、同意という観点からみると、ＢＤＳＭが性暴力といかに異なるのかが明らかであろう。そして、ヴァニラ・セックスより詳細かつ真剣な議論が、パートナーのあいだでなされていると考えるなら、ＢＤＳＭはよりフェミニスト的ともいえるのである（Ross 2012: 236）。

第四節　ＢＤＳＭと痛み

今から四半世紀前に書いた「世界を構築するエロス」ではじめて、エロス（官能）と反エロスについての筆者の考えを紹介した。

> エロスは、個人間の濃密な関係（二人の世界）を強く示唆する。それはなによりも性を媒介とする偶発的な関係・状況である。エロスは主観的には性的な相互作用を通じて自己と他者の変容や融合を引き起こす。身体を越え、あるいは身体そのものが他者の身体を受け入れ物理的境界を越えて拡大していく、自己だけでなく他者もまたともに世界を共有し拡大していく、そうした世界構築の感覚をエロスが生み出す。（田中 一九九七：二九〇）

これに対し、反エロスは、性暴力を典型とし、自己否定、他者否定に結びつく概念である。

反エロスとは身体が当人にとって監獄と感じられるような、意識が身体の虜と感じられるような状況を意味する。それはスカリー（Scarry 1985）が描く拷問の世界である。そこでは自分の身体の延長である道具的世界――家具や部屋、家屋――が、自分を抹殺するための道具と化する。それだけではない。自身の身体すら痛みの源に変容するのである。体が痛いのではなく、体までもがわたしを痛めるのだ。身体とその延長である親和的な世界の自明性が消滅し、自己を苛む道具となる。（田中 一九九七：二九一）

当時は、快楽を通じての支配という実践に関心があったこともあり、痛みへの関心が弱く、この説明では暴力やそれに伴う痛み（言葉による暴力や精神的な痛みも含む）を反エロスの重要な要素とみなしていたが、はたしてそれでよかったのか。

常識的に考えると、快楽（心地やすさ、快適）と痛みは相容れない。身体的にも精神的にも痛みを避けるのが人間、いや生物一般に認められる傾向であろう。しかし、性行為についてはそうとは断言できない。その典型は暴力的な性行為に性的快楽を感じるマゾヒズムであろう。

ＢＤＳＭにおいてサブやボトムの役割に性的快楽を得る人びとは、一般にエムとかマゾ（マゾヒスト）と呼ばれてきた。彼らがみな痛みを好むわけではない。みなが奴隷のような従属を求めているわけではない。ある者は、肉体的な痛みより、精神的な痛みを好むかもしれない。ある者は、痛みは受け入れても、行動の自由を制限されたくないか

[10] 性交そのものが男性主導で暴力的な性格が認められることも考慮すべきであろう。これは、性交だけに注目すれば、ＢＤＳＭと通常の性交のあいだに大きな差がないことからも明らかである。しかし、後述するように、ＢＤＳＭはかならずしも性交で完結されるわけではない。むしろ、それを忌避・拒否している（Raj 2010: 126）。なお、「性行為の途中で気が変わったら素直に伝えてみる」という指摘が『あなたらしく大学生活を送るための方法。――セクシュアル・コンセント（性的同意）・ハンドブック』（ちゃぶ台返し女子アクション 二〇一八）にあるが、「素直に伝える」心構えをもつように努力することよりセイフワードの取り決めをする方がはるかに有効であろう。

もしれない。本節では痛みを取り上げるが、痛みはＢＤＳＭにおいてかならずしも中心的な感覚ではないことをまずことわっておきたい。

哲学者のエレイン・スカリーは、『痛む身体――世界の創造と破壊』（Scarry 1985）で肉体的な痛みの特殊性についてつぎのように述べている。痛みは、表明できない（inexpressibility）。なぜならそれは本人の内部で生じるからだ。痛みがあるのは確かだ。しかし、こと他人の痛みとなると、共有できない（unsharability）。このため私たちはこれを理解するのはほとんど不可能だし、むしろその存在を疑ってかかることもある。表明ならびに共有が不可能である理由の一つは、痛みを表す語彙が乏しいということに関係する。私たちは痛みを叫び声や呻き声、つまり言語以前の音でしかうまく表せない[11]。

唯一の例外は、スカリーが「武器の言語」とか「エイジェンシーの言語」と呼ぶ表現である。「金槌で叩かれたような痛み」や「ナイフで刺されたような痛み」などである。しかし、これは、痛みを表しているようにみえるが、武器は痛みを覚える身体とは異なる。痛みは身体感覚であるはずなのに、武器と結びつくことで脱身体化するのである。さらに、それらの表現は武器を使う者の力を表すことになる。スカリーにとって、痛みは言語化できないという決定的な性格ゆえに世界と自己との関係を破壊する感覚なのである。

では、快楽についてスカリーはどのように述べているのだろうか。彼女は快楽を痛みの欠如として位置づけているが（Scarry 1985: 355 n.6）、マイケル・マッキンタイアが指摘するように、これは快楽というより快適（comfort）である（McIntyre 2016）。

ここで、彼女が著書で唯一性的快楽に言及していると思われる箇所を引用しておこう。

> もしその夜、皮膚を通じて自身の身体としてではなく、愛する人がすぐそこにいるかのように強烈に感じられる存在として、身体を強烈に感じるという経験をするなら、その瞬間ごとに身体的感覚としてではなく、自己置

> 換や自己変貌を促す客体化として「触れる」という感覚を経験しているのである。［……］「快楽」という言葉は、明白な脱身体化の瞬間を意味するか、この場合のように鋭い身体的感覚を自分の身体以外の何かとして経験するときに使用される。（Scarry 1985: 166）（傍点は筆者による）

スカリーは、痛みと同じく快楽を非身体的な感覚あるいは脱身体的なものとみなしている。ここで注意しなければならないのは、快楽の二つの説明は矛盾するわけではないということである。なぜなら脱身体化（disembodiment）と「自分の身体」以外の何かを経験することとは連続した経験とみなすことができるからだ。後者が実現するには前者が必要と考えられる。「愛する人がすぐそこにいるかのように強烈に感じられる」というのは、自己の脱身体化の後に他者が「身体化する」ことを意味しないだろうか。とするなら性的な快楽とは、自己の代わりに愛する他者の身体を身近に感じ、「触れる」ことなのである。

性暴力が、肉体的にも精神的にも痛みを伴うことは明らかであり、その点についてあらためて議論することはあるまい。ここで注目したいのは脱身体化についてである。性的快楽が、自己の脱身体化と同時に他者によって身体化されているとすれば、性的な痛みもまた通常の痛みと異なり、他者によって身体化されていると解釈できる。性的暴力においては私を苛む身体は、私を疎外する匿名の身体というより、他者の身体、加害者の身体なのである。先の引用でスカリーは、自己置換（self-displacing）や自己変貌（self-transforming）という言葉を使っている。これを性暴力の文脈に置くと、性暴力の被害者は、自己と他者が入れ替わり（自己置換）、私の身体感覚は永遠に否定され（自己変貌）失われる、ということである。私の身体は加害者に乗っ取られてしまうのである。しかし、なおそれは自分の身

［11］スカリーは英語を念頭に痛みについて述べているが、日本語に関していえば、痛みを表す言語はエイジェンシーの言語に限らない。ガンガン、キリキリ、シクシク、ジンジン、ズキズキ、ヒリヒリなど、情感や身体感覚を表すのに適しているとされるオノマトペが多く認められる。このことが、何を意味するのかについては、あらためて考察したい。

体（被害にあった体）でもある。これほどおぞましい暴力の現前‐痕跡は考えられないのではないか。性暴力の被害者が、自分の体について「汚れている」「異臭を放つ」と表現するのは比喩でもなんでもないのである（たとえば小林（二〇〇八：五四））。

この乗っ取りの感覚は、同意に基づく性行為すなわちエロス的文脈では、パートナーを受肉するための条件である。[12]つまり、同意に基づく暴力こそ、他者を身体化するための優れた技法であると考えれば、性的快楽と痛みは矛盾しないことになる。[13]性器や肛門、口腔だけでなく、体中に暴力を受けることで、身体全体が他者を受け入れる器官になるのである。以下に引用する二つの文章はともにＢＤＳＭが暴力によって自他の境界を越える経験であることを示唆しているが、これこそ前節で言及したエロスの体験といえよう。[14]

> 言語化できない痛みは、〔……〕現実的でより深いところから私たちの身体地平を結びつけ、また融合することに役立つ。ＳＭでは、身体がお互いに語りかける。そして、痛みを通じて、肉と体液や、力と感情を交換することで混じり合うのである。二人は言語を使わないで話し、滅多に経験しないもの、すなわち一体感という愛情に満ちた瞬間を経験するのである。（Langdridge 2007: 95）

> マゾヒストが知っているのは、リビドーの領野が全身をくまなく覆って、さらに他者の表面やモノにまで越境するということである。際限なく人を結びつけ、感覚と感情を生み出すのである。（McCosker 2008: 109）

前戯という言葉はとくに男性が女性の体を愛撫して男性器を受け入れやすいようにするための性行為と定義できるが、そこには性器中心主義、性交中心主義的な考えが認められる。性交を性行為の目的とし、前戯をその手段とみなすのではなく、性行為全体が体全体で他者を感じ、受け入れるための実践であると考えれば、ＢＤＳＭが特殊な実践ではないことが明らかであろう。そして、ここからＢＤＳＭにおいて性交がかならずしも重要ではないことも理解できよう（Simula 2017）。[15]

第五節　ＢＤＳＭとスピリチュアリティ

現在ＢＤＳＭは急速に脱病理化、脱犯罪化が進み、健全な性行為であるという考えが定着しつつある。ここで興味深いのは、ＢＤＳＭをよりスピリチュアルな実践と捉える動きである。たとえば、サム・グリーンバーグ（Greenberg 2019）は、ＢＤＳＭの実践者たちのあいだでは、針刺しや串吊りなどの自傷行為が認められる北米先住民のサン・ダンス（図11－1）と南インド・タミル系の儀礼、カーヴァディ（図11－2）を組み合わせた「魂の踊り（Dance of Souls）」が盛んだと指摘し、そこでは通常宗教儀礼に認められる変性意識状態（Altered States of Consciousness）あるいは脱アイデンティティ（Raj 2010: 127）が生じていると述べている。[16] さらに身体を傷つけるような儀礼が消滅した西欧社会で、ＢＤＳＭがそうした儀礼の役割を果たしていると指摘する。より一般的には、自傷行為は神々を身体に

[12] ジャン＝ポール・サルトル（二〇〇七：四三二）は、愛撫を受肉とみなしているが、その意味は他者を所有することを意味する。言うまでもなく、本章ではこれと反対の意味で使用している。詳しくは田中（二〇一八：八四－八七）を参照。

[13] 本章では、スカリーの議論を検討するというかたちでＢＤＳＭにおける痛みについて論じたが、痛みと快楽との関係についての実証的な考察も進んでいる（Newmahr 2011: 134-142; Dunkley et al. 2019）。

[14] 他にWeiss（2011: 135-137）を参照。

[15] フーコーによると、ＢＤＳＭは脱性器中心主義かつ脱主体化の実践である（フーコー 二〇〇二：二五八、ミラー 一九九八：二七七－二七八）。脱主体化という言葉は、従属することで主体化するというアルチュセールの主体化論に対する一つの応答であろう（田中 二〇一八：五六－五八）。さらにドゥルーズとガタリによるマゾヒストの身体あるいは器官なき身体構築をめぐる議論（ドゥルーズ&ガタリ 二〇一〇：三〇九－三一三、cf. Ross 2012: 239）も参照。

図 11-1　サン・ダンス[17]

導く主要な手段でもある。筆者もまた、二〇一四年四月にモスクワで会ったフランス在住の女性緊縛師から、緊縛がスピリチュアルであると告げられて驚いたことがある。ＢＤＳＭがスピリチュアルであるという主張は、暴力がエロスだけでなく宗教的な次元に通じているということを強く示唆している。マゾヒストの身体は、他者だけでなく神にも拓かれているのである。それはまた、

図 11-2　カーヴァディ（筆者撮影，1982 年 10 月）

ＢＤＳＭが形態上相似していても性暴力ではないということを雄弁に語っていよう。

以上、本章では、ＢＤＳＭが性暴力を促進・正当化しているという考えや、抑止に貢献しているという擁護を批判するために、ＢＤＳＭにおける同意や痛みの重要性を指摘することで、性暴力との相違を明らかにした。今後は、加虐をめぐる議論ををも念頭にＢＤＳＭと性暴力の違いについてさらに検討していきたい。

付　記

本研究はＪＳＰＳ科研費 20K20413 の助成を受けたものである。

◉引用・参考文献

小林美佳（二〇〇八）『性犯罪被害にあうということ』朝日新聞出版

サルトル、J-P／松浪信三郎［訳］（二〇〇七）『存在と無〈1〉——現象学的存在論の試み』筑摩書房

性暴力禁止法をつくろうネットワーク（二〇一一）「「性暴力」の定義をめぐって（たたき台）」高雄きくえ［編］『思考するヒロシマへ——性暴力・ジェンダー・法』ひろしま女性学研究所、七八-九一頁

ちゃぶ台返し女子アクション［制作］／高橋幸子［監修］（二〇一八）『あなたらしく大学生活を送るための方法。——セクシュアル・コンセント（性的同意）・ハンドブック』ちゃぶ台返し女子アクション

田中雅一（一九九七）「世界を構築するエロス——性器計測・女性の自慰・オーガズムをめぐって」青木　保ほか［編］『岩波講座文化人類学第四巻

---

［16］サン・ダンスやカーヴァディで注目を浴びたのは、モダン・プリミティヴの創始者、アメリカ人のファキール・ムサファーであった（田中二〇一八：九三-一〇七）。スピリチュアリティとの関係については、他にBaker (2016)、Beckmann (2007)、Dunkley et al. (2019)、Raj (2010)、Robertson (2017)、Weiss (2011: 259 n.19) などを参照。レズビアンＳＭの宗教性については Hornsby (1999) を参照。なお、スカリーも鞭打ちなど、宗教儀礼における自傷行為に言及しているが、彼女はこれを現世否定のためと説明している (Scarry 1985: 34; cf. Glucklich 2003)。

［17］出典：Britanica Sun Dance〈https://www.britannica.com/topic/Sun-Dance（二〇二〇年三月二〇日閲覧）〉。また、Catlin (1841) も参照。

個からする社会展望』岩波書店、二八七―三二二頁

田中雅一（二〇一八）『誘惑する文化人類学――コンタクト・ゾーンの世界へ』世界思想社

田中雅一（二〇一九）「セクシュアリティ・ジェンダー体制とその宗教的撹乱――デーヴァダーシーと子宮委員長はるをめぐって」『宗教研究』九三（二）：一〇七―一三四

ドゥルーズ、G&ガタリ、F／宇野邦一ほか［訳］（二〇一〇）『千のプラトー――資本主義と分裂病（上）』河出書房新社

フーコー、M／西　兼志［訳］（二〇〇二）「ミシェル・フーコー、インタヴュー　性、権力、同一性の政治」蓮實重彦・渡辺守章［監修］／小林康夫・石田英敬・松浦寿輝［編］『ミシェル・フーコー思考集成X　1984-88　倫理／道徳／啓蒙』筑摩書房、二五五―二六八頁

藤岡淳子（二〇〇六）『性暴力の理解と治療教育』誠信書房

マスター"K"／山本規雄［訳］（二〇一三）『緊縛の文化史』すいれん舎

ミラー、J／田村　俶ほか［訳］（一九九八）『ミシェル・フーコー／情熱と受苦』筑摩書房

Baker, A. C. (2016). Sacred kink: Finding psychological meaning at the intersection of BDSM and spiritual experience. *Sexual and Relationship Therapy. 33*(4): 440–453.

Baumeister, R. F. (1988). Gender differences in masochistic scripts. *The Journal of Sex Research. 25*(4): 478–499.

Beckmann, A. (2007). The 'bodily practices' of consensual 'SM', spirituality and 'transcendence'. In D. Langdridge and M. Barker (eds.) *Safe, sane and consensual: Contemporary perspectives on sadomasochism.* Basingstoke: Palgrave Macmillan, pp.98–118.

Butler, J. (1982). Lesbian S&M: The politics of dis-illusion. In R. R. Linden, D. R. Pagano, D. E. H. Russell, & S. L. Star (eds.) *Against sadomasochism: A radical feminist analysis.* San Francisco, CA: Frog in the Well, pp.169–175.

Catlin, G. (1841). *The manners, customs and condition of the North American Indians: Written during eight years' travel amongst the wildest tribes of Indians in North America, 1832–39.* London: The author.

Dunkley, C. R., Henshaw, C. D., Henshaw, S. K., & Brotto, L. A. (2019). Physical pain as pleasure: A theoretical perspective. *The Journal of Sex Research. 57*(4): 421–437.

Emery, L. R. (2018). These are the most popular safe words people use during sex. *Bustle.* 20 January, 2018 〈https://www.bustle.com/p/the-most-common-safe-words-people-use-during-sex-7963114（二〇二〇年三月一〇日閲覧）〉

Glucklich, A. (2003). *Sacred pain: Hurting the body for the sake of the soul.* London: Oxford University Press.

Greenberg, S. E. (2019). Divine kink: A consideration of the evidence for BDSM as spiritual ritual. *International Journal of Transpersonal Studies. 38*(1): 220–235.

Harris, E. (1982). Sadomasochism: Personal experience. In R. R. Linden, D. R. Pagano, D. E. H. Russell, & S. L. Star (eds.) *Against sadomasochism: A radical feminist analysis.* San Francisco, CA: Frog in the Well, pp.93–95.

Hart, L. (1998). *Between the body and the flesh: Performing sadomasochism.* New York: Columbia University Press.

Hornsby, T. J. (1999). Gender role reversal and violated lesbian body: Toward a feminist hermeneutic of lesbian sadomasochism. In D. Atkins (ed.) *Lesbian sex scandals: Sexual practices, politics and identities.* New York: Haworth Press, pp.61–72.

Kleinplatz, P. J. (2006). Learning from extraordinary lovers: Lessons from the edge. *Journal of Homosexuality. 50*(2/3): 325–348.

Kolb, T. (1979). Masochist's lib. In SAMOIS (ed.) *What color is your handkerchief: A lesbian S/M sexuality reader*. Berkeley, CA: SAMOIS, pp.19–22.

Langdridge, D. (2007). Speaking the unspeakable: S/M and the eroticisation of pain. In D. Langdridge & M. Barker (eds.) *Safe, sane and consensual: Contemporary perspectives on sadomasochism*. Basingstoke: Palgrave Macmillan, pp.85–97.

Lewis, R. & Adler, K. (1994). Come to me baby or what's wrong with lesbian SM. *Women's Studies International Forum. 17*(4): 433–441.

Linden, R. R. (1982). Introduction: Against sadomasochism. In R. R. Linden, D. R. Pagano, D. E. H. Russell, & S. L. Star (eds.) *Against sadomasochism: A radical feminist analysis*. San Francisco, CA: Frog in the Well, pp.1–15.

Linden, R. R., Pagano, D. R., Russell, D. E. H., & Star, S. L. (eds.) (1982). *Against sadomasochism: A radical feminist analysis*. San Francisco, CA: Frog in the Well.

McCosker, A. (2008). Transformations of pain: Erotic encounters with crash. In V. Burr & J. Hearn (eds.) *Sex, violence and the body: The erotics of wounding*. New York: Palgrave Macmillan, pp.103–118.

McIntyre, M. (2016). Rethinking the body in pain. *Subjectivity. 9*(4): 381–398.

Meredith, J. (1982). A response to SAMOIS. In R. R. Linden, D. R. Pagano, D. E. H. Russell, & S. L. Star (eds.) *Against sadomasochism: A radical feminist analysis*. San Francisco, CA: Frog in the Well, pp.95–97.

Newmahr, S. (2011). *Playing on the edge: Sadomasochism, risk, and intimacy*. Bloomington and Indianapolis: Indiana University Press.

O'Sullivan, S. (1999). What a difference a decade makes: Coming to power and the second coming. *Feminist Review. 61*(1): 97–126.

Raj, S. (2010). Que(e)rying violence: Rethinking pleasure, harm and intimacy in lesbian sadomasochism. *Gay & Lesbian Issues and Psychology Review. 6*(3): 122–131.

Robertson, A. R. (2017). Beating the boundaries: An exploration of BDSM as religioning. PhD Thesis submitted to The Open University.

Ross, A. D. (2012). Revisiting the body in pain: The rhetoric of modern masochism. *Sexuality & Culture. 16*: 230–240.

Rubin, G. (1987(1982)). The leather menace: Comments on politics and S/M. In SAMOIS (ed.) *Coming to power: Writings and graphics on lesbian S/M*. Third edition, revised and updated. Boston, MA: Alyson Pubns, pp.194–229.

SAMOIS (ed.) (1979). *What color is your handkerchief: A lesbian S/M sexuality reader*. Berkeley, CA: SAMOIS.

SAMOIS (ed.) (1987(1982)). *Coming to power: Writings and graphics on lesbian S/M*. Third edition, revised and updated. Boston, MA: Alyson Pubns.

Scarry, E. (1985). *The body in pain: Making and unmaking of the world*. Oxford: Oxford University Press.

Schotanus, S. (2017). Racism or race play: A conceptual investigation of the race play debates. Zapruder World 4 〈https://zapruderworld.org/journal/past-volumes/volume-4/racism-or-race-play-a-conceptual-investigation-of-the-race-play-debates/ (二〇二〇年三月二〇日閲覧)〉

Simula, B. L. (2017). "A different economy of bodies and pleasures"?: Differentiating and evaluating sex and sexual BDSM experiences. *Journal of Homosexuality. 66*(2): 209–237.

Thompson, B. (1994). *Sadomasochism: Painful perversion or pleasurable play?* London: Cassell.

Weiss, M. (2011). *Techniques of pleasure: BDSM and the circuits of sexuality*. Durham: Duke University Press.

5　誘惑する犬

私の研究が本当の意味で始まった瞬間がある。それは、初めて出会ったズー（動物性愛者）が、私の目をまっすぐに見て、こう言ったときのことである。「違うよ、僕がセックスを誘うんじゃない。犬が誘ってくるんだよ」。

これは「どうやって犬とのセックスが始まるのか、あなたがセックスをしたいときにそう都合よく犬もセックスしたがるものなのか」という私からの質問に対する回答である。犬が人間をセックスに誘うという発言は、私にとって最初にして最大の謎となった。私はまったく納得できなかった。どう事実確認をすればよいのか。私は犬になることはできない。犬に思いを聞くことができれば、どれほど楽だろう。私は私なりに犬を愛する人びとに接近するしかない。事例を集め続けた私は、最終的には「犬は人間をセックスに誘うことがある」と確信するに至った。

濱野千尋

ドイツにおける動物性愛者に関する文化人類学的研究の途上で、「人間と犬のセックスをきみは見ているのか？」という質問を日本人研究者から何度も受けた。そんな質問があがるとは、驚きである。人間同士のセクシュアリティに関する研究に置き換えてみれば、その人びとのセックスを見ることが、研究において必須条件であると考える人はまずいないだろう。そもそもセックスを見たからといってセックスがわかるわけではない。このような質問をする人びとは、ズーという特定のセクシュアリティの持ち主を軽蔑しているのだろうか。いや、違うだろう。おそらく無意識に、動物を人間よりも下位にある存在として、いまだに捉えてしまっているのである。動物のセックスは「交尾」として観察可能なものと思ってしまうのだろう。

しかし、ズーたちにとって、パートナーの犬は「犬でなければならぬもの」であると同時に、「人間とまったく同じ尊厳をもつもの」である。「うちの犬とのセックスを見せてあげるよ」などと軽々しく言う人がいるとしたら、その人はズーではないだろう。ズーたちは、尊厳あるパートナーに交尾ショーまがいの行動をさせようという発想をまずもたない。セックスを恥ずかしいものとして隠しているのではない。彼らにとって、セックスは、パートナーと紡ぎ合う日々のなかで互いに対等な関係を築くための大切な行為の一つであって、見世物にできるようなものではないのである。

では、永久に犬にもなれず、彼らのセックスも見ないで、なぜ私は「犬からの誘い」があると断言できるのか。

それは私が犬からの誘惑の現場を見聞きしたからである。そしてその現場とは、おそらく多くの愛犬家にとってみれば、拍子抜けするほどに犬らしい、特別でもなんでもない、既視感さえある行動や仕草の数々なのだ。

たとえば、食後におなかいっぱいになり、機嫌がよくなってきたあるオスの犬は、飼い主であるズーの男性のT

シャツをまくってぺろぺろと臍を舐めた。「彼は、なぜか僕のお臍をヴァギナだと思っているんだよね」と、そのズーの男性は説明し、少し恥ずかしそうにしていた。彼らのあいだの秘密のシグナルを私が見てしまったからかもしれない。また、たとえば、あるズーのカップルがプロレスごっこを始めたら、二人のパートナーのオスの犬は、くるくるとその場を周り始め、次第にペニスが包皮から出てきた。「僕たちが仲良くしているから、刺激されたんだよ。犬同士の前戯って、こんなふうにじゃれつく感じだから、連想するんじゃないかと思う」。そう、ズーのカップルは説明してくれた。

この他にも犬からの誘いに関する事例は多い。メスの犬からの誘いについての証言もあった。犬たちはオスでもメスでも人間の精液の匂いを嗅ぎ取って舐めに来るほか、経血の匂いに触発されて興奮することもよくある。

私はそのような現場を見聞きするうち、犬に対する自分の感受性の低さに驚くようになった。私の目には、ただの遊びの誘いと映るか、たんなる甘えの仕草と見えていたものが、実はセックスの誘いという意味を含んでいることがわかってきたからである。一般の飼い主と、ズーたちのあいだにある決定的な差の一つが、動物の訴えかけに対して敏感であるかどうか、という点である。ズーたちにとって、犬からの誘いかけは明白だ。彼らは犬の誘いを理解する力に人並み以上に長けているともいえる。

ズーたちは、犬からの誘いがあって、自分もしたいと思ったときにだけ、セックスをする。誘いがなければ始まらない。しかしその前に人間たちは、美味しいごはんを与えることで、あるいは仲良く身体をもつれ合わせることで、さらには自分でも制御できない体液の匂いなどによって、犬たちを誘惑している。

人間と犬は、おそらくこうやって、常に誘い、誘われながらともに生きてきたはずだ。しかし、なぜか人間の多くは、その誘惑に気づかぬふりをしてきた。関係のなかで誘惑が生まれるのは、同じ種に属すもの同士だけの話ではない。春の日に、蝶が人間の肩に止まるとき。もしかしたらそれは、花と間違えたからではないかもしれない。その瞬間にだって、いきものたちからの豊かな誘惑はあるのかもしれないのだ。

二〇一六年から開始した本調査の二〇一八年までの結果をもとに、ノンフィクションとして『聖なるズー』（集英社、二〇一九）を執筆した。あえてノンフィクションとして書き下ろした理由は、性暴力にかかわる個人的な体験をも開示したうえで、セックスやその周辺の問題を多層的に捉えてみたかったからである。本書は第一七回開高健ノンフィクション賞を受賞した。

あとがき

『官能の人類学』。

このタイトルは一見すると、挑発的にも扇情的にもみえるかもしれない。だが、ここまで本書の内容を読んでいただいたならば、「官能」という言葉には、思いがけない深みと広がりがあることに気づかれたのではないだろうか。官能とは、身体的存在である私たちが世界を感じとり、世界と交わるための能力である。それは、世界を受けとるという受動性と、みずからを世界へ開放するという能動性の両方を兼ね備え、個人を超えた共同性にひらかれている。そうした官能的な諸身体のあり方を、あるいはエロスと呼ぶこともできるかもしれない。

本書の企画が生まれたのは、執筆者の一人である田中雅一氏が京都大学を退職され、国際ファッション専門職大学に移られた二〇一九年頃のことだった。当初、私たちの頭にあったのは、「田中先生の退職記念論集を作りたい」という漠然としたアイデアだった。だがこの場合、「退職記念論集」といった堅苦しい体裁は、ふさわしくないように思われた。ジェンダー、セクシュアリティ、暴力、そして宗教。田中氏の研究テーマは多岐にわたるが、そこには一貫した姿勢がある。反エロス的なもののはたらきを鋭く批判し、エロス的なるものを追究すること。軽妙なようでいて深遠な田中氏の語り口に誘われながら、それぞれの研究を展開してきた文化人類学者たちが集まったとき、「官能」というテーマがおのずと浮かび上がってきたのである。

本書で取り上げられている対象はさまざまだが、それでもやはり、すべての章に共通する視座がある。反エロス的なもののはたらきに抗し、エロス的なるものの可能性を示すこと。その試みはまだ端緒についたばかりであり、今後、さらなる精緻化が必要だろう。ただ、本書がその片鱗を提示しているような、ある種カオティックでどこまでも未知の領域を追い求めるその姿勢こそが、エロス的な「官能の人類学」の魅力なのだとも思われる。

本書の編集にあたっては、多くの方々のご助力を頂いた。また、ナカニシヤ出版の米谷龍幸さんは、企画段階から本書のコンセプトを面白がってくださり、編者たちを大いに励ましてくださった。心より感謝申し上げます。

本書が新たな官能の世界への扉を開くものであることを祈りつつ。

二〇二二年二月

編者一同

人名索引

事項索引

執筆者紹介（執筆順・編者は*）

石井美保*（イシイ ミホ）
所属：京都大学 人文科学研究所 准教授（兼任）大学院人間・環境学研究科
担当：序章、第1章

河西瑛里子*（カワニシ エリコ）
所属：国際ファッション専門職大学 国際ファッション学部 講師
担当：序章、第2章

神本秀爾（カミモト シュウジ）
所属：久留米大学 文学部 准教授
担当：コラム1

金谷美和*（カネタニ ミワ）
所属：国際ファッション専門職大学 国際ファッション学部 准教授
担当：序章、第3章

山本達也（ヤマモト タツヤ ）
所属：静岡大学 人文社会科学部 准教授
担当：第4章

岩谷彩子*（イワタニ アヤコ）
所属：京都大学 大学院人間・環境学研究科 准教授
担当：序章、第5章

中屋敷千尋（ナカヤシキ チヒロ）
所属：広島大学 大学院人間社会科学研究科 助教
担当：コラム2

ケイトリン・コーカー
所属：北海道大学 大学院文学研究院・大学院文学院・文学部 准教授
担当：第6章

熊田陽子（クマダ ヨウコ）
所属：国際ファッション専門職大学 国際ファッション学部 准教授
担当：第7章

山田仁史（ヤマダ ヒトシ）
所属：元東北大学 大学院文学研究科 准教授
担当：コラム3

川村清志（カワムラ キヨシ）
所属：国立歴史民俗博物館 准教授
担当：第8章

砂川秀樹（スナカワ ヒデキ）
所属：明治学院大学 国際平和研究所 研究員
担当：第9章

馬場　淳（ババ ジュン）
所属：和光大学 表現学部 教授
担当：コラム4

深海菊絵（フカミ キクエ）
所属：国立民族学博物館 超域フィールド科学研究部 外来研究員
担当：第10章

田中雅一（タナカ マサカズ）
所属：国際ファッション専門職大学 国際ファッション学部 教授
担当：第11章

濱野千尋（ハマノ チヒロ）
所属：京都大学 大学院人間・環境学研究科 博士課程
担当：コラム5

官能の人類学

感覚論的転回を超えて

2022 年 3 月 20 日　初版第 1 刷発行

編　者　石井美保
　　　　岩谷彩子
　　　　金谷美和
　　　　河西瑛里子
発行者　中西　良
発行所　株式会社ナカニシヤ出版
〒606-8161　京都市左京区一乗寺木ノ本町 15 番地
Telephone　075-723-0111
Facsimile　075-723-0095
Website　http://www.nakanishiya.co.jp/
Email　iihon-ippai@nakanishiya.co.jp
郵便振替　01030-0-13128

印刷・製本＝ファインワークス／装幀＝白沢　正

Copyright © 2022 by M. Ishii, A. Iwatani, M. Kanetani, & E. Kawanishi

Printed in Japan.
ISBN978-4-7795-1644-3

本書のコピー，スキャン，デジタル化等の無断複製は著作権法上の例外を除き禁じられています。本書を代行業者等の第三者に依頼してスキャンやデジタル化することはたとえ個人や家庭内での利用であっても著作権法上認められていません。